Dones

— VIGENTES —

DON FANNING

First Edition 2012
Published by Branches Publications
2040 Downing Dr.
Pensacola, FL 32505

Branches Publications fue fundada para publicar materiales para misiones y discipulado con el fin de equipar a los líderes y maestros como ser estratégica con sus vidas con sus ministerios de equipar a los santos para ayudarles cumplir la Gran Comisión. Ma materiales está disponible en www.branchespublications.com y/o www.tgcresources.com (The Great Commission Resources). Allí hay un Blog por Don Fanning de un estudio exegético diario de los mandamientos que supuestamente debemos estár enseñando a los discípulos. Vea los en www. obedezca.com.

Otros libros por Don Fanning disponible en Branches Publications puede ser comprador Online en **www.branchespublications.com** o en Amazon.com

What in the World is God Doing? - An Introduction to Missions
Siguiendo Su senda: Un estudio devocional de los mandamientos del NT
Diez pasos de discipulado
Métodos de estudios bíblicos inductivos
Romanos: Una guía de estudio para líderes de grupos pequeños
Tito: Un manual para organizar una iglesia
1, 2, 3 Juan: Saber con Certeza: Diez evidencias de la vida eterna
Dones Espirituales: Una descripción y análisis de todos los dones
Dones Vigentes: Un análisis de los dones de señales
Apocalipsis: Una guia de estudio para líderes de grupos pequeños

CAPITULO
— 1 —
Introducción

El cristianismo del siglo XX será conocido más que nada por varios movimientos que han dado forma a la cara de los evangélicos. En cada época de la Iglesia, hubo varias controversias que provocaron la investigación profunda de ciertos temas para ver exactamente lo que la Palabra dice al respecto. Todas las ramas de la Teología Sistemática fueron objeto de estudio y discusión a través de la historia y la Iglesia llegó a definir con claridad cada una de sus nueve ramas.

La que restaba analizar era la Pneumatología, que es el estudio del Espíritu Santo, y pocos son los escritos relativos al tema. En los primeros tres siglos de la Iglesia, en medio de la investigación acerca de la Trinidad, el Espíritu Santo fue declarado como parte igual de la Trinidad, pero tal investigación no incluyó una amplia descripción de El. Desde aquel entonces, el Espíritu no fue tema de mayor importancia o controversia.

Pero en el día de hoy, la Pneumatología es tema de muy variadas interpretaciones, por lo cual es esencial que el creyente esté bien fundamentado en lo que la Biblia dice con respecto al Espíritu. Por este motivo, nuestro énfasis será un análisis del texto de la Biblia, no para refutar, necesariamente, ciertas enseñanzas o experiencias, sino para examinar honestamente la evidencia de la Escritura sobre la cual se pueda basar la fe. El enfoque especial de la Pneumatología que analizaremos será acerca de los dones del Espíritu y particularmente los dones de señales y milagros.

Ya que el N.T. fue escrito en griego, se hará mucha referencia a las palabras claves en el original y a los aspectos gramaticales que sean significativos. Se utilizará la revisión de 1960 de la versión Reina Valera, y la versión de las Américas (1977), cuando sea más clara. Solamente en casos necesarios se hará una traducción directa del texto griego. Todas las palabras en griego están transliteradas para la conveniencia de los que no conocen el idioma.

Importancia del Espíritu Santo

El privilegio de servir al Rey de la creación y Soberano de la eternidad requiere la capacidad sobrenatural que Cristo mismo nos prometió. Cada creyente es participante del Espíritu Santo, y por medio de El, está corporalmente unido a Cristo. En 2 Pedro 1:4, leemos que somos "participantes de la naturaleza divina" por haber recibido las promesas de la salvación. Y dado que lo tenemos a El que es el poder de la resurrección, morando en cada creyente, el recurso para vivir victoriosamente es parte de nuestra nueva naturaleza.

La Biblia enseña que el Espíritu Santo es tan esencial para el servicio como lo es para la salvación. Es imposible servir al Señor separados de la obra y poder del Espíritu Santo. El objetivo de Dios en nosotros es tener el control de nuestras mentes y cuerpos a través de Su Espíritu por medio de Su palabra.

Tres posiciones extremistas: abuso, negligencia y distorsión

Algunos abusan o enfatizan exageradamente la verdad del Espíritu, al extremo de que las otras doctrinas son ignoradas o vistas a la luz de un énfasis equivocado. En vez de tener a Cristo como el centro de la iglesia, ese lugar lo ocupa el Espíritu Santo.

Otros, igualmente sinceros, que quieren guardarse contra los extremos del hiper-emocionalismo, han separado la doctrina de la Tercera Persona de la Trinidad de tal manera que raramente está relacionada a la vida práctica. Por miedo al tema, no se hace ningún énfasis en la enseñanza o predicación de la obra del Espíritu. La ignorancia, pues, provoca curiosidad y la curiosidad se toma de cualquier argumento con tal que sea fabuloso o espectacular.

Otros distorsionan la realidad del Espíritu, considerándolo como si fuera una fuerza, poder, o energía y no una Persona, es decir, un Ser con personalidad. Su énfasis está en el poder no en una relación más íntima con Jesucristo.

En cada uno de los primeros concilios (Constantinopla, 381 d.C. y Calcedonia, 451 d.C.), se llegó a un acuerdo con respecto a la Persona y obra del Espíritu Santo, porque la base de las decisiones fue la Biblia. Lo que le hace falta al creyente es un entendimiento de los derechos y el poder que tiene por ser alguien poseído por la "naturaleza divina." Como parte de esta nueva naturaleza, tenemos la manifestación del carácter y poder del ministerio de Cristo, el cual es reactivado a través de los dones del Espíritu que operan en las vidas de los creyentes hoy en día.

Importancia de los dones espirituales

El énfasis de hoy sobre los dones espirituales en las revistas, periódicos, la radio y televisión, ha hecho imperativo el conocimiento de lo que la Biblia en realidad dice al respecto; pues para muchas personas es difícil diferenciar entre los relatos de experiencias y la claridad del texto Bíblico con relación al tema.

Sin duda los dones del Espíritu son muy importantes para el creyente. Son el medio de servicio a los demás, el área del poder de Dios para nuestras vidas, la energía para servir más allá de las fuerzas humanas. Sin embargo, el énfasis que se les dé puede estar fuera de proporción con la prioridad bíblica. En realidad, no hay un mandamiento de averiguar cuál es su don, ni existe mucho énfasis sobre los dones en el N.T., pues la mayoría son mencionados una sola vez, sin ninguna descripción. Pero por lo general, el creyente lleno del Espíritu va a ir manifestando su don, consciente o inconscientemente.

Influencia del movimiento carismático

El movimiento carismático es una ampliación del movimiento pentecostal. Cuando la experiencia pentecostal se infiltró en otras denominaciones, el movimiento carismático nació. El porcentaje de creyentes que forman parte de este movimiento es alto en ciertos países, como por ejemplo Chile, donde el 84% de los evangélicos son carismáticos. Además las iglesias más grandes en Latino América son carismáticas, algunas de las cuales cuentan con más de 20,000 miembros.

Debido a la televisión y la prensa, la mayoría de los no-evangélicos piensan que todos los evangélicos son carismáticos. Pero el problema es que para muchos evangélicos, especialmente para aquellos que no tienen una firme convicción de lo que dice la Palabra con respecto a los dones y que no están viendo un crecimiento en su ministerio como el de los carismáticos, la tentación de afiliarse con ellos es tremenda.

Este problema es más agudo si su Hermenéutica es básicamente idéntica, pues si se interpreta la Biblia con las mismas reglas de interpretación, eventualmente se llegará a las mismas conclusiones. Las dos ramas básicas de Hermenéutica son la alegórica y la literal, es decir, la interpretación histórico-gramático-cultural. El autor seguirá la Hermenéutica histórico-gramático-cultural en esta investigación. Por esta razón, algunas de las conclusiones tal vez no estarán de acuerdo con las del movimiento carismático, que se aprovecha mucho de la alegoría.

En una iglesia donde la mayoría de la congregación no ha tenido preparación bíblica, la influencia de historias acerca de milagros y señales puede tener gran aceptación; y de tal forma, que si el pastor o líder no está manifestando tales señales, pensará quizá que le falte algo o no sea tan espiritual como los carismáticos. Este tipo de presión puede obligar a un pastor no-carismático a comenzar a buscar señales en su ministerio para guardar su congregación, o por lo menos para que le permitan tener ministerio en su iglesia. De repente, la congregación se ha transformado en una iglesia carismática.

Los testimonios comunes son los de dientes que son emplomados, tanques de gasolina que milagrosamente se llenan, resurrección de animales, máquinas que no funcionan son "sanadas", visiones de encuentros con Cristo o ángeles, o cualquier tipo de sanidad. La enseñanza carismática es que todos los cristianos deben experimentar tales milagros casi a diario. El miedo a ser excluido de "lo que Dios está haciendo en el día de hoy", obliga a muchos a investigar y aceptar estos fenómenos "sobrenaturales", o Dios les dejará de lado en Su programa. "¿Por qué otros tienen estas experiencias y yo no?" es una pregunta común.

Se requiere mucha disciplina para aceptar únicamente la Biblia como autoridad en la vida y no escuchar la influencia de la tradición o historias impresionantes. Por esta razón muchos son influenciados por los "milagros" que se experimentan dentro de sectas, tribus de la selva, la Iglesia Católica Romana o los carismáticos, para seguir con la esperanza de que algún día algo bueno les va a ocurrir también.

El mayor énfasis de este libro será los dones "milagrosos" por dos razones:
(1) la Biblia tiene más que decir con respecto a los dones "milagrosos", que con respecto a los demás dones. Algunos otros dones apenas son mencionados. Por ejemplo, el don de ayuda es conocido únicamente por su nombre, mientras el don de lenguas tiene tres capítulos dedicados al tema.
(2) La confusión de hoy al respecto. El punto principal del desacuerdo en la Iglesia de hoy está en el área de los dones enfatizados en este estudio.

TERMINOLOGÍA

Si alguien va a estudiar este libro para ver lo que la Palabra quiere decir, es importante definir ciertos términos que se usarán a menudo.

Carisma: Es una transliteración (las letras griegas están cambiadas por las letras castellanas correspondientes). Viene de una palabra griega que quiere decir "regalo." El uso especial de la palabra carisma se aplica a los "dones" del Espíritu para servicio. Si recibimos un don del Espíritu tal como el de misericordia, el de evangelista, el de maestro, hemos recibido un carisma.

La palabra carisma es una derivación de la palabra caris, "gracia." La siguiente representa una definición más completa: "Un don espiritual es la capacidad única dada por el Espíritu Santo a cada creyente para el servicio en relación con una iglesia, a fin de que la congregación progrese en unidad, madurez y tamaño."

Carismático: Técnicamente, una persona que ha recibido un carisma, un "don," es un carismático. Sin embargo, hoy en día el término se refiere a los que hablan en lenguas y practican sanidades. El énfasis dado a estos dos "dones" originó al movimiento carismático.

Debe notarse que existen diecinueve dones (carismas) en el Nuevo Testamento. En 1 Corintios 12:7, la Biblia nos dice que a "cada uno" ha sido dado un don o "manifestación" del Espíritu. Así que, bíblicamente, todos los creyentes son "carismáticos." Pero en el sentido popular, el título se aplica únicamente a los que hablan en lenguas y practican sanidades.

Es importante marcar la diferencia entre los pentecostales y los carismáticos. El movimiento pentecostal comenzó alrededor de 1901 en Kansas y luego en Los Ángeles y llegó a formar varias denominaciones bajo el nombre de "Pentecostal," "Asambleas de Dios," y los "Evangélicos Cuadrangulares." Pero en 1960, el pentecostalismo cruzó las barreras denominacionales y penetró en los demás grupos religiosos con la experiencia de Dennis

Bennett, rector de una iglesia Anglicana cerca de Los Ángeles, California. Hoy en día, los miembros de cualquier denominación que tienen la misma experiencia que los pentecostales pero mantienen la filiación con sus propios grupos, son los llamados carismáticos.

Lenguas: Es uno de los diecinueve dones del Espíritu. El don de lenguas es interpretado en dos maneras, aún dentro del movimiento carismático. (1) Un don del Espíritu para hablar en una lengua literal que no es conocida al orador. Si alguien de las Américas va a Japón y comienza a hablar en japonés sin un estudio previo o aún jamás habiéndolo escuchado, ésto sería el don de lenguas. (2) El otro uso de "lenguas" se refiere a un don del Espíritu para hablar en un "lenguaje celestial" que no es conocido por el orador y ni siquiera puede ser conocido desde la perspectiva humana. No es una lengua terrenal.

Aunque existen testimonios de hablar en lenguas literales, la práctica más común es el hablar en un éxtasis o trance, balbuceando sílabas sin sentido. A veces la persona no está consciente de que ha hablado en lenguas. Otras, la persona está dominada por el "Espíritu" hasta el punto que pierde el control de sí mismo.

Se dice que esta experiencia mística produce una comunicación íntima y sobrenatural con Dios, lo cual no es posible con las limitaciones de una lengua humana. La expresión de esta lengua no es entendible en la tierra, sino en el cielo.

Este tipo de lengua es tan celestial, que va aun más allá de la capacidad de un análisis lingüístico humano. Así que, de acuerdo con nuestro entendimiento, tal lengua no tiene sentido, pero para los que aceptan la segunda definición, no existe un problema porque ¡ésta no es una lengua terrenal!

Glossa (Glossolalia): La palabra griega para "lengua" es glossa. En el N.T. se refiere al órgano en la boca (15 veces), a una "lengua de fuego" (una vez), a la distinción de gentes o naciones (7 veces) y al hablar en una lengua (25 veces). En los léxicos o diccionarios griegos (Abbott-Smith y Arndt y Gingrich) encontramos estas cuatro definiciones. Ninguna se refiere a hablar extáticamente.

El término "glossolalia" no es una palabra del N.T., sino una expresión para describir el hablar en una lengua mística o "celestial". Es distinta de la palabra "glossa" que se encuentra en Hechos 2.

El significado de la palabra glossolalia ha sido exagerado por algunos autores, como Larry Christenson, luterano carismático, autor de artículos y libros de la Vida Familiar, considerándola como cualquier expresión de sentimiento manifestada por las emociones más íntimas del orador y que "debe clasificarse como una lengua genuina,"[1].

Bautismo del Espíritu: El concepto más usado al hablar del movimiento carismático es el concepto del bautismo del Espíritu. El bautismo, de acuerdo a los carismáticos, tiene tres aspectos: (1) Es una experiencia en la que Dios da el poder para ser victorioso y santo. (2) Es una experiencia que ocurre después de la salvación. (3) La evidencia de tal bautismo es el hablar en lenguas. Luego analizaremos los puntos de esta interpretación, pero por ahora es importante por lo menos conocerlos.

Aunque el movimiento carismático de hoy puede tener muchas formas o manifestaciones, el punto común entre todas es su concepto del bautismo del Espíritu. El único medio para tener poder en la vida es a través de experimentarlo.

Históricamente los primeros dos aspectos, el bautismo de poder y el momento de tal experiencia que ocurre después de la salvación, había sido enseñado entre los evangélicos desde 1700. Pero el movimiento Pentecostal agregó el tercer aspecto que marcó su rasgo distintivo.

Pentecostés: Cuando ciertos creyentes comenzaron a "hablar en lenguas" alrededor de 1900 tomaron su nombre de la experiencia del día de Pentecostés en Hechos 2. Si el nombre "cristiano" significa "como Cristo," entonces "pentecostal" significa "como Pentecostés." El primer día cuando el Espíritu descendió, ocurrió en el día de Pentecostés en el calendario judío. "Pente" quiere decir "cincuenta" y Pentecostés era la fiesta judía que se celebra exactamente 50 días después de la Pascua. En el A.T. fue llamado la Fiesta de Las Semanas, Fiesta de la Cosecha, o el Día de las Primicias. Era una de las tres fiestas obligatorias para cada varón judío.

La insinuación y objetivo del término es tener similitud con la Iglesia primitiva. Es decir, que la Iglesia del siglo XX debe parecerse en todo aspecto a la iglesia del primer siglo. El nombre y las experiencias de los pentecostales tratan de demostrar esta similitud.

Evangélico: El nombre en sí significa "buenas nuevas." Es alguien que toma el mensaje del evangelio como su punto de partida. Las "buenas nuevas" son: que la salvación viene por depositar nuestra fe en la obra terminada de Cristo en la cruz, sin ningún requisito previo de parte del hombre. La salvación es por gracia, no por obras. Esto es "buenas nuevas." Así que un "evangélico" acepta que la salvación es por fe sin obras personales. La transformación de la vida y las buenas obras vienen después como resultado de la nueva vida y la morada del Espíritu Santo en el creyente.

Si alguien cree que puede hacer algo para ganar o asegurar su salvación, no es evangélico. Si piensa que tiene que ir a la confesión, hacer penitencia, ser bautizado, confirmado, o asistir a una iglesia o misa, tal persona no es evangélico porque no está confiando exclusivamente en la muerte de Cristo como el pago completo por sus pecados. La aceptación del evangelio sin obras, es esencial para ser salvo bíblicamente.

Lo que siempre provoca dudas es encontrar hombres y mujeres que no son evangélicos y sin embargo manifiestan las señales del "bautismo del Espíritu" o hablan en lenguas ¿Es posible que alguien que no es creyente en el sentido bíblico, tenga una manifestación suprema del Espíritu?

Sanidad: La sanidad es la capacidad de sanar o curar enfermedades por oración o mandato. En el movimiento carismático las manifestaciones de sanidad, tal vez, son el mayor énfasis y la experiencia más común. El énfasis viene a raíz de la enseñanza que Cristo llevó en la cruz no solamente los pecados de los hombres, sino también las "enfermedades". Así que, si alguien puede pedir a Cristo por el perdón de pecados, igualmente puede pedir por su sanidad, pues es parte de la salvación. Según esta manera de pensar, el creyente jamás debe estar enfermo, porque siempre puede tener sanidad tanto como la salvación.

El énfasis de estos dones, lenguas, sanidades y milagros, tiene el propósito de convencer a los demás de que la Iglesia de hoy es igual a la Iglesia primitiva. Los reportes que afirman que las señales de los apóstoles y todos los acontecimientos milagrosos ocurren hoy tanto como en el primer siglo, tienen la motivación de comprobar que el movimiento carismático es la Iglesia primitiva en todos los aspectos.

Milagro, prodigio, señal: Aunque los milagros, prodigios y señales se diferencian de las sanidades en el N.T., el sentido o manifestación frecuentemente es el mismo. Una sanidad es un milagro, prodigio o señal. En el N.T., los acontecimientos milagrosos sin relación a sanidades, son raros. Quizá sería echar fuera demonios o resucitar a los muertos, pero los dos, en un sentido, son tipos de sanidades.

Un milagro es una manifestación de poder (dinamis), especialmente como superior al poder satánico. Parece que el propósito bíblico es demostrar que el poder de Dios es superior al poder de los demonios.

Veremos que existen dos tipos de milagros: (1) Sobrenatural, es decir, un acontecimiento que va totalmente contra las leyes de la naturaleza (un hacha que flotó, 2° Reyes 6:5-6) y (2) Providencial, es decir, la coincidencia de eventos que Dios coordinó para llevar a cabo un evento de provisión o protección, etc. Los medios de la Providencia son naturales, es decir, no violan las leyes de la naturaleza (una carta con una ofrenda llega el día en que se la precisa).

Sin embargo, los "milagros" en la Biblia están relacionados con los apóstoles más que con los creyentes en general, por esto se llaman "señales de apóstol" (2 Co. 12:12). El énfasis de poder hacer los mismos milagros hoy, intenta decir que todavía tenemos apóstoles, profetas, etc.

Cada uno de estos términos y muchos más, serán analizados a la luz de las Escrituras. No trataremos de explicar todo fenómeno en cuestión, sino aclarar lo que la Biblia enseña y demostrar el peligro de enseñar más allá de lo que la Escritura clarifica.

El concepto inductivo
En nuestro estudio tomaremos versículo tras versículo, o concepto tras concepto, para acumular evidencia escritural. La información, en su totalidad, nos llevará a una conclusión bíblica. Tal vez un versículo o argumento no es conclusivo o final al ser aislado del resto de la evidencia. Sin embargo, tomado como parte de la evidencia que va acumulándose, llegamos a ver en forma evidente la posición de la Biblia con respecto a las lenguas.

CAPITULO
— 2 —
Desarrollo Histórico

A lo largo de la historia de la Iglesia hubo ciertas declaraciones de la manifestación de los dones de señales, pero esto será analizado luego. Lo que queremos ver ahora es la trascendencia del movimiento carismático hoy en día. ¿De dónde vino? Normalmente un movimiento da a luz al movimiento que lo sigue. Con cada ola de tales movimientos, el que sigue lleva algo del anterior. Es importante que veamos el desarrollo de las doctrinas y conceptos que produjeron el Movimiento Carismático de hoy. En breve veremos la transición siguiente:

Juan Wesley — Metodismo	(1703-1791)	Primer Avivamiento
Charles Finney —	(1792-1875)	Segundo Avivamiento
El Movimiento de Santidad	(1850)	Tercer Avivamiento
El Movimiento Pentecostal	(1900)	Cuarto Avivamiento?
El Movimiento Carismático	(1960)	
El Movimiento Católico Carismático	(1970)	

Los personajes que formaron el movimiento y lo qué enseñaron

La enseñanza que dio a luz el movimiento comenzó en Inglaterra con el ministerio de **Juan Wesley**. Es imposible entender el Movimiento Carismático sin entender las raíces del Metodismo y cómo Finney tomó la enseñanza de Wesley y formó en los Estados Unidos un movimiento llamado el Movimiento de Santidad.

Juan Wesley estudió en Oxford (Inglaterra) y fue ordenado como sacerdote de la Iglesia Anglicana en 1728. En la facultad formó un Club de Santidad con estrictas reglas de conducta. Luego sirvió en Georgia, EE.UU., como misionero (1735-1738), pero aún no había conocido al Señor. Cruzando el Atlántico hacia su país, se encontró en el barco con unos misioneros Moravios de Alemania que le hablaron de una relación personal con Cristo. Al llegar a Inglaterra, viajó a Alemania y conoció la salvación personal por medio de Peter Bohler de los Moravios. Luego fue introducido a la predicación al aire libre por George Whitefield.

La otra influencia en la vida de Wesley fue la lectura. Leyó mucho, especialmente a los místicos Thomas A. Kempis y Jeremy Taylor, cuyos libros enfatizaban "la santidad del corazón y la vida."

De 1738 a 1791 predicó un promedio de 15 veces por semana, viajando más de 8.000 km. a caballo cada año. Escribió 42.000 sermones y más de 50 libros. Su influencia sobre los evangélicos hasta hoy ha sido impresionante.

Wesley enseñó que la salvación es un proceso por el cual la persona pasa de un nivel a otro, cada uno más alto que el anterior, llegando a ser más espiritual en cada nivel. El primer nivel es la "Gracia Preventiva", el surgimiento del interés en Dios y el persuadir de Dios a atraer a El en salvación. El segundo nivel es la "Gracia Convincente o Prevaleciente", el arrepentimiento de la auto-confianza hacia la confianza en Cristo. Lo original de esta "gracia" es la manifestación de buenas obras las cuales son necesarias para "retener" la salvación. Cuándo exactamente se obtiene la salvación no está claro, pero es evidente que la experiencia de Wesley llegó a ser parecida a su teología.

El arrepentimiento fue predicado como requisito para la salvación, así como el continuo arrepentimiento para la santificación. Wesley enseñó la imposibilidad de retener la gracia de la salvación si no se progresa hacia la santificación, único nivel en donde el corazón está completamente limpio de todo pecado.

La santificación completa es la segunda obra de Dios en el orden de la salvación. Se llamó a este nivel la "perfección," "la segunda bendición," "la segunda obra de gracia" y "la santificación completa." Este segundo nivel es un regalo de Dios a los que lo buscan y normalmente es un tipo de "crisis." El proceso gradual es interrumpido por Dios con una experiencia de "bendición" que transforma la vida.

Puesto que la salvación de Wesley es una progresión, se puede perder en cualquier nivel. Solamente los que continúan en la progresión hacia la santificación pueden ser salvos. Wesley definió el "pecado" como **transgresión voluntaria**. Dijo que los pecados de omisión no son pecados. De acuerdo a Wesley, esta perfección no es absoluta, sino que se sigue creciendo conforme al conocimiento del pecado en la vida. La vida cristiana es un esfuerzo por alcanzar un nivel más y más alto. Se está creciendo en salvación o cayendo de la salvación—no existe terreno neutral.

En una época de racionalismo y formalismo, donde hubo poco énfasis en fe y sentimientos, la predicación de Wesley enfatizó la "experiencia" emocional de la salvación; había que sentirla. La "experiencia" del hombre llegó a ser la autoridad primaria de la verdad, aun más que la Palabra. La verdad quedó determinada por la experiencia emocional. Wesley luchó años por obtener la salvación. Su experiencia determinó su teología de la conversión.

Charles Finney estudió abogacía en Nueva York y se convirtió a los 28 años. En la misma noche de su conversión, Finney dijo que experimentó el "bautismo del Espíritu" y comenzó a predicar inmediatamente con resultados asombrosos.

La perspectiva del pecado de Wesley fue débil, pero la de Finney fue más débil aún. La doctrina de Finney negó la influencia del pecado del primer Adán sobre nuestra vida actual. Así el hombre es completamente libre de pecar o arrepentirse voluntariamente. En su opinión, el hombre es "pecador porque peca", no "peca porque es pecador". El vio la salvación como un cambio, de ser consagrado a uno mismo hacia una consagración a Dios, siendo este cambio o arrepentimiento el requisito para la salvación. O sea, el hombre llega a ser sin pecado porque sus intenciones hacia el pecado cambian. Resulta entonces que por querer hacer justicia, ¡uno se hace justo! Nada que ver con la enseñanza bíblica de la justificación, que la define como una declaración judicial de la justicia atribuida únicamente por medio de la fe.

La santificación completa, de acuerdo a Finney, es una posibilidad porque él no aceptó que la naturaleza del hombre es pecaminosa por completo, sino sólo cuando peca voluntariamente. Así la perseverancia en obediencia hasta el fin de la vida es una condición para la justificación. Por lo tanto, la santificación completa es imperativa para la salvación. Tal santificación es definida como el vencimiento del egoísmo y es limitada solamente por nuestro conocimiento: somos responsables solamente por lo que sabemos de la voluntad de Dios.

Al contrario, la justicia que es aceptable a Dios no se adquiere por nuestras obras, sino aceptando por fe la muerte de Cristo (Ro 3:19-28; Gá 2:16-21). Finney insistió en la obediencia a la ley, pero Cristo nos redimió de la maldición de la ley (Gá 3:1-14).

Finney declaró que la única manera que un creyente puede continuar y lograr esta santificación sería a través de recibir la experiencia de una crisis del "bautismo del Espíritu." Este alto nivel de la vida cristiana es indispensable para un ministerio fructífero, o sea, el estado de santificación alcanzado por el "bautismo" de poder. Después de esta crisis, el creyente expresa su confianza de haber experimentado su "bautismo." De esta manera creó una actitud de búsqueda hacia el bautismo dentro de los evangélicos.

Los dos, Wesley y Finney, vieron la salvación como la santificación progresiva con prácticamente ninguna de las verdades de nuestra posición en Cristo y sus conceptos del pecado fueron menos de lo que las Escrituras enseñan sobre nuestra pecaminosidad. Finney no admitía la existencia de creyentes carnales, a pesar de la lucha evidente en Romanos 7 y Gálatas 5. Para él, los carnales eran simplemente inconversos, perdidos.

Así que la "segunda obra de gracia" de Wesley llegó a ser el "bautismo del Espíritu" de Finney. Esta enseñanza influenció la totalidad de los evangélicos de todas las denominaciones a través del Movimiento de Santidad.

Del Movimiento de Santidad hacia el Movimiento Pentecostal
Los metodistas de Inglaterra emigraron a las colonias de Norte América antes de su revolución. Alrededor del año 1850, más de un millón (de una población de 20 millones) se había convertido al Metodismo en solamente

75 años de evangelismo. La influencia de Wesley es obvia, pero Finney fue responsable de mucho de este crecimiento por sus avivamientos. Miles de pastores y misioneros rogaban a Dios por la experiencia del bautismo. La popularidad del metodismo produjo una disminución en el énfasis de la santificación o perfeccionismo y así la moralidad de la iglesia comenzó a declinar al final del siglo XIX, cuando ésta empezó a enfatizar problemas políticos y sociales (como la esclavitud, los derechos laborales de los obreros, derechos de las mujeres, etc.).

La reacción contra la secularización de los metodistas motivó los avivamientos de Finney. El debate cambió las discusiones de teología en discusiones sobre experiencias y conceptos pragmáticos (lo que produjo números y cambios). La experiencia de un encuentro personal con Dios fue la prioridad, con poco énfasis o necesidad de una teología correcta. El avivamiento estaba en oposición a la frialdad de calvinismo. Era la victoria del arminianismo sobre el calvinismo.

El mensaje principal del Movimiento de Santidad, como de la Iglesia Nacional de Santidad y la mayoría de los evangélicos, fue del bautismo del Espíritu y la santificación total. En los últimos años del siglo XIX, siguiendo el ejemplo de las respuestas emocionales de Finney, ocasionalmente hubo experiencias de éxtasis y aun se habló en lenguas en raros casos, pero aún no eran asociadas con el bautismo del Espíritu.

Hubo dos factores con respecto al Movimiento de Santidad que contribuyeron al movimiento que lo siguió. (1) Prácticamente en el Movimiento de Santidad, no había ninguna referencia al hablar en lenguas. En los últimos diez años del siglo (1890-1900), sólo hubo algunas manifestaciones, pero muy pocas y por lo general no eran aceptadas. (2) En aquel entonces el Movimiento de Santidad era mundial e interdenominacional.

La influencia del Movimiento de Santidad se divulgó en todos los Estados Unidos y, por sus misioneros, a todo el mundo, especialmente por las Conferencias de Moody en 1880-1890 y por R. A. Torrey y el Instituto Bíblico Moody. A. B. Simpson y la Alianza Cristiana Misionera, la Iglesia de Dios y muchos otros surgieron del Movimiento de Santidad. El factor en común fue la búsqueda del poder de Dios en el bautismo del Espíritu y la santificación completa para asegurar la salvación.

Otros líderes evangélicos, sin saber dónde llevaría su influencia al movimiento, contribuyeron al desarrollo de los pentecostales. Hombres como F. B. Meyer, A. J. Gordon, Andrew Murray y John R. Rice, cuyos libros han sido traducidos al castellano, prepararon el terreno para la experiencia pentecostal. Ninguno de estos hombres hablaron en lenguas, pero, sin saber las consecuencias de lo que decían, dieron respetabilidad al concepto

de la segunda obra de gracia y a la crisis del bautismo del Espíritu.
El origen de la experiencia pentecostal

El metodismo fue la denominación más grande entre los evangélicos, pero llegó a ser la más fría y formal de ellas en aproximadamente cien años por la infiltración de los liberales, que niegan la Biblia. Se dividieron en pequeños grupos que buscaban la experiencia de Wesley y Finney y algunos de ellos practicaban las sanidades.

En el estado de Kansas (Estados Unidos), en el año nuevo de 1901, un grupo de líderes y 18 estudiantes de un instituto bíblico buscaban el bautismo del Espíritu en ayunas. Cuando algunos "hablaron en lenguas", aparentemente fue la primera vez que el bautismo se relacionó con el hablar en lenguas. Comenzaron a decir que las "lluvias tardías" de Joel 2 se habían cumplido y las noticias de tal experiencia fueron comunicadas alrededor del mundo muy pronto.

Fue William Seymour, quien experimentó el "bautismo" en Houston, Texas, el que llevó la experiencia a Los Ángeles, a las famosas reuniones de la calle Azusa en 1906. De allí la experiencia pentecostal se divulgó en todo Estados Unidos e internacionalmente y las Asambleas de Dios fueron organizadas en 1914, llegando a ser la denominación pentecostal más grande. Durante los primeros 60 años, los pentecostales eran considerados un poco "raros," pero aceptados como "evangélicos", pues aunque ponían un énfasis anormal en el hablar en lenguas y en las sanidades, su doctrina era básicamente evangélica.

De la transición al Movimiento Pentecostal
La experiencia se divulgó a través de las iglesias del Movimiento de Santidad, convenciendo a muchos de que la evidencia de las lenguas confirmaba la "crisis" del bautismo del Espíritu. La transferencia fue tan importante que prácticamente hoy en día no existen las iglesias de Santidad, sino que casi todas se han convertido en iglesias pentecostales. Por lo tanto, en pocos años, aquella experiencia creó un movimiento.

Un ejemplo del crecimiento son las iglesias de las Asambleas de Dios. En 1926 (20 años después del comienzo en Azusa) había 671 iglesias; pero en 1970 hubo 8.570. En efecto, las iglesias pentecostales ciertamente son las que están creciendo más rápidamente que cualquier otra iglesia o denominación.

Los líderes del nuevo movimiento pertenecían todos al Movimiento de Santidad y ahora tenían la experiencia que demostraba cuándo la persona entraba en un alto nivel de la vida cristiana.

El movimiento ha sufrido divisiones muchas veces, tanto por personas como por doctrinas. Hoy es un poco difícil definir lo que creen por la variedad de sus enseñanzas, sin embargo existe una constancia con respecto a la doctrina del bautismo del Espíritu, las lenguas, las sanidades y el énfasis en la segunda venida de Cristo — los cuatro aspectos del evangelio "cuadrangular."

Los pentecostales producen el Movimiento Carismático

En 1958-59 ocurrió un evento que amplió el Movimiento Pentecostal para siempre. Un rector de una iglesia Episcopal, Dennis Bennett, experimentó el hablar en lenguas. Una nueva ola de informes de la experiencia del "bautismo del Espíritu" acompañada por lenguas, invadió las iglesias de otras denominaciones. La experiencia pentecostal llegó a ser transdenominacional y allí nacieron los "carismáticos."

El movimiento siguió adaptándose y evolucionando ya que la forma dependió de experiencias variables, no de una base absoluta y posible de analizar. Las cosas en común quedaron igual. Hay carismáticos católicos, teología de proceso, teología de la prosperidad y ahora con más énfasis en diversos tipos de sanidades que en la señal de lenguas. Se llega al punto de que cualquier fenómeno es atribuido al Espíritu para demostrar Su manifestación.

RAZONES DEL CRECIMIENTO DEL MOVIMIENTO CARISMÁTICO

Sin duda el Movimiento Carismático está creciendo estadísticamente más rápido que todo el resto de los evangélicos, asumiendo que las estadísticas sean válidas. Solamente en Latino América hay más de 100,000 iglesias carismáticas que no tienen pastores preparados académicamente. Algunos de los que han estudiado el tema, han llegado a la conclusión de que existen tres razones principales para este crecimiento.

1. La condición muerta de la mayoría de las iglesias.

Las iglesias muertas son el resultado de la enseñanza de filosofías humanistas en lugar de la Biblia. Para parecer vigentes y acordes al siglo XX, muchos pastores aceptan y enseñan que Dios "creó" el mundo por medio de la evolución, que las Escrituras no son inspiradas, sino que adquieren tal carácter por la fe del individuo y que el creer en un Cristo divino no es tan necesario. Así, el formalismo y el ritualismo hicieron que la iglesia llegara a ser poco más que un club social. Aun iglesias fundamentalistas pueden ser afectadas por los síntomas de una iglesia muerta.

Estas iglesias muertas caen en dos categorías: (a) Iglesias de doctrinas muertas. Una iglesia que tiene doctrinas muertas enseña que hay que ser bautizado (o rociado), ir a la confesión y seguir sus ritos para tener la comunión y la esperanza de ir al cielo. Las doctrinas muertas niegan que la salvación es por la gracia de Dios y obligan a las personas a seguir fieles a ritos y ceremonias. Las denominaciones liberales entre los protestantes, las sectas falsas y los católicos romanos caen dentro de esta categoría. (b) Iglesias de prácticas muertas. Son aquellas que enseñan que la salvación es por gracia, pero nunca ganan almas ni crecen numéricamente. Los creyentes que asisten a tales iglesias reciben poca alimentación en las reuniones, poca motivación para servir al Señor y mucho formalismo. Tarde o temprano comienzan a buscar algo que los satisfaga.

2. La promesa de gozo y poder en la vida cristiana.
El amor, que es notable entre los carismáticos, frecuentemente está en contraste con la amargura, los celos y guerras entre los evangélicos fundamentalistas. ¡Qué vergüenza! Así que, por este motivo, muchos evangélicos están convirtiéndose en carismáticos.

Otra falla de los fundamentalistas es no enseñar sobre el Espíritu Santo y cómo llegar a ser victorioso en la vida cristiana. Muchos tienen miedo de tocar el tema del Espíritu y el creyente siente como si tuviera un vacío que solamente la experiencia del "bautismo del Espíritu" puede llenar. Esto nos lleva a la tercera razón del crecimiento de los carismáticos.

3. La declaración del avivamiento o la renovación del Espíritu Santo.
Esta "renovación" del Espíritu ha sido ignorada en la Iglesia por siglos y solamente "redescubierta" y experimentada a través del bautismo del Espíritu con la evidencia de hablar en lenguas. Esto les hace sentir que se hallan en el centro de lo que Dios está haciendo hoy en día. Otros se sienten atraídos por ver u oír de un milagro o fenómeno sobrenatural. El énfasis de ser parte de una iglesia genuina, apostólica, con señales y prodigios como la de los apóstoles, es una idea muy atrayente.

El énfasis de comprobar su veracidad por milagros, ha sido la táctica de la Iglesia Católica, los espiritistas, sectas de sanidades (no cristianas), Mormones y Adventistas, pero también de los carismáticos. Esto no quiere decir que los milagros no ocurran entre otros evangélicos, sino que los carismáticos los explotan. Ellos declaran que están experimentando el poder del Espíritu como en los días de los apóstoles y las dos señales que usan para convencer a los demás son lenguas y sanidades. Hay otras señales (don de ciencia, desmayo o caída en el espíritu y diferentes clases de milagros), pero las principales son lenguas y sanidades.

Ojalá que las iglesias (1) tengan la sana doctrina enseñada por la exposición de las Escrituras, (2) que muestren la experiencia de gozo y victoria en sus vidas y (3) que comuniquen un avivamiento del poder del Espíritu, especialmente en evangelismo y en la manifestación del fruto genuino del Espíritu (Gá. 5:22-23). Si las iglesias vivieran una vida bíblica, no necesitarían de algo más atractivo, pero... ésto quizá sea para otro libro.

CAPITULO
— 3 —
El Bautismo del Espíritu

A pesar de su crecimiento tremendo, el Movimiento Carismático tiene que ser evaluado bajo la luz de las Escrituras. Si sus bases son bíblicas debemos aceptarlo; si no lo son, entonces no queda otra alternativa que rechazarlo. Ciertos aspectos del movimiento todavía están en desarrollo con ciertos cambios externos en los últimos días, pero el fundamento básico del movimiento es su concepto del bautismo del Espíritu. Hay muy poca diferencia de énfasis en las diferentes ramas del movimiento con respecto al bautismo del Espíritu.

Hay dos enseñanzas distintas del bautismo del Espíritu: (1) es una experiencia perpetua después de la salvación para tener poder en la vida cristiana y (2) es parte esencial de la operación de Dios en nuestra salvación que no se puede repetir. Es distinto a la llenura del Espíritu y los dones del Espíritu no son señales del bautismo ni de la llenura. ¿Cuál de las dos es bíblica? Ambas no pueden ser correctas.

La enseñanza del Movimiento Carismático es que el bautismo del Espíritu es distinto de la salvación, ocurre después de ésta y tiene el propósito de capacitar a la persona con poder espiritual. Un autor dijo:

"El bautismo en el Espíritu Santo es el segundo encuentro con Dios (el primero es la conversión) en el cual el cristiano comienza a recibir el poder sobrenatural del Espíritu en su vida."[2]

Así que de acuerdo al punto de vista de los carismáticos, el creyente tiene la morada del Espíritu en su conversión, pero no tiene el poder del Espíritu. Enseñan que la regeneración ocurre sin el bautismo del Espíritu, mientras que la santificación y el poder en la vida solamente son posibles por medio del bautismo. Algunos enseñan que en la salvación se recibe el Espíritu de Cristo, pero en el bautismo, se recibe el Espíritu Santo.

La importancia dada al bautismo del Espíritu es evidente en la siguiente declaración:

Al recibir el bautismo del Espíritu Santo y al dar la evidencia adecuada, el individuo está preparado inmediatamente para recibir cualquiera y todos los nueve dones del Espíritu, enumerados en 1 Corintios 12:8-10.[3]

El propósito de este capítulo será comparar las dos enseñanzas acerca del bautismo del Espíritu y examinarlas según las Escrituras. La importancia del significado, tiempo, medio y propósito del bautismo del Espíritu serán aclarados, además veremos tres funciones distintas del bautismo del Espíritu.

Si existen errores en cualquier movimiento, se manifestarán en su doctrina. Dado que la base de la doctrina carismática es el bautismo del Espíritu, nuestro análisis debe comenzar allí. En el Artículo 8 de la "Declaración de los Principios y Verdades Fundamentales" como es declarado por el Concilio General de las Asambleas de Dios dice:

> El bautismo de los creyentes en el Espíritu Santo es testificado inicial-mente por la señal física de hablar en otras lenguas mientras que el Espíritu de Dios les dé el hablar (Hechos 2:4). El hablar en lenguas es en este caso, igual en su esencia al don de lenguas (1 Co. 12:4-10, 28), pero diferente en propósito y uso.[4]

Conforme a esta enseñanza los beneficios de esta experiencia después de la conversión son: una morada permanente, personal y completa del Espíritu Santo, que dará poder para la vida cristiana incluyendo la manifestación de los dones (especialmente lenguas y sanidades) y la efectividad para servir a Cristo. Si fuera así, ¿quién no lo querría?, pero la pregunta es, "¿qué dicen las Escrituras?"

Las referencias bíblicas del bautismo

En cada uno de los Evangelios hay una referencia al bautismo del Espíritu (Mateo 3:11; Marcos 1:8; Lucas 3:16; Juan 1:33). Al comparar cada referencia, notamos que las cuatro hablan del mismo evento, que ocurrió en el principio del ministerio de Jesús. En los cuatro la declaración es, "él os bautizará en Espíritu Santo". Mateo y Lucas agregan, "y fuego."

Estas referencias anticipaban un evento histórico definido. En la Biblia no existe ninguna evidencia de que la obra del bautismo del Espíritu haya ocurrido en el A.T., ni en el ministerio terrenal de Jesús.

La siguiente mención del bautismo del Espíritu está en Hechos 1:5, después de la resurrección y antes de la ascensión. Esta referencia es básicamente una repetición de la promesa hecha en el comienzo del ministerio de Jesús. Los textos en los Evangelios nos dicen que el bautismo iba a ocurrir y en Hechos 1:5 Jesús dice que iba a ocurrir "dentro de no muchos días," pero hasta ese momento ninguna referencia bíblica explicaba qué es el bautismo.

La próxima y última referencia al bautismo del Espíritu en Hechos se encuentra en 11:16, cuando Pedro defiende su acción al haber bautizado un gentil. En otras palabras, Pedro dice que Cornelio recibió el mismo bautismo que los judíos en el día de Pentecostés. Sin embargo, Pedro no indica más información con respecto al bautismo, sino para decir que era el mismo que en Hechos 2. Debemos notar que no hay referencia alguna al bautismo del Espíritu en Hechos 2. Se deduce de Hechos 1 y 11 que éste ocurrió.

Cada mención al bautismo del Espíritu en los Evangelios y Hechos hace referencia a un bautismo prometido y una de ellas (11:16) dice que la promesa se cumplió. En ninguna ocasión hay explicación, sino la declaración de que la promesa se realizó. Por esta razón sería arriesgado tratar de sacar de estos versículos una explicación de la naturaleza y propósito del bautismo del Espíritu.

El objetivo de la porción del N.T. que comprende los Evangelios y Hechos es principalmente presentar la historia primitiva de la Iglesia y no específicamente la enseñanza de sus doctrinas. Por ejemplo, Hechos 2:42 dice que los creyentes perseveraban en la doctrina de los apóstoles. Pero, ¿qué doctrina? ¿Qué enseñaron? En Hechos no tenemos registradas sus enseñanzas, sino sus predicaciones en público ante los incrédulos judíos. Para saber qué enseñaron, tenemos que mirar en las epístolas de Pablo y Pedro. De igual manera, tenemos que ir a ellas para ver la enseñanza y el significado del bautismo del Espíritu.

En el resto del N.T. hay solamente tres referencias al bautismo del Espíritu y en cada una su objetivo es explicar lo que significa. Las tres referencias son: 1 Corintios 12:13, Romanos 6:3 y Gálatas 3:27. En cada una de ellas se aprende más acerca de la naturaleza del bautismo del Espíritu.

LOS CUATRO ASPECTOS DEL BAUTISMO

Para comenzar sería indispensable entender cómo fueron usados ciertos términos de las Escrituras en el tiempo de los apóstoles.

La palabra "bautizar" no es una palabra española. Es una transliteración del griego. En el tiempo de los clásicos (600-200 A.C.) un barco era bautizado cuando se hundía. Llegó a significar algo sumergido, llevando así la idea de inmersión. Otro uso de la palabra es para introducir o sumergir una persona en un nuevo ambiente, cambiar radicalmente su condición y relación. De esta manera la palabra llegó a significar "ser puesto en algo".

De los versículos que tratan el tema del bautismo se descubre las siguientes áreas de información:

Unión
Por medio de la operación del Espíritu en el bautismo, el pecador llega a ser "puesto en" Cristo (1 Co. 12:13). Después del bautismo del Espíritu el creyente tiene una relación de unión corporal con Cristo. Esta unión no es superficial, ni orgánica, ni teórica. Es espiritual, es decir, una unión en Su espíritu y es muy real.

El gran énfasis de la salvación en el Nuevo Testamento es la nueva relación con Cristo, en el sentido de que somos parte de Su Cuerpo. En Efesios 3:6 Pablo dijo que somos "coherederos y miembros del mismo cuerpo." Luego en 3:17 añadió, "para que habite Cristo por la fe en vuestros corazones." El concepto no es de un club o algo imaginario, sino la descripción de una relación de unión íntima y corporal.

Esta unión es posible por la presencia literal del Espíritu dentro del cuerpo del individuo como parte inseparable del creyente. Efesios 2:22 dice que somos la "morada de Dios en el Espíritu." El es parte de nosotros, como nosotros somos parte de El. Así, estamos literalmente unidos con Cristo por el Espíritu.

Por medio de esta unión con Cristo, son posibles y efectuados todos los beneficios de la salvación. Su justicia es nuestra justicia; Su santificación es la nuestra; Su glorificación es la nuestra; Su muerte, sepultura y resurrección son las nuestras (Ro. 6:3). Sin esta unión sería imposible ser salvo. Así que es imposible estar en Cristo y no tener el Espíritu Santo con todo Su poder morando en nuestro ser.

Además, nuestra unión en el Espíritu desde el momento de la salvación resulta en una unión con otros creyentes. Efesios 2:22 y 3:6 dicen que somos "juntamente edificados para morada de Dios en el Espíritu. . .y coherederos y miembros del mismo cuerpo y copartícipes. . ." Como consecuencia, todos los creyentes tienen una comunión a través del Espíritu que gozan entre sí. Sin la presencia del Espíritu en todos los salvos no habría una comunión real entre creyentes, pero por medio del Espíritu en todos los redimidos tal comunión existe.

Todo esto es consecuencia de la operación del bautismo del Espíritu. La próxima pregunta es, ¿cuándo ocurre este bautismo por primera vez?

Tiempo
La palabra "bautismo" no aparece en el Antiguo Testamento, ni hubo algo similar durante aquella época en las Escrituras, lo cual indica que nunca ocurrió durante aquel tiempo.

La primera vez que es mencionado fue en el comienzo del ministerio de Jesús, por Juan el Bautista (ej. Mt. 3:11). Investigando los cuatro evangelios, no se encuentra ninguna referencia al bautismo del Espíritu durante la vida de Jesús. Es obvio que el Espíritu estaba operando en aquellos días, pero aparentemente no hubo bautismo del Espíritu.

La próxima referencia cronológica al bautismo del Espíritu se halla en Hechos 1:5. Conforme a este pasaje, la primera vez que iba a ocurrir el bautismo del Espíritu iba a ser "dentro de no muchos días."

Aparte de este versículo, hay una sola mención del bautismo del Espíritu en todo el libro de los Hechos, 11:15-16, donde Pedro hizo referencia al bautismo del primer gentil como una experiencia igual a la de los 120 "al principio." El "principio" tiene que relacionarse con el evento ocurrido pocos días después de la ascensión, cuando Jesús bautizó Su Iglesia con Su Espíritu Santo.

El capítulo 11 de Hechos ocurrió aproximadamente 15 años después de aquel día de Pentecostés. Mirando hacia atrás, Pedro testificó delante de la iglesia en Jerusalén que la misma experiencia de aquel día pasó nuevamente y esta vez un gentil fue quien la recibió, Cornelio, en Hechos 10.

En primer lugar, Pedro marcó definitivamente el tiempo del comienzo del bautismo del Espíritu: el día de Pentecostés, 30 D.C. En Hechos 10, más o menos en 45 D.C., los gentiles también estaban incluidos como recipientes del bautismo.

En segundo lugar, es evidente que Pedro no tenía ningún otro evento ocurrido dentro de esos quince años y parecido a aquel día, para comparar la experiencia de Cornelio. Es obvio entonces que los eventos de Pentecostés nunca fueron repetidos continuamente en la vida de la Iglesia, sino unas pocas veces para introducir algo nuevo en el programa de Dios.

Si Pentecostés es el comienzo del bautismo del Espíritu, ¿cuándo fue el fin? Muchos sugieren que el bautismo terminará con el arrebatamiento de la Iglesia (1 Ts. 4:17). En 2 Tesalonicenses 2:6-7 Pablo hizo una referencia a algo que "detiene" la manifestación del "ministerio de la iniquidad," es decir, la manifestación del Anticristo. Pablo añadió: "sólo que hay quien al presente lo detiene, hasta que él a su vez sea quitado de en medio." La presencia del Espíritu en el mundo, morando en los cuerpos de los creyentes, produce el efecto de detener la manifestación de "aquel inicuo" (v. 8). Cuando ocurra el rapto de la Iglesia, todos los que poseen el Espíritu serán llevados simultáneamente, quitando de inmediato la morada del Espíritu de la tierra. Así que en Pentecostés comenzó el bautismo del Espíritu y el arrebatamiento lo terminará.

Medio

Después de ver el qué y el cuándo del bautismo del Espíritu, tenemos que preguntar ¿cómo? ¿cuál es el medio para recibir el bautismo del Espíritu? En Gálatas 3:2, Pablo enfrentó un problema en las iglesias que sugiere que algunos estaban enseñando que el Espíritu era recibido por méritos y esfuerzo personal. Pablo preguntó, "¿Recibisteis el Espíritu por las obras de la ley, o por el oír con fe?" Eran "necios" (v.3) por pensar que necesitaban obras personales para tener el Espíritu. Luego veremos que los carismáticos enseñan que obediencia y fe son necesarias para recibir el bautismo.

El Espíritu no es algo que se gana como un premio que merecemos por nuestro esfuerzo. En Hechos 11:17 se llama al Espíritu un "don." Luego Pablo escribió a los Romanos diciendo, "Si alguno no tiene el Espíritu de Cristo, no es de él." Si alguien no tiene el Espíritu Santo no pertenece a Cristo. Algunos quieren hacer una distinción entre el "Espíritu de Cristo" y el "Espíritu Santo," pero tal distinción no existe y tal enseñanza causa problemas serios en cuanto a la Trinidad.

Así que tenemos que haber recibido el Espíritu desde el momento de nuestra salvación, no cuando dedicamos nuestra vida a Cristo o vencemos algún pecado o rogamos al Padre por el Espíritu. ¡No! La recepción del Espíritu es por fe, no por obras, porque es parte de la salvación por fe.

Propósito

¿Es cierto que el bautismo es para dar poder en la vida cristiana? Si fuera así, el bautismo entraría en conflicto con la llenura del Espíritu, pues serían sinónimos. Luego veremos que ambos son distintos. Por medio de la llenura del Espíritu el creyente recibe el poder para testificar, el entusiasmo en el servicio y el gozo en la adoración. La llenura del Espíritu puede ocurrir muchas veces y sin fin, pero el bautismo del Espíritu ocurre una vez y para siempre. Si la llenura del Espíritu es la experiencia del creyente para tener poder, ¿cuál es entonces el propósito del bautismo del Espíritu?

1. Hacer una habitación para Dios

En 1 Corintios 3:16 Pablo llamó a los creyentes el "templo de Dios," porque es dentro de su cuerpo físico donde el Espíritu mora. En el Antiguo Testamento Dios vivía dentro de Su pueblo en un Tabernáculo y luego en un Templo. En aquel entonces, Dios eligió manifestarse en lugares hechos por hombres, pero desde Pentecostés, 30 D.C., Dios eligió manifestarse en cuerpos humanos hechos por El.

2. Unir a todos los creyentes por el Espíritu

Lo que todos los creyentes tienen en común es la presencia del Espíritu Santo en sus cuerpos, así ellos tienen una unión corporal indirecta. Es decir, todos están unidos en el Espíritu y así, todos están unidos el uno con el otro por medio del Espíritu. En Efesios 2:21 el "edificio" es el cuerpo de creyentes o la iglesia. Dice que el edificio "bien coordinado, va creciendo . . ." Estas expresiones comunican la interdependencia e interrelación íntima de los creyentes.

Esta interdependencia es similar a las células de un cuerpo. Cada célula tiene funciones independientes, pero es inútil si no está relacionada con otras células, necesita funcionar interdependientemente. El creyente posee independientemente el Espíritu y ciertas capacidades (dones), pero es inútil si no está "bien coordinado" con otros creyentes para formar juntos una "morada de Dios en el Espíritu." Por esta razón la iglesia local es tan importante en el Nuevo Testamento.

(3) Unir al pecador con Cristo

El propósito aún más profundo del bautismo del Espíritu es la capacidad de unir al pecador con Cristo en una relación inseparable y corporal. Por medio del bautismo el creyente participa en la muerte, sepultura y la resurrección de Cristo, con el mismo resultado que si él hubiera muerto. Por ser parte de Su Cuerpo (por el Espíritu) todo lo que El hizo, es como si el creyente lo hubiera hecho.

La ley de Dios es expresada en Romanos 6:23, "Porque la paga del pecado es muerte. . ." La única manera en que el pecado puede ser perdonado es por una muerte. Las opciones son una muerte eterna o la participación en una muerte que Dios acepte. En el mismo capítulo Pablo aclaró el propósito del bautismo del Espíritu diciendo, "¿O no sabéis que todos los que hemos sido bautizados en Cristo Jesús, hemos sido bautizados en su muerte?" (6:3-5). Así que la única manera de participar en una muerte que sea eficaz en salvar al pecador es por medio del bautismo del Espíritu. Por esta razón es absolutamente imposible que exista un creyente que no haya recibido el bautismo del Espíritu. No puede ser salvo sin él. ¡Es el bautismo, el que efectúa la salvación en nosotros!

CAPITULO
— 4 —
Los Cuatro Aspectos del bautismo

Uno de los errores de Juan Wesley y los movimientos que él afectó fue la identificación del bautismo del Espíritu con la llenura del Espíritu. Tal vez alguien diría que no es muy importante la distinción, o "¿qué importa si lo llama bautismo o llenura?" Pero la confusión se produce por no marcar una distinción entre estas dos grandes doctrinas de la salvación; y el énfasis de uno es transferido al otro, causando desequilibrio y error.

Al estudiar lo que el Nuevo Testamento declara con respecto al bautismo y a la llenura del Espíritu se notan por lo menos cuatro distinciones:

1. El bautismo ocurre una vez y para siempre, pero la llenura es una operación progresiva y sin fin.

Si es cierto que por medio del bautismo del Espíritu el creyente está "puesto en" Cristo, ésto tiene que ser un evento que ocurre una sola vez y para siempre. Una vez que este bautismo ha ocurrido, la persona está puesta en Cristo y no se puede cambiar tal relación; es una posición inmutable y eterna. Así que es imposible que se repita el bautismo del Espíritu una vez que haya ocurrido. Bíblicamente el propósito del bautismo del Espíritu es unirnos para siempre con Cristo. Nuestra unión con Cristo en el bautismo nos da seguridad de salvación.

Después de estar puesto en Cristo por medio del bautismo del Espíritu el creyente debe comenzar a experimentar la llenura del Espíritu continuamente. Así que el bautismo tiene que ocurrir primero y luego la llenura en forma repetitiva. Obviamente sería imposible recibir la llenura del Espíritu antes de haber recibido el bautismo, pues si no se tiene el Espíritu es imposible que El nos llene.

2. No hay un mandamiento en cuanto a ser bautizado por el Espíritu, pero sí a ser lleno del Espíritu.

En primer lugar, es imposible ser un creyente y no haber sido bautizado por el Espíritu, porque la única manera para estar "en Cristo" es a través del bautismo, por esta razón no existe un mandamiento en el Nuevo Testamento obligando a la persona a buscarlo. Si una persona es creyente ya tiene el bautismo.

En segundo lugar, la llenura sí es una obligación para el creyente. El tiene que vivir siendo lleno del Espíritu, porque es un mandamiento; si no lo hace, estará caminando en desobediencia. En Efesios 5:18 Pablo escribió, "No os embriaguéis con vino, en lo cual hay disolución; antes bien **sed llenos del Espíritu**." Si es un mandamiento, no es algo que ocurre automáticamente en la salvación; más bien es algo que somos responsables de mantener por medio de la obediencia.

El tiempo del verbo es importante: es imperativo presente, progresivo y pasivo.

Todo esto sugiere que la acción tiene que ser progresiva, continua, constantemente repetida, sin fin. Si alguien está lleno del Espíritu hoy, no es suficiente para el resto de su vida, ni inclusive para mañana. Como el maná en el desierto tenía que ser renovado cada día, así es necesario que seamos llenos del Espíritu a diario. La llenura de ayer no es suficiente para hoy. Estamos bajo la orden de ser llenos del Espíritu en forma progresiva y continua.

3. El bautismo es universal entre los creyentes, pero la llenura no lo es

Si el bautismo del Espíritu es esencial para la salvación, tiene que ser la experiencia de todos los creyentes. En 1 Corintios 12:13, Pablo lo hizo muy claro: "por un solo Espíritu fuimos todos bautizados en un cuerpo. . . " Pablo aclaró que no existen excepciones; no existen algunos creyentes bautizados y otros no. Sin embargo, algunos hijos de Dios pueden ser "carnales" (1 Corintios 3:1-3) y por ello, no llenos del Espíritu.

Por lo tanto, es posible que un creyente bautizado por el Espíritu, no esté lleno del Espíritu. El creyente que cae en un pecado y no lo confiesa ni se arrepiente, llega a ser un creyente carnal.

El Nuevo Testamento nos da tres instrucciones con respecto a nuestra relación con el Espíritu. (1) Efesios 4:30 dice, "Y no contristéis al Espíritu Santo de Dios." Los pecados que cometemos, hacen que el Espíritu se entristezca dentro de nosotros, quitando Su fruto de nuestra vida: amor, gozo, paz, paciencia, etc. (Gá. 5:22-23). En el versículo siguiente se menciona lo que puede causar tal tristeza al Espíritu: amargura, enojo, ira, gritería, maledicencia y malicia (Ef. 4:31).

(2) 1 Tesalonicenses 5:19 dice: "No apaguéis al Espíritu." Parece que el apagar al Espíritu fuera un paso peor que contristarlo. El Espíritu quiere producir "gozo" (1 Ts. 5:16) en la vida, intimidad en el trato con Dios (5:17) y una actitud de gratitud en todo (5:18), pero si persistimos en desobedecer la Palabra, perdemos Su fruto.

(3) En Gálatas 5:16 leemos, "Andad en el Espíritu y no satisfagáis los deseos de la carne." Hay tanta satisfacción en "andar" en el Espíritu (Sal 16:11; 42:1-2) que los deseos de la carne no le tientan. En 5:25, Pablo amplió el concepto diciendo, "Si vivimos por el Espíritu, andemos también por el Espíritu," es decir, si nuestra dependencia, guía, dirección, sostén y confianza está depositada en lo que el Espíritu nos muestra en Su Palabra, estamos andando en el Espíritu, o sea, estamos en armonía con Él.

Por estas razones la llenura del Espíritu no es universal, entre todos los creyentes — debería ser, pero no lo es. Es normal entre los creyentes que han aprendido cómo no entristecer al Espíritu, que no lo apaguen y sepan cómo andar en el Espíritu. En cambio, los que tienen el Espíritu, pero desobedecen y no confiesan, lo entristecen; y si continúan en su desobediencia, ignorando lo que el Espíritu dice en la Palabra (lo apagan), nunca podrán ser llenos del Espíritu y disfrutar de Sus beneficios en la vida. Demasiados creyentes están llenos de sí mismos, de egoísmo o de la carne, como para apreciar el gozo de estar llenos del Espíritu.

4. La obra del bautismo del Espíritu no es una experiencia, pero la llenura sí lo es

El bautismo del Espíritu no es una experiencia que se pueda sentir distintivamente cuando ocurre. En la conversión, si alguien siente algo, probablemente es el alivio del perdón de los pecados. Sin embargo, si no lo siente, no por eso es menos real. Un autor marcó 32 cosas que ocurren en el momento de nuestra salvación. ¿Cómo se puede sentir cada una individualmente? Por ejemplo, cada creyente es sellado por el Espíritu en su conversión (Ef. 1:13). ¿Pudo Ud. sentirlo? ¡No! Entonces, ¿cómo sabe que fue sellado? La única respuesta es que la Biblia me dice que fue así y yo lo creo. No se tiene que sentir una promesa para que sea real. Si uno lo cree y depende de ella, es real, ya sea que lo sienta o no.

En cambio, la llenura del Espíritu es una experiencia diaria para el creyente, si anda en el Espíritu (Gá. 5:16). El resultado de este andar es tanta satisfacción (por tanto es algo que se experimenta) que los deseos de la carne no llaman la atención.

LOS SEIS RESULTADOS DE LA LLENURA DEL ESPÍRITU

Después de ser puesto en Cristo (por el bautismo del Espíritu), el creyente obediente experimentará la llenura del Espíritu continuamente. Sabemos que hemos recibido el bautismo del Espíritu por lo que la Biblia enseña, no por sentir algo. La próxima pregunta es, ¿cómo saber si tenemos la llenura del Espíritu? La Biblia nos da seis evidencias o señales de la llenura del Espíritu; y es que ser lleno del Espíritu era un requisito para seleccionar a los líderes en la iglesia primitiva (Hc. 6:3), por lo cual tenía que ser algo evidente para los demás.

1. El fruto del Espíritu en la vida (Gá 5:22-23)

Lo que produce en la vida el fruto del Espíritu, es: amor, gozo, paz, paciencia, benignidad, bondad, fe, mansedumbre, templanza. Estos nueve aspectos del fruto del Espíritu son una unidad, lo cual es evidente por el número singular de una palabra "fruto." Cuando uno es lleno del Espíritu, los nueve serán manifestados y evidentes a todos.

El fruto del Espíritu es una descripción del carácter de Jesús. Cuando se manifiesta hoy, es como si la presencia de Jesús estuviera otra vez. Su florecimiento en la vida del creyente, hace que Dios sea glorificado porque es notorio que el carácter de Dios es manifestado.

Para manifestar el fruto y que sea evidente como una reacción divina y no humana, Dios pone a Sus hijos en circunstancias exactamente opuestas al fruto para demostrar una reacción contraria a la carne. Así que, Dios va a poner personas en el camino que no son amables (fáciles de amar) para demostrar Su amor a ellos, por medio de alguien lleno de Su Espíritu. El va a colocar a Su hijo en circunstancias amargas y dolorosas para demostrar Su gozo. Cuando la reacción natural es perder control de sí en una rabia o enojo, el que está lleno del Espíritu responde con "templanza," dominio propio. Dios está más interesado en manifestar Su carácter, que en nuestro confort, en el día de hoy.

Si se manifiesta la mitad de las nueve características, ésto no indica que uno es 50% lleno del Espíritu. El "fruto" es singular. Así que, se lo tiene o no se lo tiene. Uno está lleno del Espíritu, o no lo está. No existe un terreno neutral.

2. El poder para testificar

La segunda evidencia de la llenura del Espíritu es el poder para testificar. La promesa en Hechos 1:8 es muy específica, ". . .recibiréis poder. . .y me seréis testigos. . ." En este caso, la manifestación del poder del Espíritu es la transformación de una vida opuesta a Dios, o temerosa de identificarse con El, en una vida esforzada y con libertad para hablar de Dios con otros. No tiene relación con la efectividad al testificar, sino con el denuedo con que se lo hace.

Cuando la carne está controlando la vida, no hay libertad para hablar de las cosas de Dios. Uno está más preocupado en lo que otros van a pensar de uno mismo, que en la importancia de comunicarles el mensaje de Dios les guste o no. La carne es ofendida por la Palabra.

En Hechos 4:31 la relación es clara, "Cuando hubieron orado,. . . todos fueron llenos del Espíritu Santo y hablaban con denuedo la palabra de Dios." La manifestación de la llenura del Espíritu es el denuedo por comunicar la Palabra de Dios.

3. La victoria sobre la carne

En Gálatas 5:16 el Nuevo Testamento dice que alguien que anda o vive en el Espíritu no debe satisfacer (o cumplir, guardar, realizar) los deseos de la carne. Es como si estuviera tan satisfecho en su comunión con el Señor, que los deseos de la carne ya no le satisfacen, pierden su atracción. El reemplazo del deseo de la carne es el gozo de caminar con el Espíritu. La victoria sobre el pecado, entonces, no es solamente disciplina, sino el reemplazo de lo que satisface al alma del hombre. El Espíritu da una satisfacción superior a la que la carne ofrece.

4. La manifestación de los dones del Espíritu

Una de las cosas que realiza el Espíritu en la vida del creyente es repartir dones o capacidades para servir a otros y al Señor. Los dones están mencionados en 1 Corintios 12: 4-31, Efesios 4:11, Romanos 12:6-8. La persona que está llena del Espíritu, testificando del Señor y es victoriosa sobre la carne, tendrá un deseo y una motivación para servir al Señor de cualquier manera posible. Va a sentir cierta afinidad hacia un don o varios mencionados en la Biblia. Por esta razón es difícil descubrir el don, si no se está lleno del Espíritu y comprometido en servir al Señor.

Sin embargo, la Biblia promete que todos los creyentes tienen por lo menos un don (1 Co. 12:7, 11). Una de las evidencias de la presencia del Espíritu es la manifestación de Sus dones.

5. La dirección en la voluntad de Dios

La Biblia promete para los que tienen el Espíritu, una dirección especial. Romanos 8:14 dice, "Porque todos los que son guiados por el Espíritu de Dios, éstos son hijos de Dios." Ser lleno del Espíritu trae como consecuencia un control de nuestros deseos, ambiciones y dirección en la vida. La confianza de que Dios tiene el control de nuestras vidas y nos va a guiar, nos permite reposar en Su dirección.

Cuando nos equivocamos en alguna decisión, el Espíritu se encarga de comunicarnos el error. En Colosenses 3:15 dice, "la paz de Dios gobierne en vuestros corazones." El versículo no está hablando de una capacidad para saber la voluntad de Dios en el futuro, sino indica la consecuencia de seguir la voluntad de Dios en la Palabra. Si las instrucciones de la Palabra no son seguidas, el Espíritu quitará Su paz de nuestro corazón, o la paz entre una congregación (note el plural).

6. Efectividad en las oraciones

Por estar en una relación tan íntima con el Espíritu tenemos una promesa de más efectividad en la oración, en Romanos 8:26-27. Somos débiles por nuestra pecaminosidad y no podemos percibir lo que Dios quiere en la oración. Pero por El, tenemos la promesa de ayuda en nuestras oraciones, que las hace efectivas delante de Dios.

Tal vez no sabemos lo que debemos pedir y el Espíritu tiene que iluminar nuestras mentes con Sus conceptos y propósitos. En Santiago 4:3, la razón porque no recibieron lo que deseaban, fue que pedían "mal, para gastar en sus deleites." No pedían lo que el Espíritu les mostraba, sino lo que egoístamente deseaban. La llenura del Espíritu permite vencer la carne y muestra qué pedir cuando se desea Su voluntad.

En 1 Juan 5:14-15, la "confianza" que tenemos en la oración, es la habilidad de pedir conforme a Su voluntad. Santiago 1:5 nos exhorta pedir que Dios nos ilumine con Su sabiduría, o sea la aplicación de Su Palabra a nuestra vida. Entendiendo esto, sabremos qué debemos pedir en oración.

EL PODER DE DIOS EN LA VIDA

La llenura del Espíritu es lo que produce el poder de Dios en la vida del creyente. La búsqueda para obtener el poder de Dios en la vida, ha llevado a muchos a desear una experiencia que les dé la confianza de que Dios está con ellos y que Él es tan real hoy como en el día de los apóstoles. Sin lugar a dudas, el creyente tiene la potencia para demostrar una vida llena del poder de Dios de tal manera que Le glorifique, es decir, que manifieste Su realidad en el día de hoy. Para buscar tal poder hay que ser guiado por el pleno entendimiento de la Palabra en su contexto, interpretado histórica, lingüística y culturalmente.

En primer lugar, cuando la obra del Espíritu está mencionada en la Escritura (como en Hechos), se menciona la llenura del Espíritu, pero no el bautismo. Lo que pasó en Hechos fue que la llenura y el bautismo ocurrieron simultáneamente y el autor decidió mencionar solamente la llenura del Espíritu. En segundo lugar, el bautismo del Espíritu tiene su importancia en la doctrina de la salvación, mientras que la llenura tiene su importancia en la vida práctica del creyente. Tal vez, el argumento más en contra de los carismáticos sería las vidas de creyentes llenos del Espíritu . Parece que el campo más abierto a las experiencias de los carismáticos, son las vidas que nunca supieron de la llenura del Espíritu. ¿Qué significa el "poder" del Espíritu?

Términos

La llenura del Espíritu era lo que la Iglesia necesitaba para dar testimonio y cumplir con su ministerio en el mundo. El libro de Hechos enfatiza el poder que produjeron las obras de la Iglesia primitiva, pero el bautismo del Espíritu hace referencia a la posición del creyente ya en Cristo. Lo que el autor quería enfatizar en la historia de la Iglesia primitiva fue el poder de Dios manifestado en Su llenura. El "poder" es lo que el creyente necesita y lo puede recibir porque ha sido bautizado por el Espíritu. Por fe y entendimiento, un creyente puede trasladar su posición en Cristo a una experiencia dinámica. Tal vida requiere del poder de Dios.

Hay dos frases que significan la misma cosa. La primera, el ser "investido de poder desde lo alto" (Lc. 24:49), es la promesa de que el Espíritu iba a venir y morar en los cuerpos de los creyentes, llenándoles con el poder de Su presencia. El cumplimiento de esta promesa fue reiterado por Jesús en Hechos 1:5, prometiendo el bautismo del Espíritu. El ser "investido de poder desde lo alto" es tener el Espíritu Santo en la vida. Cada creyente ha sido bautizado en el Espíritu y así ha sido investido de poder. Ya no tiene que esperar siete o diez días para ser "investido de poder." Al recibir a Cristo como su Salvador y por tanto el bautismo del Espíritu, inmediatamente lo recibe. Es imposible recibir a Cristo y no al Espíritu. Pero aún más ridículo es decir que se tiene a Cristo y al Espíritu, pero no el "poder." Son inseparables.

Si hay razón en orar para pedir poder, no es para que Dios derrame Su Espíritu, sino (1) para que el creyente crea que ya tiene todo el Espíritu (Col. 2:9-10) y (2) para que Dios pueda quitar cualquier obstáculo que impida que el Espíritu nos controle (2 Co. 7:1), nos llene y así manifieste Su poder. En vez de que el creyente espere al Espíritu, ¡Este está esperando al creyente! El quiere manifestarse al mundo, pero la incredulidad y carnalidad impiden la manifestación de Su poder. El ajustarse al Espíritu, frecuentemente requiere esperar en oración para quitar el pecado, rebelión y egoísmo del corazón del creyente. Pero el creyente ya tiene dado el poder. El problema es librarnos de nuestra carne para que sea manifestado el Espíritu.

La segunda frase que se usa mucho es: "El derramamiento del Espíritu" (Hc. 2:16,17; 10:45). Esta frase siempre tiene relación con el repartimiento INICIAL del Espíritu a los judíos, samaritanos y gentiles. Ahora, el Espíritu se derrama individualmente en el momento de creer en Cristo. El texto del N.T. lo hace claro en Tito 3:5b-6, ". . .por la renovación en el Espíritu Santo, el cual derramó en nosotros abundantemente por Jesucristo nuestro Salvador." Es decir, por haber recibido a Cristo como Salvador, simultáneamente el Espíritu es "derramado abundantemente" en nosotros. Si esto ya ha ocurrido, no vale la pena seguir pidiéndolo en oración. La Biblia dice que si alguna persona tiene a Cristo, tiene en abundancia el Espíritu Santo en todo Su poder.

Si es así — y la Escritura lo afirma —, ¿cómo puedo desarrollar la manifestación de Su poder en mi vida? La Biblia indica que hay cuatro pasos necesarios para tener la plenitud del Espíritu en la vida cristiana.

CUATRO PASOS PARA EXPERIMENTAR EL PODER DEL ESPÍRITU EN LA VIDA

El factor que limita la operación del Espíritu en nuestras vidas, nunca es el Espíritu, pues la responsabilidad está sobre nuestros hombros. La radio de un radio aficionado puede tener miles de vatios de potencia, pero si no está alineada correctamente con su antena no tiene salida. Están íntimamente conectados, pero tal vez, no alineados correctamente. Esto puede pasar en las vidas de los creyentes también.

Paso 1: Entender nuestra posición en Cristo

El factor primordial para el creyente es entender quiénes somos ahora en Cristo. En Efesios 1:17-23, Pablo oraba para que los creyentes recibiesen "espíritu de sabiduría y de revelación en el conocimiento de él." Es decir, que llegasen a entender lo que significa estar en Cristo. Esto debe llenarle de "esperanza" por las "riquezas" de nuestra "heredad." También oraba para que comprobaran el "poder de Su fuerza", la cual resucitó a Cristo. Este es el poder que reside en el creyente. El creyente que es débil, es el cristiano ignorante de estas verdades reveladas en las Escrituras.

Si no entendemos lo que tenemos en Cristo por creer (v. 19), nunca podremos llegar a desarrollar el poder que tenemos. Es incorrecto buscar algo extra o adicional (que no existe) a lo que ya tenemos en Cristo. Es como alguien que tiene millones en su cuenta bancaria, pero no lo sabe. ¿Qué es lo que le falta? Solamente conocer sus riquezas y actuar sobre su entendimiento, aprovechando esas riquezas.

Paso 2: Ejercitar la fe para actuar sobre nuestra posición

El conocimiento no es suficiente; hay que actuar. Es necesario hacer funcionar el poder que poseemos en Cristo. Santiago 1:22 dice, "Pero sed hacedores de la Palabra y no tan solamente oidores." Jesús nos advirtió de la misma manera diciendo, "Si sabéis estas cosas, bienaventurados seréis si las hiciereis" (Jn. 13:17). Después de entender la Palabra hay que ponerla en práctica.

Esto se efectúa por obediencia. Es CUANDO ponemos en práctica las enseñanzas bíblicas de testificar, servir, perdonar, repartir, etc., que descubrimos que tenemos una fuerza interna que nos fortalece. Este poder es el Espíritu Santo, que nos fortalece para obedecer Su Palabra. Si somos fieles al Espíritu (por Su Palabra), El nos llenará con Su poder y será evidente que Dios opera por medio de nuestras vidas.

La llenura del Espíritu no debe ser una experiencia rara en la vida del creyente, ni un evento del pasado que se recuerde como algo especial y con nostalgia, sino que debe estar siempre presente. Debemos experimentar una perpetua llenura del Espíritu en la vida.

Paso 3: Entregarse totalmente a la voluntad de Dios y a la obediencia de Su Palabra

La llenura del Espíritu no es una experiencia rápida y pasajera, como la "segunda obra de gracia." Tal vez en la crisis de la decisión de entregarse completamente a Cristo, se pueda sentir emoción o escalofríos; pero la emoción depende, muchas veces, de la lucha por retener el control de la vida y el futuro, en vez de rendirse al Señor completamente. Al resolver este conflicto interior, la vida, de repente, estará llena de paz y gozo. Aun estas emociones son el comienzo de la manifestación de Su poder, son Su fruto (Gá. 5:22-23).

Pablo oraba por los de Colosas, pidiendo a Dios:". . . que seáis llenos del conocimiento de su voluntad en toda sabiduría e inteligencia espiritual, para que andéis como es digno del Señor, agradándole en todo . . . fortalecidos con todo poder" (Col. 1:9-11). Como vemos, hay una relación directa entre el conocimiento de Su voluntad, la determinación de ponerlo en práctica y el fluir de Su poder en la vida.

El Espíritu siempre guía al creyente a la Palabra, a estudiarla, meditarla y obedecerla, para limpiarse y dejar fluir el poder de Dios. Es imposible ser lleno del Espíritu sin obedecer la Palabra. Puede ser que se imiten ciertos aspectos del poder del Espíritu (una buena vida externamente, aun predicar o enseñar), pero las pruebas que el Señor permite mostrarán que las respuestas no están controladas por el Espíritu, sino por la carne. Un autor presenta Tres Leyes para mantener la llenura del Espíritu, son: (1) Obediencia a las cosas claras de las Escrituras; (2) Obediencia a la Palabra interpretada por el Espíritu en su vida íntima; éstas son las acciones que se hacen por amor, dirigidas por el Espíritu; (3) Un tiempo diario y a solas con la Palabra, en meditación.

Paso 4: La oración persistente

La experiencia de ser lleno del Espíritu es como una señal que activa la oposición satánica. El poder de Dios siempre estimula al poder del Diablo para la tentación y ataques en general. Pablo llama a la vida cristiana la "buena batalla" (2 Ti. 4:7). Tal batalla no es una guerra contra otros hermanos, sino contra las fuerzas satánicas. En Efesios 6:10-20, el imperativo "fortaleceos en el Señor y en el poder de su fuerza", está en el tiempo imperativo presente progresivo, del griego. Es decir, progresivamente, debemos estar fortaleciéndonos en el poder del Señor.

Como la naturaleza de nuestro enemigo es espiritual (6:12), hay que tomar también una armadura espiritual. Por medio de la oración se toma la armadura del combate. Fíjese: NO ES UN ASPECTO DEL CONFLICTO: ¡ES EL LUGAR DEL CONFLICTO! En la oración combatimos directamente contra Satanás. La predicación y la enseñanza son áreas de combate indirecto.

Los ataques de Satanás, siempre son para que el creyente abandone su armadura y así los "dardos de fuego del maligno" le peguen. Por caminar en desobediencia, por hacer cosas en la carne, en vez de en el Espíritu, por hacer cosas por vista en vez de por fe, quedamos expuestos al ataque de Satanás.

En el poder de Dios y siendo llenos del Espíritu, Satanás no tiene victorias y únicamente así estamos preparados para servir a Dios en algún ministerio eficaz, para la bendición de los hombres y para la gloria de Dios.

No hay caminos cortos, ni experiencias en las cuales descansar, ni el derecho de desobedecer leyes espirituales de la Palabra. Por la oración tomamos la armadura, por ser sensibles a la voz de Dios y obedecerla, vivimos en el poder del Espíritu enfrentando al enemigo. Ya que Satanás no descansa de esta guerra y ésta nunca terminará hasta que vuelva Jesús, no tenemos el derecho de descansar en esta guerra, "bajar los brazos," y satisfacernos egoístamente. Debemos seguir en obediencia, regocijándonos en Su poder, hasta que El venga.

Así entonces, es evidente la llenura del Espíritu y la manera de mantener una vida llena de El, pero ¿cómo se puede saber con certeza si uno ha recibido el bautismo del Espíritu o no? ¿Revela la Biblia evidencias de tal bautismo?

CAPITULO
— 5 —
Cómo Saber Si Uno Tiene el Bautismo del Espíritu

El tema de seguridad y evidencias de una relación íntima con Dios establecida por el bautismo del Espíritu, es muy vasto en el Nuevo Testamento. Todo el propósito de 1 Juan es presentarnos las evidencias de alguien que tiene una relación íntima y genuina con Dios. "Estas cosas os he escrito a vosotros que creéis en el nombre del Hijo de Dios, para que sepáis que tenéis vida eterna …"(5:13). Tales evidencias no son milagrosas, sino morales; no extáticas, sino éticas. Es decir, lo que muestra si hemos recibido el bautismo del Espíritu y también la recepción del Espíritu en una nueva vida, es una vida transformada. Si escudriñamos las Escrituras descubrimos que tales evidencias se aplican a todos los creyentes. Las Evidencias del Bautismo son:

La Evidencia #1: La capacidad de orar a Dios como su Padre

El apóstol Juan aclaró en Juan 1:12 que el hecho de llegar a ser "hijo de Dios", ocurre al recibir a Cristo personalmente. En Gálatas 4:6 Pablo dice, "Y por cuanto sois hijos, Dios envió a vuestros corazones el Espíritu de su Hijo, el cual clama: ¡Abba, Padre!" Así, como consecuencia de haber sido hecho un hijo, Dios me dio Su Espíritu. Este hecho no es algo separado de la salvación, sino que está asociado íntimamente a ella. Es el Espíritu quien nos da el sentido de una relación íntima, como de familia, para con Dios. La palabra "Abba" es "Padre" en arameo, así que en cualquier lenguaje, raza, o nación es igual: todos los que reciben a Cristo se sienten como hijos de Dios por el Espíritu que han recibido.

La seguridad de la salvación sería imposible sin la presencia del Espíritu Santo en nuestras vidas porque Pablo dijo, "… habéis recibido el espíritu de adopción, por el cual clamamos: ¡Abba, Padre! El Espíritu mismo da testimonio a nuestro espíritu, de que somos hijos de Dios" (Ro 8:15-16). Esta seguridad no es el resultado de visiones, revelaciones espectaculares o experiencias místicas, sino la manera en que el Espíritu nos da paz y tranquilidad. El nos escucha como hijos en nuestras oraciones y nuestra confianza es el poder acercarnos a El como Padre.

La confianza aumenta al descubrir que El, en Su perspectiva, nos adoptó como hijos y "nos hizo acepto en el Amado" (Ef. 1:5-6). Por haber recibido a Cristo, El nos hizo por adopción Sus hijos y nos dio Su Espíritu para hacernos sentir como hijos verdaderos. Si su corazón confirma este sentir, es porque ya ha recibido el bautismo del Espíritu.

La Evidencia #2: El entendimiento de la gracia de Dios

Cuando el Espíritu entra en la vida una de las primeras cosas que hace, es comunicar la realidad del favor no merecido que El nos ha dado en la salvación y en la recepción de Su Espíritu. Pablo lo explicó así, "nosotros no hemos recibido el espíritu del mundo, sino el Espíritu que proviene de Dios, para que sepamos lo que Dios nos ha concedido" (1 Co. 2:12). El Espíritu nos lleva a reconocer las cosas que hemos recibido sin merecerlas, es decir, entender la gracia de Dios. Los que no tienen el Espíritu, siguen pensando que tienen que merecer los beneficios de Dios. En el versículo anterior, Pablo declaró que la única manera para entender "las cosas de Dios" sería por tener el Espíritu morando en el ser.

Uno de los propósitos principales del bautismo del Espíritu es injertar el Espíritu en nuestro ser para poder entender la gracia de Dios. Así que el Espíritu ilumina nuestro conocimiento para poder entender Su Palabra y apropiarnos más de Sus promesas en nuestra vida.

En la vida de un creyente, el Espíritu desarrolla e incrementa el aprecio por la gracia de Dios, especialmente la que está expresada en la cruz. Tal obra, provoca en la vida del creyente una actitud de humildad por lo que ha recibido sin merecer. Sin el Espíritu, no se puede entender esta gracia.

La Evidencia #3: La conciencia del amor de Dios

Cuando alguien recibe al Espíritu, hay ciertos cambios que ocurren en su corazón. Uno de aquellos cambios, es su actitud hacia los demás. En Romanos 5:5 leemos, ". . . el amor de Dios ha sido derramado en nuestros corazones por el Espíritu Santo que nos fue dado." El nos dio a conocer Su amor en una forma personal, a pesar de todas nuestras fallas, pecados y debilidades. Esto no es un sueño romántico, que a un Alguien le agrade la raza humana, sino una seguridad íntima de que Dios nos ama personalmente.

El primer verbo, "ha sido derramado," está en el tiempo pasado perfecto. La acción de este verbo significa que ocurrió una sola vez y el efecto o consecuencia de la acción continúa hasta el presente. El amor de Dios fue derramado y todavía afecta los corazones de los que tienen el Espíritu.

El verbo "fue dado" está en el tiempo aoristo en el griego, que indica una acción en el pasado, hecha una vez y para siempre. Así que el Espíritu es dado una sola vez en la vida del creyente y reproduce Su amor en nuestros corazones.

La Evidencia #4: La seguridad de la salvación

La confianza de que somos salvos, no proviene de nosotros mismos, sino de Dios. En 2 Corintios 1:21b-22, Pablo escribió: "... Dios, El cual también nos ha sellado y nos ha dado las arras del Espíritu en nuestros corazones." Las "arras" son el primer pago, la garantía de que cumplirá el resto. Eran usadas para confirmar un contrato. Así que la presencia del Espíritu en nuestras vidas es la garantía de que El cumplirá todo el resto de la salvación: toda la santificación y la glorificación.

La seguridad de la salvación bíblica nunca enfatiza una experiencia, sino la presencia del Espíritu en la vida. 1 Juan 3:24, "Y en esto sabemos que él permanece en nosotros, por el Espíritu que nos ha dado," y también en 4:13, "En esto conocemos que permanecemos en él y él en nosotros, en que nos ha dado de su Espíritu." Por lo tanto, la presencia del Espíritu en la vida del creyente le da la plena seguridad y confianza de que tiene la vida eterna.

Puede ser que haya creyentes que han apagado esta seguridad debido a acusaciones satánicas, culpa, falta de entendimiento, o problemas psicológicos. Sin embargo, para los que han aprendido a "andar en el Espíritu," es decir, a aprender de la Palabra y obedecerla, sus vidas están marcadas con la seguridad de la salvación.

La Evidencia #5: El amor para con los creyentes

Tal vez la evidencia más notable de que hemos recibido el bautismo del Espíritu es que tenemos un amor para con los hermanos en Cristo. En 1 Juan 4:12-13 dice: "Si nos amamos unos a otros, Dios permanece en nosotros y su amor se ha perfeccionado en nosotros. En esto conocemos que permanecemos en él y él en nosotros, en que nos ha dado de su Espíritu." Sabemos que el Espíritu mora en nosotros porque tenemos amor para con los hermanos. La energía para este amor es una consecuencia de la morada del Espíritu.

Juan estaba escribiendo contra los principios del gnosticismo. Esta herejía enfatizaba el espíritu sobre la carne, de tal manera que su énfasis siempre fue introspectivo, con un enfoque en su experiencia mística. Juan está diciendo aquí que la evidencia genuina del Espíritu no es interior, ni egoísta, sino hacia el exterior, hacia otros. Cuanto más el Espíritu controle a la persona, más evidente será este amor entre los hermanos.

La enseñanza de que el creyente que recibe a Cristo no ha recibido al Espíritu todavía, condena al creyente a una vida sin poder, sin seguridad, sin amor y sin entendimiento de la Palabra. Al contrario, la Biblia nos enseña que nuestra salvación está completa por haber recibido a Cristo. No existe más para recibir de Dios. ¡El nos ha dado todo en Cristo!

Así que en el Nuevo Testamento las evidencias bíblicas de haber recibido el bautismo del Espíritu son morales y éticas. Tal vez sean simples y no muy sensacionales, pero son espirituales. El énfasis bíblico siempre está en lo práctico, lo normal y lo simple, en vez de lo espectacular.

REQUISITOS CARISMÁTICOS

¿Existen condiciones para recibir el bautismo del Espíritu? Los carismáticos dicen que sí. Dentro del movimiento hay una variedad de enseñanzas de lo que es requisito. Las siguientes son las más mencionadas. En una forma u otra se refieren a dos requisitos: Obediencia y Fe. Si alguien tiene una cierta cantidad de obediencia y una fe especial, puede recibir el bautismo del Espíritu; así pues, en cuanto a los que todavía no han recibido el bautismo del Espíritu, ésto implica que les falta algo de obediencia y/o fe.

El Primer requisito de los carismáticos para el bautismo del Espíritu: OBEDIENCIA

Inmediatamente, el estudiante de la Biblia debe deducir que la enseñanza de que el bautismo del Espíritu requiere obediencia, significa que no es por gracia, sino por mérito. Si contiene "obras" de obediencia, no es por gracia. Algunos enseñan que en la salvación se recibe solamente las "arras" del Espíritu (como si fuera una parte reducida) y otros dicen que se recibe el "Espíritu de Cristo" solamente y que luego, por el bautismo del Espíritu, se recibe el Espíritu en toda Su plenitud. Pero esto, sólo cuando se cumplen los requisitos de obediencia y fe.

Al principio del movimiento, muchos pentecostales habían salido del Movimiento de Santidad, donde había un énfasis estricto en el área de la obediencia. Hay tres aspectos comunes en la búsqueda del bautismo del Espíritu:

Aspecto #1: La separación de todo pecado conocido

Un autor dijo, "Es la convicción pentecostal que cuando los creyentes quitan todos los pecados conocidos, el Espíritu Santo puede morar en sus corazones aunque haya todavía algunos pecados inconscientes o desconocidos (así, aparentemente, excusables)." En Pillars [Pilares] el autor escribió, "Se puede recibir el Espíritu Santo, pero no con pecado en el corazón … El Espíritu Santo y el pecado no pueden morar en el mismo corazón"[5]. Es típico escuchar que el Espíritu no entrará en alguien que está contaminado o sucio con pecados conocidos.

Este énfasis define al pecado en dos categorías: conocido y desconocido (o inconsciente). Entonces debemos preguntarnos "¿Si no estoy consciente del orgullo en mi vida, soy inocente de este pecado?" ¡No! Dios nunca acepta la ignorancia como excusa para no inculpar el pecado. Si fuera así, sería mejor no predicar el evangelio, pues si el mundo continuara ignorante de su pecado de incredulidad, Dios no lo condenaría.

Cuando se marca una diferencia entre el pecado conocido y el pecado desconocido, se está haciendo una distinción que no aparece en las Escrituras. Esta fue una de las doctrinas de Juan Wesley; pero Pablo no marcó una distinción en Efesios 2:1-3 diciendo, "… cuando estabais muertos en vuestros delitos y pecados … entre los cuales también todos nosotros vivimos en otro tiempo en los deseos de nuestra carne, haciendo la voluntad de la carne y de los pensamientos y éramos por naturaleza hijos de ira …" Cuando Cristo murió, lo hizo por todas "las enemistades" (Ef. 2:16), no solamente por los pecados conocidos.

El concepto de que el Espíritu no puede morar en un cuerpo con pecado conocido ¡es falso! El Espíritu puede morar en un cuerpo con pecado. Si no fuera así, no habría esperanza para nadie. En Romanos 7:23-25, Pablo testificó de su lucha contra el pecado en su vida. "Pero veo otra ley en mis miembros, que se rebela contra la ley de mi mente y que me lleva cautivo a la ley del pecado que está en mis miembros" (7:23). A pesar de ser un pecador que no había alcanzado la perfección (Fil. 3:12-13), el apóstol Pablo seguía dependiendo del Espíritu de Dios que moraba en él (Ro 8:9). Sería imposible tener cualquier victoria sobre la carne si no fuera por el poder y presencia del Espíritu en la vida del creyente.

Es contradictorio decir que es necesario ser victorioso por completo sobre el pecado, ANTES de recibir el bautismo del Espíritu, ¡que es el que da el poder para tener victoria sobre el pecado! Un autor dijo, "Si vivimos una vida sometida, pura y santa, en comunión íntima con El, la experiencia del bautismo poderoso tiene que venir … La posibilidad de vivir una vida pura y santa en íntima comunión con Dios, aún antes de la venida plena del Espíritu está implícita en las condiciones pentecostales." Pero, si alguien no tiene el poder del Espíritu en su vida, le sería imposible vencer al pecado. ¿Cómo se puede vencer al pecado con toda la determinación y disciplina de la carne? En el Nuevo Testamento, no es el hombre limpio, obediente y de mucho valor el que recibe al Espíritu, sino el pecador que no tiene nada de valor.

El pecador recibe al Espíritu por confiar en Su justicia —la justicia de Cristo—, no en la suya propia: "ser hallado en él, no teniendo mi propia justicia … sino la que es por la fe de Cristo, la justicia que es de Dios por la fe" (Fil. 3:9). Por haber recibido la justicia de Dios por fe, el pecador puede recibir inmediata-mente el Espíritu y así comenzar una nueva vida con el poder del Espíritu para fortalecerse contra el pecado.

El énfasis dado a la necesidad de vencer el pecado ANTES de recibir el poder del Espíritu en el bautismo, requiere de OBRAS, en vez de gracia. Si es por GRACIA que hemos recibido el Espíritu, es imposible que haya condiciones de obediencia. Si es por OBRAS que hemos recibido el Espíritu, es necesario que haya condiciones de obediencia. ¿Cuál declaración es bíblica? Es muy parecido al problema que Pablo enfrentó en Gálatas 3:2 diciendo, "Esto sólo quiero saber de vosotros: ¿Recibisteis el Espíritu por las obras de la ley, o por el oir con fe?" La Biblia enseña que la razón por la cual somos victoriosos sobre el pecado, es que hemos recibido el Espíritu en poder por "gracia", ¡siendo aún pecadores!

Aspecto #2: Oración

Del pasaje en Lucas 11:13 viene la enseñanza de que es necesario orar para recibir el Espíritu. Es común escuchar las exhortaciones de Jesús a Sus discípulos, ordenándoles a "quedaos vosotros en la ciudad de Jerusalén, hasta que seáis investidos de poder desde lo alto" (Lc. 24:49); esto es aplicado por los carismáticos, enseñando que tenemos que esperar en oración, rogando a Dios para recibir Su poder.

Primero, debemos notar que es una presunción que esperaban en oración, por los diez días hasta que vino el Espíritu. Pero cuando se leen los pasajes que describen tal período (Hc. 1:12-14; 2:1), ¡no existe ninguna insinuación de que estaban orando! En toda la Biblia, no existe un solo pasaje donde alguien orara pidiendo el Espíritu.

En segundo lugar, antes de Pentecostés el Espíritu todavía estaba PROMETIDO. No se había cumplido todavía la promesa del Espíritu. Los discípulos tenían tan sólo que esperar el tiempo que Dios había determinado cuando el Espíritu iba a comenzar a morar en todos los creyentes permanentemente. En Hechos 1:4-5 vemos el único requisito para recibir el Espíritu en su primer bautismo: "que no se fueran de Jerusalén, sino que esperasen la promesa del Padre ..." No hubo algo místico, selectivo o especial. Los discípulos solamente tenían que estar en Jerusalén, ellos sólo tenían que esperar el tiempo predeterminado por el Padre.

Desde aquel entonces, ningún creyente tiene que esperar un instante para recibir el Espíritu. No podemos comparar el día de Pentecostés con el día de hoy, porque en la época presente el Espíritu ya ha sido dado; en el período antes de Pentecostés, el Espíritu no había sido dado todavía. Una vez dado, no hay que esperarle.

En Lucas 11:13, Jesús no está hablando de las condiciones para recibir el Espíritu, sino está ilustrando el deseo del Padre para dar regalos a Sus hijos en respuesta a las oraciones. En todo el contexto Dios es comparado a un padre que quiere dar "dádivas" a sus hijos. Las "dádivas" no son merecidas, ni ganadas; son regalos gratuitos.

En Juan 7:38-39, Jesús dijo que la única condición para recibir el Espíritu es: "El que cree en mí, como dice la Escritura, de su interior correrán ríos de agua viva. Esto dijo del Espíritu que habían de recibir los que creyesen en él ..." Aquí Jesús se refirió al bautismo del Espíritu que todos los que creyeran en El iban a recibir al instante.

En Lucas 11, el contexto está en las condiciones previas a Pentecostés. Los creyentes en aquel entonces no eran los recipientes de la morada permanente y universal del Espíritu que Jesús les iba a dar (Jn. 14:16, 17). Antes de aquella gran inauguración del bautismo del Espíritu, pedir que Dios cumpliera Su promesa de dar Su Espíritu podría haber sido legítimo, pero ahora en la nueva época (o dispensación), tales oraciones no son necesarias, porque el Espíritu ha sido dado a todos los creyentes. Después de Pentecostés ya no es necesario pedir al Padre por el Espíritu.

Aspecto #3: La sumisión total

Los primeros dos aspectos del requisito de obediencia para recibir el bautismo del Espíritu son más externos, mientras que el tercero es más interno o psicológico. Los primeros son cosas para hacer; el tercero tiene que ver con nuestra mente o corazón.

Algunos dicen que es necesario desarrollar un estado pasivo o un vacío total, sin voluntad propia. Tal énfasis puede hacer que la persona se abra a cualquier espíritu o influencia. La aplicación de esta sumisión es normalmente una exhortación para ignorar las inhibiciones y hacer lo que venga en gana. Es precisamente este énfasis el que produce algunas acciones indecorosas o extremistas en las reuniones pentecostales.

La enseñanza de una sumisión total, frecuentemente lleva a la persona a un estado en el que no tiene control de sí. Pablo enseñó que el profeta controlado por el Espíritu siempre tiene el control de su espíritu (1 Co. 14:32) y nunca está fuera del control de sí. Cuando Pablo oraba en 1 Corintios 14:15, siempre estaba en pleno "entendimiento." Nunca estaba en un trance o estado en el que no supiera lo que dijo o lo que estaba pasando a su alrededor. Así que la sumisión bíblica no es un abandono de la voluntad, o entrar en un estado de casi inconsciencia de lo que está sucediendo, al contrario, la sumisión bíblica es algo vivo y dinámico.

La enseñanza de requerir una sumisión total para recibir el bautismo del Espíritu, debe ser el resultado del bautismo del Espíritu, en vez de un requisito. La sumisión a Cristo ciertamente es el objetivo de la vida cristiana, pero sería imposible sin el poder y presencia del Espíritu.

En vez de enseñar que tenemos que esforzarnos para lograr una OBEDIENCIA (en la carne, sin el Espíritu) para recibir el bautismo del Espíritu y así el poder, el Nuevo Testamento enseña que al creer inmediatamente recibimos el bautismo del Espíritu, que implica la presencia del Espíritu con todo Su poder dentro del creyente. Este poder capacita al creyente, sin esforzarse, para ser obediente. La sumisión total ahora, llega a ser una realidad, no en una forma mística, sino en la obediencia práctica a la Palabra de Dios y el cumplimiento de Su propósito en nuestras vidas (Ef. 2:10).

El Segundo Requisito de los carismáticos para el bautismo del Espíritu: FE

No es solamente obediencia lo que los carismáticos insisten como necesario para recibir el bautismo, sino también fe. Esta fe tiene normalmente tres aspectos en la literatura carismática. Otra vez, observamos la dificultad de insistir en requisitos antes de tener el poder para cumplirlos. Tales requisitos hacen complicada la definición de un "don", pues un don, que es "algo dado por gracia", no puede tener requisitos. Es una contradicción con el concepto mismo.

Aspecto #1: Se debe dirigir la fe al Espíritu

Myer Pearlman dijo, "Así como hay una fe hacia Cristo para la salvación, también hay una fe hacia el Espíritu para poder y consagración." El único problema con este concepto es: ¡qué no se encuentra en la Biblia! Este segundo nivel de fe, es extraño a las Escrituras. Es una deducción de un falso concepto: que la fe en Cristo no trae poder o consagración. El Espíritu, con todo Su poder, viene "por Jesucristo" como una parte inseparable de la salvación.

En Gálatas 3:13-14, Pablo relacionó en forma inseparable la salvación y la venida del Espíritu, sin la necesidad de una fe dirigida especialmente al Espíritu. "Cristo nos redimió de la maldición de la ley, hecho por nosotros maldición … para que en Cristo Jesús la bendición de Abraham alcanzase a los gentiles, a fin de que por la fe recibiésemos la promesa del Espíritu." Nuestra fe en Jesucristo resulta en el don del Espíritu. No existe una sugerencia de una segunda fe.

Sin embargo, Dennis Bennett, en el libro The Holy Spirit and You [El Espíritu Santo y Ud.], dijo, "El bautismo del Espíritu Santo … depende exclusivamente de nosotros, de si vamos a creer o desconfiar."[6] Entonces, si alguien duda de tal bautismo, está en pecado de incredulidad y le hace sentir esta culpa. Pero creer es válido solamente cuando está escrito en la Palabra. Si no es una enseñanza bíblica, no se la debe creer —sin importar quién lo crea.

Si una fe especial fuera necesaria para el bautismo del Espíritu, sería también necesaria una fe especial para la morada del Espíritu, el sello del Espíritu y los dones del Espíritu, etc. Si seguimos la lógica de los carismáticos ninguna de las operaciones del Espíritu ocurriría sin el ejercicio de una fe especial en cada caso. En ninguna parte de la Biblia existe tal enseñanza.

Tal vez sería bueno preguntar, ¿por qué los discípulos de Jesús no habían recibido el bautismo del Espíritu? En Juan 14:16-17 la repuesta es clara: antes de Pentecostés el Espíritu estaba "con" ellos, pero después El estuvo "en" ellos. Desde el día de Pentecostés, los que creen en Cristo reciben inmediatamente la morada del Espíritu en su ser.

Aspecto #2: Debe ser una fe total

Se enseña que nuestra fe en Cristo para la salvación es inadecuada para recibir el don del Espíritu Santo por el bautismo. Ahora bien, es verdad que nuestra "fe" en el momento de la salvación es mínima, pero las Escrituras enseñan que es suficiente. Así que, por hacer esta distinción de dos tipos de "fe", se sugiere que la segunda es superior a la primera. Lo que se desprende de esto es: casi un menosprecio por la fe salvadora y la exaltación de una fe hacia el Espíritu.

Además, por hacer de la fe salvadora una experiencia mínima, se puede explicar por qué los carismáticos están dispuestos a aceptar grupos de ortodoxia marginal como creyentes, si han sido "bautizados por el Espíritu" y han hablado en "lenguas". Su lógica es así: si alguien llega a hablar en lenguas, (que es señal del bautismo del Espíritu según los carismáticos), debe concluirse que tuvo que haber recibido antes la fe salvadora. Así los católicos, anglicanos, modernistas, etc., son aceptados como hermanos, sin distinción de su posición doctrinal con respecto a la Biblia o la salvación, si tan sólo "hablaron en lenguas".

Una fe total es esencial en sus enseñanzas. El creyente tiene que "rendirse" en todos los puntos, entregando todas sus inhibiciones y el control de sí mismo. Tal dedicación "total" es necesaria antes de llegar a ser digno de recibir el bautismo del Espíritu. De esta manera el creyente es obligado a cumplir con esta dedicación por sus propias fuerzas. Joseph Dillow en su libro Speaking in Tongues [Hablar en Lenguas] dijo, "Estos absolutos devocionales llevan al creyente, no a la gracia en Cristo, sino a una búsqueda angustiosa en el interior de su corazón para encontrar lo que no está: una rendición absoluta."[7] Esto puede producir gran introspección, preocupación por si es sumiso o no, complejo de culpa, esclavitud y absorción en sí mismo. Así cuando alguien al fin logra la experiencia y habla en lenguas, el alivio es tremendo; pero es un alivio de una culpa falsa, no bíblica.

En otras palabras, la obediencia total + la fe total = el bautismo del Espíritu. Por tanto el bautismo sería el efecto o resultado de una vida consagrada. El problema es que lo que enseña la Biblia ¡es lo opuesto! El bautismo no es el resultado, sino la causa de una vida consagrada. Es como un árbol frutal, ¿qué ocurre primero: la producción del fruto o la siembra del árbol? Tal como el árbol tiene que ser sembrado primero, así el bautismo del Espíritu ocurre antes de que el fruto de la obediencia y la fe lleguen a ser posibles.

Aspecto #3: El bautismo es sólo por la fe

A pesar de lo que hemos mencionado anteriormente, los carismáticos insisten en que el bautismo es por la fe sola. ¡Qué paradoja! Después de insistir en toda la fe y obediencia, terminan diciendo que es un don gratis.

Fe es sin obras completamente

Si existen precondiciones que alguien debe cumplir para recibir algo, el regalo no es por gracia, sino por mérito. Si la fe no es una confianza simple en lo que Dios ha dicho y hecho, no es fe. Si se tiene que llegar a un rendimiento completo antes de tener fe, la fe no es sola, ni pura, sino mezclada con obras de dedicación. Romanos 3:28 muestra claramente que no se puede mezclar la fe y buenas obras: "Concluimos, pues, que el hombre es justificado por fe, sin las obras de la ley." Admitimos que el versículo se aplica a la justificación, pero el mismo principio es aplicado a la recepción del Espíritu en Gálatas 3:2, "¿Recibisteis el Espíritu por las obras de la ley, o por el oir con fe?" Las dos no se pueden mezclar. Es por fe o por obras, no por ambas.

Fe es la convicción de que Cristo cumplirá Su Palabra, sin necesidad de más pruebas externas o señales

El problema de mezclar obras y fe resulta en una "fe intelectual." Este tipo de fe es cuando uno se convence a sí mismo de algo, o de algún resultado. Dennis Bennett dijo en The Holy Spirit and You [El Espíritu Santo y Ud.]:

Hablar en lenguas es un hecho de fe infantil … en la misma manera que un niño comienza a balbucear sus primeras palabras, abrir su boca y hacer sonidos … Cualquier sonido que haga, ofreciendo su lengua a Dios en fe simple, puede ser el comienzo de hablar en lenguas … Si no aceptamos la experiencia como real (los sonidos de balbucear), no seremos consciente de su realidad; es decir, cualquier sonido debería ser aceptado por fe como el don de lenguas.[8]

La fe verdadera es la convicción o convencimiento basado en la Palabra revelada con respecto a cosas espirituales. La fe intelectual es un esfuerzo de convencerse a sí mismo con respecto a cosas espirituales. La fe que Dennis Bennett pretende que ejerzamos es una fe intelectual, no bíblica. No existe ninguna insinuación en la Biblia que balbucear es algo parecido al inicio del don de lenguas.

Hay dos características de la "fe" que los carismáticos tienden a ignorar: (1) La fe sin ningún tipo de obras; y, (2) la fe bíblica es una convicción profunda de que Cristo cumplirá Su Palabra sin necesidad de señales o pruebas externas.

En Efesios 2:8 leemos: "Porque por gracia sois salvos por medio de la fe; y esto no de vosotros, pues es don de Dios." El pronombre reflexivo "esto," neutro, tiene un antecedente, que se refiere al hecho completo de la salvación. Así, antes que hagamos cualquier "obra", Dios nos da la salvación por gracia, simplemente por tener fe o creer en El. Tal fe tiene un sólo requisito: "Así que la fe es por el oir y el oir, por la palabra de Dios" (Romanos 10:17). Para tener fe uno tiene que oir, entender y confiar en la Palabra. Esta es la única base para la fe. La experiencia personal no es jamás una base para la fe.

Si es así en la salvación —que entender y confiar en lo que dice la Palabra, trae consigo la fe—, también será así en la vida cristiana. Pablo dijo, "Porque por fe andamos, no por vista" (2 Co. 5:7). La fe de la vida cristiana no es confiar en nuestra experiencia, sino viene al entender más de la Palabra y confiar más y más en Ella. Cuanto más estemos dispuestos a obedecer lo que ya entendemos, más nos hará Dios entender para que confiemos más.

Nunca es esta fe algo que fabricamos en nuestra mente. Si tenemos que convencernos de lo que creemos, no es de Dios. Solamente tengo que entender lo que la Palabra dice en verdad y aceptarlo como tal. No se necesitan obras para ayudar a la fe, ni milagros para convencer. Uno de los peligros de alguien que cree porque vio, o experimentó un milagro, es que el milagro puede llegar a ser la base de su fe y no la Palabra. Tal fe es una fe intelectual. Jesús tenía este problema con la gente que le seguía: "… muchos creyeron en su nombre, viendo las señales que hacía. Pero Jesús mismo no se fiaba de ellos, porque conocía a todos" (Jn. 2:23-24). Muchos creyeron intelectualmente por Sus señales, pero no porque El estaba cumpliendo la Palabra. Ellos querían un Libertador, no un Mesías que iba a cumplir el Salmo 22 e Isaías 53.

Las convicciones se hacen más profundas por el estudio y aplicación de la Palabra a la vida de cada persona. Las señales y prodigios nunca aumentan nuestra fe; sino llaman la atención a la única base de la fe, la Palabra. Los fenómenos de hoy que pretenden ser milagros, solamente estimulan la curiosidad o sea la fe intelectual, mas no la genuina. La evidencia de una fe genuina es la disposición a aceptar lo que la Biblia dice, sin necesidad de más pruebas.

CAPITULO
— 6 —
La Transición de la Obra del Espíritu

Para ganar la perspectiva escritural de la forma de operar del Espíritu Santo tenemos que analizar las referencias bíblicas una por una y captar lo que el autor quería decir en aquel entonces. Lo que veremos será una transición de la economía del Antiguo Testamento hacia la del Nuevo Testamento, la cual es relatada por los Evangelios y el libro de los Hechos.

Para empezar, tenemos que darnos cuenta que no había mucha revelación en el Antiguo Testamento con respecto al Espíritu Santo, especialmente como Alguien distinto a Jehová. La gran revelación del Nuevo Testamento es la abundancia de referencias con relación al Espíritu como una Persona distinta, pero unida a la plenitud de Dios. Toda esta nueva revelación fue introducida gradualmente, comenzando en los Evangelios y progresando hasta las Epístolas donde está claramente explicada. Por esto, es imprescindible ver la totalidad de la revelación del Espíritu en el Nuevo Testamento y no formar conclusiones prematuras hasta que se lo ve en el cumplimiento de su transición completa.

LA TRANSICIÓN DEL ANTIGUO AL NUEVO TESTAMENTO

La primera sugerencia de una transición hacia una nueva relación fue introducida por Jesús cuando dijo en Juan 14:17, "El Espíritu de verdad . . .le conocéis, porque mora con vosotros y estará en vosotros". Sabemos dos cosas por este versículo: (1) Ellos NO tenían el Espíritu morando EN ellos en aquel entonces; (2) Había una transición anticipada hacia una nueva relación con el Espíritu, en la cual El iba a morar EN los discípulos. Cristo les dio esta revelación en la última noche de Su vida, antes de Su crucifixión, para prepararlos para el gran cambio que ocurriría, el cual haría diferente para siempre la relación del discípulo con el Espíritu Santo.

Al considerar la evidencia, parece que hubo cinco pasos o nuevas revelaciones en la transición del Antiguo Testamento al Nuevo Testamento.

1. En el A.T., el Espíritu venía sobre quien El quería

Las referencias al Espíritu en el Antiguo Testamento casi siempre están relacionadas con gente especial como jueces, administradores civiles, artistas y profetas. Algunos eran espirituales y otros no. Algunos eran judíos y otros no. Parece que la presencia o capacitación del Espíritu no tenía relación con la condición espiritual del individuo, sino con el propósito que Dios tenía para tal persona en Su plan.

Algunos tenían capacidad para recibir y proclamar la Palabra de Dios, otros recibían sabiduría para dirigir la nación de Israel; unos tenían el poder para hacer milagros de vez en cuando, algunos recibían la capacidad para construir el Templo en una forma hermosísima; pero todos recibían estas capacidades por el Espíritu, cuando El venía SOBRE ellos.

Todos éstos tenían algo que ver con la dirección y protección de Israel. Ahora bien, se puede discutir, debido al silencio de las Escrituras (porque el texto del Antiguo Testamento no se pronuncia en uno u otro sentido), si todos los creyentes tenían o no el Espíritu como lo tenemos hoy en día; sin embargo, a los únicos a quienes el A.T. se refiere como poseedores del Espíritu son los hombres y mujeres pertenecientes a estos grupos especiales.

Después de Josúe y hasta David hubo pocos hombres piadosos, pero el Espíritu vino sobre ellos de todos modos, utilizándoles en una forma poderosa para guiar a la nación de Israel. Luego Dios levantó a los profetas para llamar a la nación al arrepentimiento.

2. El anuncio de Juan el Bautista de que vendría Uno que bautizaría con el Espíritu

Parece que nadie entendió lo que Juan el Bautista quiso decir, pues no hay evidencia alguna de preguntas, ni siquiera de curiosidad con respecto a tal bautismo. Juan anunció que el bautismo del Espíritu iba a comenzar, pero la falta de interés en el tema sugiere que nadie entendió de qué estaba hablando. De todos modos, la nueva revelación marcó una línea clara entre la relación anterior y lo que iba a seguir después de Cristo.

3. La enseñanza de Jesús en relación a que se podía recibir el Espíritu pidiéndolo al Padre

En Lucas 11:13, Jesús les dio un ejemplo en el que el Padre estaba dispuesto a dar el Espíritu a quienes se Lo pidieran. Es evidente en los Evangelios que no había mucho interés en el Espíritu Santo, ni siquiera se sabía de lo que se estaba hablando. Años después, cuando unos discípulos de Juan fueron enfrentados con el evangelio, ellos declararon su ignorancia en cuanto al Espíritu diciendo, "Ni siquiera hemos oído si hay Espíritu Santo". Tal ignorancia pudo haber sido típica de los santos del Antiguo Testamento en el comienzo del Nuevo Testamento.

Tal vez los discípulos que sabían de la promesa de Juan el Bautista, no la aprovecharon porque había tantos nuevos conceptos y promesas nuevas que no entendieron su significado, ni su importancia.

Del texto en Lucas 11, sabemos que el Espíritu iba a ser un regalo, no algo ganado ni merecido. Tal como los padres quieren dar regalos a sus niños, así el Padre deseaba dar el Espíritu a quienes se lo pidieran. La comparación entre los padres terrenales y el Padre celestial no es algo paralelo, porque el Padre celestial está mucho más deseoso de dar dones, especialmente el

Espíritu, a quienes los quieran.

Otro concepto introducido aquí, es la posibilidad de que la promesa del Espíritu hubiera sido para cualquiera y no solamente para los líderes o gente especial, sino accesible para todos los creyentes. Sin embargo, en este paso de la transición de la operación del Espíritu, estuvo limitada a quienes Lo pedían.

4. Cristo sopló sobre los discípulos para que recibiesen el Espíritu

En los Evangelios hubo una experiencia más, que marcó una transición o diferencia en el trato con el Espíritu Santo. En Juan 20:22, después de la resurrección, Jesús se presentó en medio de los discípulos que se hallaban reunidos aquel domingo; y luego de saludarles, darles evidencias visibles de que El mismo era pero ya resucitado y luego de comisionarlos como Sus enviados especiales, "sopló y les dijo: Recibid el Espíritu Santo". Este paso, como el anterior, nunca fue el intento de establecer algo permanente, sino marcar una transición hacia la venida permanente del Espíritu Santo.

Algunos han sugerido que esto fue necesario porque ninguno había pedido el Espíritu al Padre (Lc. 11:13). Aparentemente, en ese momento ellos no tenían el Espíritu sobre sus vidas como lo iban a necesitar, pues Jesús aún no había ascendido al Padre, pero les iba a dejar dentro de no muchos días. El les había prometido que no los dejaría "huérfanos," es decir, sin Su presencia a través del Espíritu (Jn. 14:18), pues pasarían siete o diez días después de Su ascensión hasta que viniera el Consolador a morar en todos los creyentes. Así que, Jesús sopló a Sus discípulos para que tuvieran el Espíritu en todo Su poder sobre sus vidas mientras esperaban el cumplimiento de la promesa.

5. El Consolador vino para morar en los creyentes permanentemente, sin necesidad de pedirlo

El último paso fue dado como una promesa en los Evangelios, pero no fue realizado hasta el día de Pentecostés, aproximadamente en el año 30 D.C. En Juan 14:16-17, Jesús dijo, "**Y yo rogaré** al Padre y os dará otro Consolador, para que esté con vosotros para siempre: El Espíritu de verdad. . ". Les dijo esencialmente, "Ya no es necesario que Uds. oren por el Espíritu"; ahora, El iba a asegurar que ellos y nosotros, recibiéramos el Espíritu por medio de Su propia oración.

Luego, en Juan 16:7, nos dio una indicación más clara en cuanto al tiempo del cumplimiento de Su promesa: "Os conviene que yo me vaya; porque si no me fuera, el Consolador no vendría a vosotros; mas si me fuere, os lo enviaré". Jesús tenía que estar ausente para poder enviar al Espíritu. Si es así, entonces, los discípulos en el camino a Emaús no recibieron el Espíritu en este sentido, sino que el Espíritu vino sobre ellos hasta el día de Pentecostés, cuando entró en ellos. Jesús estaba prometiendo una nueva relación con el Espíritu que comenzó en el día de Pentecostés, 30 D.C. Antes de aquella fecha nadie tuvo esta clase de relación con el Espíritu.

Pentecostés y las Cinco Obras del Espíritu

Los textos nos indican que el día de Pentecostés fue muy significativo en cuanto al Espíritu Santo. Lo que hizo exactamente en aquel día no fue revelado en el momento, sino que algunos años después, por medio del apóstol Pablo, Jesús nos dio a entender lo que aquel día significó. El día de Pentecostés marcó el último paso en la transición del Antiguo Testamento hacia el Nuevo Testamento.

Cristo había ascendido unos siete días antes y cincuenta días habían transcurrido desde la Pascua hasta Pentecostés. Si Cristo estuvo en la tumba tres días y luego caminó con los discípulos otros 40 (Hch 1:3), entonces queda en el calendario judaico una semana hasta la siguiente fiesta de Pentecostés. Los 120 discípulos esperaron en Jerusalén por la promesa del "Consolador". Ellos debían estar en Jerusalén para la fiesta de todos modos, además del mandamiento de Hechos 1:4 en cuanto a que aguardasen la promesa ahí, pero no sabían cuánto tiempo tendrían que esperar.

Cuando el día llegó, algo sucedió que cambió para siempre la naturaleza de los creyentes, e inició la formación de una relación corporal entre Cristo y todos ellos por medio del Espíritu. Por lo menos cinco cambios mayores ocurrieron en aquel Pentecostés, que continúan hasta el día de hoy.

Si los cambios que comenzaron en aquel día continúan hasta hoy, no existe razón para esperar ahora la llegada del Espíritu. Los únicos que tuvieron que esperar fueron los 120 discípulos en aquel entonces. Ningún creyente más tiene que esperar las bendiciones que el Espíritu trae a su vida en el momento de la salvación.

Consecuencia #1: La venida y morada del Espíritu en el nuevo Pueblo de Dios

En Juan 14:7, Jesús prometió que el Espíritu iba a morar EN nosotros. Este cambio iba a ser tan provechoso para nosotros que Jesús dijo "os conviene que yo me vaya" (Jn. 16:7), es decir, "habrá más ventaja en que me vaya en Persona, para que venga el Espíritu." El establecería una relación íntima con cada creyente, que sería imposible para Jesús en Su cuerpo humano.

En 1 Corintios 6:19, nuestros cuerpos son llamados "el templo del Espíritu Santo, el cual está en vosotros, el cual tenéis de Dios. . ". Desde el día de Pentecostés, el Espíritu de Dios mora en los cuerpos de los creyentes y no en templos hechos por los hombres. En 1 Reyes 7 vemos que la presencia de Dios moraba en el Templo en Jerusalén.

Había dos condiciones para cumplir la promesa a los discípulos: (1) Jesús tenía que ascender al cielo (Jn. 16:7) y (2) los discípulos tenían que quedarse en Jerusalén—ni Betania, ni Belén servían (Lc. 24:49).

De la evidencia escrita sobre el día de Pentecostés, sabemos que el Espíritu vino y ahora mora en los cuerpos de los creyentes. En Hechos 2:38-39, "Pedro les dijo: Arrepentíos y bautícese cada uno de vosotros en el nombre de Jesucristo para perdón de los pecados; y recibiréis el don del Espíritu Santo. Porque para vosotros es la promesa . . ". La "promesa" mencionada en versículo 39 se refiere a dos cosas del versículo 38: (1) la remisión de pecados y (2) el don del Espíritu. Para los primeros convertidos en el día de Pentecostés, la recepción del Espíritu fue una parte integral de la salvación, que con la remisión de pecados, era una parte mayor de la "promesa". Así, la morada del Espíritu iba a marcar la diferencia entre el Pueblo de Dios del Antiguo Testamento, los judíos y el Pueblo de Dios del Nuevo Testamento, la Iglesia, formada por todos los creyentes.

Consecuencia #2: Pentecostés representa un evento nunca repetido y que no puede ser repetido

Ciertos eventos como la creación, la encarnación, la muerte y resurrección de Cristo y el derramamiento del Espíritu en el día de Pentecostés son eventos que nunca pueden ser repetidos. Dios solamente dio el Espíritu una sola vez y el Espíritu nunca ha dejado la Iglesia desde aquel entonces. Jesús prometió, "No os dejaré huérfanos; vendré a vosotros" (Jn. 14:18) y vino en la Persona del Espíritu. El Espíritu todavía está y puesto que en el día de Pentecostés el Espíritu fue dado para quedarse, ¿cómo puede repetirse algo que aún ocurre?

En un sentido, el día de Pentecostés puede ser comparado con el día de la inauguración del período de un nuevo presidente. Hay un tiempo de fiesta, ceremonias y gran celebración, pero nadie espera que los eventos de aquel día deban caracterizar toda la duración de su oficio.

De igual manera, el día de Pentecostés inauguró la venida del Espíritu con un "estruendo como de un viento recio que soplaba," la aparición de "lenguas repartidas, como de fuego, asentándose sobre cada uno" de los discípulos y lenguas milagrosas; pero no es necesario que estos aspectos especiales continúen para siempre. Como las inauguraciones no se repiten, tampoco ha sido repetido el día de Pentecostés. Rogar a Dios por la re-inauguración de este período singular en el que el Espíritu mora en los creyentes, no tiene sentido, porque nada ha cambiado. El Consolador todavía está en Su oficio, todos los que creen en Cristo son bautizados con el Espíritu, al creer como los 3.000 que creyeron en aquel día.

Consecuencia #3: Pentecostés marcó el comienzo de la obra del Espíritu en esta época

Hubo varios cambios que comenzaron en aquel día y que iban a marcar para siempre la diferencia de la Iglesia. Los más importantes son: Regeneración, el Bautismo del Espíritu, la Morada del Espíritu, el Sello del Espíritu y la Llenura del Espíritu.

La obra especial del Espíritu, que descubrimos en el Nuevo Testamento, no podía comenzar hasta después de la Ascensión, según Juan 16:7. Esto indicó que la obra del Espíritu después de Pentecostés iba a ser distinta a la obra del Espíritu en el Antiguo Testamento. Tres de las cinco obras del Espíritu no tienen antecedentes de ninguna naturaleza en el Antiguo Testamento: el Bautismo, la Morada y el Sello. Las otras dos, regeneración y llenura pueden ser insinuadas en ciertos textos, pero nunca en el sentido que tienen en el Nuevo Testamento.

Regeneración:
Las Escrituras dicen que estábamos muertos en nuestros delitos y pecados y luego, "aun estando nosotros muertos en pecados, [Dios] nos dio vida juntamente con Cristo" (Ef. 2:1, 5). Lo que estaba muerto en nosotros recibió vida. Esto es regeneración. Juan 5:24 dice, "El que oye mi palabra y cree al que me envió. . . ha pasado de muerte a vida". En el momento que uno recibe a Cristo, la obra de regeneración ocurre por medio del Espíritu Santo.

Bautismo:
La segunda obra del Espíritu Santo es la unión del creyente con Cristo por el bautismo con el Espíritu Santo. En 1 Corintios 12:13 leemos, "Porque por un solo Espíritu fuimos todos bautizados en un cuerpo . . .y a todos se nos dio a beber de un mismo Espíritu". El día de Pentecostés fue la primera vez en la historia que tal bautismo ocurrió.
La función del cuerpo del creyente después de aquel momento en su vida es ser el "templo de Dios" (1 Co. 6:19). Por medio del bautismo del Espíritu recibimos el Espíritu en nuestros cuerpos. Es decir, que la entrada del Espíritu es el bautismo.

Morada:
Una vez que entró en el cuerpo del creyente, el Espíritu hace de él residencia o morada permanente. Jesús dijo del Espíritu, ". . . mora con vosotros y estará en vosotros. No os dejaré huérfanos. . ". (Jn. 14:17,18). Sus promesas son todas en tiempo futuro. Así que, El nunca abandonará a las personas en quienes El mora.

Esta morada es la experiencia de cada creyente, sin excepción. En Romanos 8:9 Pablo dijo, "Mas vosotros no vivís según la carne, sino según el Espíritu, si es que el Espíritu de Dios mora en vosotros. Y si alguno no tiene el Espíritu de Cristo, no es de él". Así que es absolutamente imposible que haya una persona salva que no tenga la morada del Espíritu, que es el resultado del bautismo del Espíritu, el cual ocurre inmediatamente después de la regeneración del Espíritu. La morada es cuando el Espíritu hace del creyente Su lugar de residencia.

Sello:

Tal como un pacto cumplido, irrevocable y garantizado es finalizado con un sello, así es cumplido el "pacto" de nuestra salvación. Sabemos que Su morada o residencia es permanente y que la nueva vida de la regeneración es eterna, porque tenemos la promesa del sello del Espíritu. Este gran hecho ocurrió también en el momento de nuestra salvación de acuerdo con Efesios 1:13, ". . .habiendo oído la palabra de verdad, el evangelio de vuestra salvación y habiendo creído en él, fuisteis sellados con el Espíritu Santo de la promesa". Este fue el comienzo de Su sello: cuando creyeron. La duración del sello es mencionado en Efesios 4:30, "No contristéis al Espíritu Santo de Dios, con el cual fuisteis sellados para el día de la redención".

El propósito del sello del Espíritu, entonces, es la protección y seguridad de que todos los que creen en Cristo serán salvos hasta el día de la redención. Pertenecemos a El para siempre por el sello. La morada permanente del Espíritu asegura el sello del Espíritu.

Llenura:

Cuando el Espíritu hace residencia en una vida, El quiere manifestarse a través de Su llenura, Su fruto o carácter. La llenura debe ser la experiencia normal del creyente. Las maneras en que la llenura del Espíritu se manifiesta son: el fruto del Espíritu, el poder para testificar, la victoria sobre la carne, la evidencia de un don y efectividad en la oración.

Estos son las cinco obras principales del Espíritu en la vida de todo creyente desde el día de Pentecostés.

Consecuencia #4: Pentecostés fue la primera ocasión en que ocurrió el bautismo del Espíritu y como consecuencia se formó la Iglesia.

El bautismo del Espíritu pone al creyente en el cuerpo de Cristo (1 Co. 12:13). En Efesios 1:22-23, el "cuerpo" es llamado "la Iglesia". Si fuimos puestos en Su cuerpo por el bautismo del Espíritu, entonces no había un "cuerpo" antes del comienzo de la operación del bautismo. Si la "iglesia" es Su "cuerpo," como hemos visto, entonces ésta tuvo que comenzar simultáneamente con el bautismo, es decir, en el día de Pentecostés.

Puede decirse que la "iglesia," como una asamblea o tal vez como una organización primitiva, existía antes de Pentecostés con los discípulos, pero la esencia verdadera de la Iglesia no es solamente una organización, sino un organismo. Tal "organismo" solamente es posible a través de una unión corporal con Cristo, la cual a su vez es únicamente posible por medio del bautismo del Espíritu.

Como el nacimiento de Cristo fue la encarnación del Hijo de Dios en carne humana (Jn. 1:14), así Pentecostés fue la incorporación del Espíritu en cada creyente. Tal "incorporación" del Espíritu en nuestros cuerpos por medio del bautismo del Espíritu formó la Iglesia, Su cuerpo. Es como una segunda encarnación donde Dios sigue manifestando Su "gracia y verdad" a través de la iglesia.

Se llama el "cuerpo" de Cristo por la naturaleza de esta unión. En Efesios 5:29b-30, la unión con Cristo se describe con términos relativos al cuerpo: "como también Cristo a la iglesia, porque somos miembros de su cuerpo, de su carne y de sus huesos". La relación resultante de la Iglesia es que todos son "participantes de la naturaleza divina" (2 P. 1:4). Esta es la consecuencia del día de Pentecostés.

Consecuencia #5: La profecía de Joel será universal, en contraste con Pentecostés que fue local

Si pensamos que el día de Pentecostés fue una experiencia maravillosa, cuánto más será el cumplimiento de la profecía de Joel que habla de un derramamiento del Espíritu "sobre toda carne" (Jl. 2:28). Cuando las tres señales del día de Pentecostés ocurrieron (estruendo, lenguas como de fuego, lenguas desconocidas), marcando la venida del Espíritu, la multitud de los judíos se congregó, acusando a los discípulos de estar ebrios. En defensa de los eventos que acontecieron, Pedro citó la profecía de Joel como una razón para no pensar que ésto era extraño.

Pedro no estaba declarando que los eventos de Pentecostés cumplían la profecía de Joel, sino que eran la misma cosa —pero en una escala reducida— que lo que Joel había profetizado. Hay dos razones que hacen evidente que Pedro no quiso decir que el día de Pentecostés cumplió la profecía.

1. Mucha de la profecía todavía es futura

El tiempo del cumplimiento de la profecía está mencionado en el texto mismo. En Joel 2:28, el profeta dijo, "Y después de esto derramaré mi Espíritu sobre toda carne". Uno debe preguntarse: ¿Después de qué? "Esto" se refiere al cumplimiento de varias profecías mencionadas antes en versículos 12-27. Lo que tiene que suceder ANTES del cumplimiento del capítulo 2 de Joel son las siguientes profecías: (1) Arrepentimiento de la nación de Israel

(v. 15-18); (2) La provisión milagrosa de pan, mosto y aceite, hasta que estén saciados (v. 19); (3) El enemigo del norte (¿Rusia? ¿Siria?) será destruido; (4) El temor de la amenaza del exterior será quitado para siempre (v. 21-22); (5) La vegetación de Israel producirá una abundancia de fruto como nunca antes (v. 22, 24); (6) Las áreas secas en Israel serán convertidas en áreas fructíferas por la abundancia de lluvia que caerá (v. 23); Después de años de estar bajo ejércitos extranjeros que destruirán la tierra, Dios les va a restaurar en forma asombrosa, de manera que nunca más serán avergonzados (vv. 24-25, 27); (7) Dios mismo estará permanentemente "en medio de Israel" de modo que todos lo conocerán (v. 27). Además de estas siete profecías que tienen que cumplirse ANTES del derramamiento del Espíritu al que Joel hizo referencia, también habrá "prodigios en el cielo y la tierra" (2:30). Por ejemplo, habrá columnas de humo, el sol será oscurecido y la luna será enrojecida (2:30-31). Inmediatamente DESPUES del cumplimiento de estas profecías, Dios derramará Su Espíritu sobre "toda carne" (2:28). Tal día estará marcado por profecías, sueños y visiones (v 28) como la norma para todos los que en ese entonces reciban el Espíritu. Los "siervos" y "siervas" de 2:29 se refieren a la nación de Israel. "Los siervos de Jehová" es un término común en Isaías que se refiere a Israel como nación. No está hablando de ciertos individuos dentro de la nación, sino de la nación entera.

Si se toma literalmente las profecías de Joel, fácilmente se observa que ninguna de las profecías que deberían haber ocurrido antes del derramamiento del Espíritu sobre toda carne, ocurrieron; ni ha ocurrido lo que debería haber ocurrido después. El único momento en que tales profecías se cumplirán, será al final de la Gran Tribulación y al comienzo del milenio.

Entonces, ¿por qué Pedro hizo referencia a esta profecía de Joel en su respuesta en Hechos 2?

2. Pentecostés es solamente una ilustración del día de Joel

En Hechos 2:16 Pedro dijo, "Mas esto es lo dicho por el profeta Joel". La frase, "esto es" podría significar dos cosas: (1) Es la misma cosa, el cumplimiento literal; o (2) es la misma cosa, en el sentido de ser la misma experiencia en esencia en cuanto a su clase, pero obviamente no el cumplimiento total, ni parcial, de la profecía, que incluye mucho más de lo que aconteció. En la forma en que Pedro usó la frase, citando todo el contexto que incluye las profecías que no fueron realizadas, se entiende que Pedro sabía que el día de Pentecostés no fue el cumplimiento de Joel 2. El sol no cambió, ni la luna. Ninguna de las profecías que tenían que preceder al derramamiento habían acontecido, entonces Pedro estaba diciendo que era la misma cosa, pero distinta. Pedro estaba usando la profecía de Joel como una ilustración, para demostrar que Dios iba a establecer algo nuevo con Israel y luego los gentiles; y Pentecostés fue el comienzo. Joel estaba hablando de una transformación mundial y especialmente de toda la nación de Israel; Pedro estaba hablando de una transformación individual. La escala es diferente, pero los resultados son parecidos. Evidentemente 3.000 aceptaron su explicación, luego fueron salvos aceptando al Mesías y recibieron el Espíritu Santo.

CAPITULO
— 7 —
Las Lenguas

Lo que marcó el inicio del Movimiento Pentecostal, fue la experiencia de hablar en lenguas mientras estaban buscando el bautismo del Espíritu, alrededor del 1900. Para los carismáticos, el don de lenguas es dado como evidencia de la recepción del bautismo del Espíritu. Conforme a esta enseñanza, únicamente los que hablan en lenguas han sido bautizados por el Espíritu, o por lo menos, la única manera de saber si se ha recibido el bautismo o no, es hablar en lenguas. Los que defienden la experiencia buscan apoyo principalmente en el libro de Hechos. Hoy, muchos grupos practican lo que ellos denominan el hablar en lenguas, pero no existe acuerdo alguno entre ellos en cuanto a la naturaleza y práctica de las lenguas que ellos hablan.

Hay muchos creyentes que no están de acuerdo con la enseñanza de las lenguas, diciendo que este don no ha estado presente desde la época de los apóstoles. La opinión de cristianos ortodoxos por 1800 años ha sido que las lenguas cesaron en el primer siglo. Con tanto desacuerdo, muchos evangélicos han tratado de ignorar la existencia del tema o han dejado que los que quieren lenguas las usen, pero sin oponerse ni apoyarlos. La opinión "nueva" de los carismáticos debe ser verificada bíblicamente. Con tanta variedad de opiniones, una investigación de todos los textos tiene mérito.

La mayoría cree que el don de lenguas es un "idioma de oración privado," un balbuceo extático en un idioma conocido y entendido sólo por Dios. Si así fuera, debería haber evidencias de tal lengua en la Biblia. ¿Cuál es la naturaleza del don de lenguas? ¿Son las lenguas en la Biblia idiomas humanos?

El Estudio de las palabras que se traducen "lenguas"

Los términos griegos usados en el Nuevo Testamento para traducir "lengua" son glossa y dialektos. La manera de estudiar una palabra es ver su uso en (1) el griego clásico (800-500 A.C.), (2) el judaísmo pre-cristiano (400-0 A.C.) y (3) el uso secular en el tiempo del N.T. (0-100 D.C.).

En **el griego clásico**, la palabra glossa que se traduce "lengua" significa el órgano del habla o un lenguaje, que incluye palabras extrañas que necesitan ser explicadas. Estas palabras extrañas son parte de un lenguaje humano que es inteligible. No existe evidencia de que glossa signifique un hablar extático o ininteligible. Behm, en su artículo sobre glossa en el *Theological Dictionary of the New Testament* [El Diccionario Teológico del Nuevo Testamento] [9], se refiere a ciertos pasajes del griego clásico donde glossa es usada para el hablar difícil u oscuro. Behm cita a Aristóteles para decir: "cada sustantivo es 'ordinario' o 'raro' o 'metafórico' u 'ornamental' o 'inventado' o 'alargado' o 'acortado' o 'alterado'. Una palabra 'ordinaria' es una palabra usada por todo el mundo, una palabra 'rara' es una usada por algunos".[10] En el texto de Aristóteles, la palabra usada para "raro" es glotta, palabra del dialecto Atico para glossa. Se refiere a una palabra de un lenguaje normal, que es extraña porque es oscura o no usada por todo el mundo.[11] Ambas palabras glossa y glotta se refieren a palabras normales del griego, pero que pueden ser oscuras. La palabra glottai (plural) es traducida "palabras extrañas". Siempre la idea es "rara" u "obsoleta," o en ciertos contextos se refiere a palabras de otro dialecto. Los poetas usaron palabras raras para cumplir el ritmo de su poesía o ampliar el misterio de sus escritos.

Esto no es para decir que no existía en el griego el concepto del hablar extático o ininteligible, pero las palabras glossa o glottes no fueron usadas para denominar tal concepto. Siempre comunicaron la idea de palabras pertenecientes a un dialecto humano conocidas por alguien. Otra palabra, phtheggomai (articular, pronunciar), fue usada para referirse a "lenguas de ángeles".

En el **judaísmo pre-cristiano**, algunos tratan de probar que glossa es usada para referirse al hablar extático en las sectas de los judíos antes de Cristo. Ciertos autores citan el *Testamento de Job* 48:2-3a; 49:2; 50:1a-2; 51:4; y 52:7 como evidencia del "uso poético" de glossa; ¡pero en ninguna de las referencias aparece la palabra glossa! La palabra que encontramos en estas citas es el verbo apophtheggomai usado en las religiones paganas para referirse al articular extático. Así que, en el tiempo antes de Cristo no encontramos uso alguno de la palabra glossa que no signifique una lengua humana actual. Sin embargo, había términos para referirse a lenguajes místicos, pero tales palabras nunca fueron usadas en el texto del N.T. Algunos autores citan referencias de Filo, donde parece que usó glossa para el hablar extático, pero Thomas Edgar en su libro Miraculous Gifts [Dones Milagrosos] investigó cada cita y llegó a la conclusión de que ninguna de ellas hace referencia a un hablar incomprensible o extático.[12] Son todos esfuerzos vanos con el propósito de compartir el uso de la palabra glossa para designar el hablar extático y entender 1 Corintios 14 a su manera.

El uso **secular durante el tiempo del Nuevo Testamento** se encuentra en el libro Vocabulary of the Greek Testament [el Vocabulario del Testamento Griego] por Moulton y Milligan. El uso de glossa en aquel entonces siempre hizo referencia a un idioma humano, a un dialecto o al órgano del habla.[13] Así, en toda la evidencia griega secular no existe un uso de glossa en el sentido de una lengua extática o ininteligible.

En la **Septuaginta**, la traducción del Antiguo Testamento al griego, se revela cómo los judíos usaron el griego para referirse a tópicos religiosos. La palabra glossa ocurre 114 veces en los libros bíblicos (el canon) y 41 veces en los libros apócrifos y nunca se refiere a una lengua no inteligible. Siempre hace referencia al órgano del habla o a un idioma humano. Algunos citan Isaías 29:24 y 32:4 para demostrar evidencias de un lenguaje ininteligible. Sin embargo, en la traducción al castellano tal "evidencia" desaparece. En

29:24, la palabra "murmuradores" es la correcta traducción para designar a los que hablan mal por falta de entendimiento; y en 32:4 lo correcto es, la "lengua de tartamudos hablará rápida y claramente". En la última referencia, "lengua," o glossa, es el órgano, no una lengua ininteligible y el nuevo hablar de esta "lengua de tartamudos" tampoco en un lenguaje ininteligible, sino un lenguaje normal hablado correctamente, sin problemas de articulación. Por lo tanto, no existe evidencia alguna de que glossa haya sido usada para hablar de un lenguaje extático o ininteligible.

En el **Nuevo Testamento**, la palabra glossa fue usada en la manera aceptada como una lengua física o un idioma humano. El único pasaje en disputa sería 1 Corintios 14. Sin embargo, sería completamente contrario a todas las reglas de lingüística y hermenéutica si, de repente, una palabra tomara una nueva definición totalmente fuera de su contexto y uso histórico. Para cambiar el sentido normalmente aceptado, habría que probar que el contexto demanda algo diferente o que el uso normal es imposible. Los pasajes en disputa son Marcos 16:17; Hechos 2; 10:46; 19:6; y 1 Corintios 12-14.

Las Lenguas en Hechos 2 y 8

Un argumento que los carismáticos usan para defender su doctrina acerca de una segunda obra de gracia en el creyente, se encuentra en Hechos 2 y 8. Afirman en forma acertada que los discípulos eran creyentes (salvos en el sentido neotestamentario) antes de Pentecostés, pero que no habían recibido el Espíritu hasta aquel día. Sin embargo, insisten equivocadamente en que los creyentes de hoy, de la misma manera, tienen que recibir el Espíritu después de creer en Cristo.

En Juan 14:17, Jesús dijo a los discípulos acerca del Espíritu: "mora **con** vosotros y estará **en** vosotros". Jesús estaba anticipando el día de Pentecostés cuando la relación con el Espíritu iba a cambiar para siempre. No es que Pentecostés iba a ser una segunda bendición en sus vidas, sino completamente una nueva relación. Los creyentes después de Pentecostés jamás tendrían el Espíritu solamente "con" ellos, sino desde el comienzo de su relación estaría permanentemente "en" ellos. ¿Cómo se puede saber si los 3.000 recibieron el Espíritu en el día de Pentecostés ya que ninguno habló en lenguas? Pedro les prometió que si se arrepentían, recibirían el Espíritu Santo (Hechos 2:38). La única manera de saberlo es que la Biblia lo prometió. Al final de su mensaje, Pedro insinuó que la "promesa" (la salvación y el Espíritu) sería para "todos los que están lejos" (2:39). En aquel entonces, Pedro y probablemente la mayoría de los judíos, pensaban en la expansión del evangelio principalmente dentro de los judíos; y aun hasta Hechos 11:19, los discípulos fueron predicando el evangelio, "no hablando a nadie la palabra, sino sólo a los judíos". No iba a ser fácil cumplir el propósito de Jesús en Su Gran Comisión.

En el pasaje de Hechos 2:6, 8-11, el hablar es descrito con dos palabras: glossa (dos veces) y dialektos (dos veces). Los dos términos son usados para referirse a la misma cosa, el hablar milagrosamente en una lengua humana. El uso de dialektos en las frases "su propia lengua " y "nuestra lengua en la que hemos nacido", niega la posibilidad de que sea un lenguaje extático. Lucas y los peregrinos declararon que las lenguas eran lenguas contemporáneas, idiomas conocidos en aquel entonces. Quince países y zonas diferentes con distintas lenguas son identificados con el dialecto que hablaron. ¿Por qué el énfasis en tantas zonas geográficas? Es porque las lenguas eran idiomas vigentes y la pronunciación estaba en la fonética de aquella región. Nadie había quedado impresionado si hubieran escuchado un lenguaje extático, que era común en el paganismo de aquellos días.

Algunos quieren torcer el texto, para decir que el milagro fue el oír en su propia lengua. Esto es una negación de una declaración clara en el texto: "comenzaron a hablar en otras lenguas, según el Espíritu les daba que hablasen" (Hc. 2:4). Nadie consideraba Hechos 2 un milagro de oír hasta que algunos comenzaron a considerar el hablar extáticamente como si fuera el don genuino. Además, esta interpretación requeriría un milagro diferente, que el don de interpretación hubiera sido dado a los judíos incrédulos en general.

El pasaje de Hechos 2:4-11 es el único texto en la Biblia que describe la naturaleza del don de lenguas dado por el Espíritu. Así que Hechos 2 es esencial y la base para cualquier descripción del don de lenguas bíblico. Tendría que existir mucha evidencia en contra para decir que el don de lenguas es algo diferente a lo expuesto anteriormente; es decir, para afirmar que es una lengua extática, que no tiene estructura ni gramática y que solamente Dios puede entender.

El argumento usado a favor de la consideración del don de lenguas como un lenguaje extático se deriva de la acusación de estar ebrios, hecha por la multitud a los discípulos. La acusación se basaba en que para algunos de los presentes los discípulos estaban como borrachos fuera de sí. Pero debemos recordar que había judíos de diversas nacionalidades reunidos en Jerusalén oyendo a los discípulos hablar en diferentes idiomas y hasta el momento en que escucharon su propia lengua, les pareció como si hubieran estado hablando cualquier cosa. Hay más sentido en considerar la acusación como proveniente de personas que no escucharon la lengua de su patria.

Una palabra en versículo 13, indica que había dos grupos. En la frase "Mas otros," referente a los que no escucharon su propia lengua hablada, encontramos la palabra griega "heteroi". En griego existen dos palabras para "otros": allos, "otros" de la misma clase o tipo; y heteros, "otro" de una clase completamente diferente. El texto marca dos grupos presentes:

los que escucharon la lengua de su tierra natal y los que no entendían nada y acusaban a los discípulos de estar ebrios. Los "heteroi" probablemente eran los judíos de Palestina, porque los demás oían la Palabra en su propia lengua, indicando que eran peregrinos en Jerusalén.

Lucas, bajo la inspiración de Dios, declaró que los oradores hablaron dialektos (v. 6). Esta no es la opinión de los oidores, sino la declaración de un hombre inspirado por Dios para escribir tal declaración.

Otro argumento surge del uso del verbo laleo , "articular," en vez del verbo lego, "decir," en el contexto de lenguas. La suposición es que Pablo usó laleo para referirse a "articular extáticamente" y sirve como base para decir que las "lenguas" en 1 Corintios 14 son extáticas. Tal argumento falta a la verdad. Si tomamos una Concordancia Greco-Española del Nuevo Testamento y buscamos las referencia de laleo, llegamos a la siguiente conclusión: que laleo es usado 295 veces en el Nuevo Testamento, de las cuales 60 veces ocurre en Hechos; y de este total, tan sólo 30 veces con referencia al don de hablar en lenguas, así que las 265 veces restantes laleo es usado para referirse al hablar en una lengua inteligible y contemporánea. En Hechos 2:6, laleo es usado 5 veces para referirse al hablar en un dialektos (lengua actual). En el capítulo 14 de 1 Corintios, laleo es usado 5 veces para referirse al lenguaje entendible en contraste con las lenguas que el oyente no entendía. En 14:16 es muy claro: "¿Cómo dirá el Amén a tu acción de gracias? pues no sabe lo que has dicho"; ¡y El verbo allí es lego! Así que los dos verbos pueden referirse a hablar en una lengua extática o una lengua vigente. Laleo, pues, no implica necesariamente articular extáticamente, sino que el contexto determina su sentido.

Gundry concluye que el uso frecuente de laleo en 1 Corintios 14 viene de su uso en Isaías 28:11 en la LXX, que es la base nuevotestamentaria de Pablo para el uso de las lenguas como una señal.[14] Puesto que es el argumento dominante en el pasaje del Antiguo Testamento, Pablo tendió a usar el verbo frecuentemente, sin ningún sentido especial.

Algunos quieren enfatizar el uso del verbo apophtheggomai en Hechos 2:4, para probar que hablaron en lenguas extáticas. El verbo ha sido usado con el hablar ininteligible o extático en el contexto pagano, pero en el Nuevo Testamento es usado tres veces sin insinuación alguna al lenguaje extático. Solamente porque es usado en contextos paganos con referencia al hablar extáticamente, no implica que siempre fue así, ni que siempre es así en el texto del N.T. En Hechos 2:4 se habla una lengua entendible. En Hechos 4:18, los discípulos son ordenados a no hablar (phtheggomai) en el nombre de Jesús; en 26:25 Pablo dijo: "hablo palabras de verdad y de cordura". En ningún caso implica algo extático, sino claro e inteligible. En 2 Pedro 2:16 es usado para el buey de Balaam que habló en una forma inteligible.

Toda la evidencia es contra el uso o existencia de una lengua extática en el Nuevo Testamento.

Dos razones para la presencia de Apóstoles en las tres situaciones donde se manifestaron lenguas

En primer lugar, fue a Pedro (Mt. 16:19) y luego a los demás apóstoles (18:18) que Jesús dio las "llaves del reino de los cielos". No fue, pues, una coincidencia que Pedro estuviera presente como el responsable del evangelismo de los Judíos (Hechos 2) y de los samaritanos (Hc. 8) y luego de los gentiles (Hc. 10). Era imprescindible que un apóstol estuviera presente en cada nueva etapa del avance del evangelio.

En segundo lugar, en Hebreos 2:3-4, el grupo de hombres que oyó el evangelio de los labios de Jesús tuvo el ministerio especial de "confirmar" Su mensaje. Parte de este ministerio especial fue el "repartimiento del Espíritu Santo" (v.4). Es decir, que los apóstoles fueron responsables del avance del evangelio y así, del repartimiento de la promesa del Espíritu en cada etapa de la Gran Comisión (Hc. 1:8).

Si los apóstoles no hubieran ido a Samaria, es dudoso que los creyentes judíos en Jerusalén hubieran aceptado a los samaritanos como hermanos en la misma iglesia y fe. Por medio de la presencia de un apóstol, especialmente el mismo apóstol, no quedó duda que habían abrazado la misma fe.

Por estas dos razones, el Espíritu tardó en ser derramado en las vidas de los samaritanos. Después de Hechos 8, jamás hubo una repetición de esta situación, en el que un creyente no recibía el Espíritu al creer en Cristo. Una vez que la puerta de la salvación se abrió para los samaritanos, permaneció abierta para siempre. Por lo tanto, jamás iba a ser necesario que un apóstol o cualquier otro impusiera las manos sobre otros samaritanos para que recibiesen el Espíritu. Jamás tardó el Espíritu en entrar en las vidas de nuevos creyentes en todo el Nuevo Testamento. Deducir de este evento aislado en Hechos 8 que el bautismo debe ocurrir después de la salvación es una falsa conclusión como consecuencia de una hermenéutica pobre y equivocada.

Fue interesante que Felipe, lleno del Espíritu y con los dones de milagros y sanidades (Hc. 8:6-7; 6:3-5), no tenía el poder o autoridad para impartir el Espíritu por la imposición de manos. Y es que lo único que le faltó a Felipe, fue ser apóstol.

Hubo otro evento en Hechos 8 que nos advierte del error de pensar que el Espíritu puede ser obtenido por pagar un precio de dinero, o sacrificio, o lo que sea, en vez de aceptarlo por fe. Simón el mago pensaba que podía dar algo a Dios para adquirir el don del Espíritu (Hc. 8:18-20). Su experiencia en ocultismo y brujería (Hc. 8:9) le engañó al pensar que algo más que la fe era necesario para obtener los poderes sobrenaturales.

Desafortunadamente muchos carismáticos también piensan que el Espíritu se obtiene por pagar un precio, o sacrificio o penitencia, etc., en vez de una fe simple en el momento de la salvación. No existe un precio especial que se nos obligue a pagar con sacrificios o devoción especial, para ganar el Espíritu. Es un don dado gratuitamente en el momento de depositar la fe en la persona de Jesucristo para salvación.

Las tres áreas de responsabilidad en la Gran Comisión

El evangelio no era solamente para Jerusalén, sino Judea, Samaria y "hasta lo último de la tierra" (Hc. 1:8). Pero en el libro de Hechos, los primeros siete capítulos están dedicados a narrar la obra de evangelismo en Jerusalén y Judea; lo que nos hace pensar que aparentemente no hubo mucho interés en extender el evangelio más allá.

Cuando la persecución comenzó en Hechos 8, un líder de la iglesia en Jerusalén, Felipe, fue a Samaria. Al lugar donde huyeron, los discípulos llevaron el evangelio y pronto llegó a todas partes. El segundo paso de la Gran Comisión fue llevar el evangelio a los samaritanos. En el Antiguo Testamento Samaria era la capital de la nación de Israel durante su apostasía. Pero después de ser destruida por Asiria en 722 A.C., casi toda la nación fue llevada en cautiverio a Asiria, mientras que trajeron gente de otras naciones conquistadas para mantener la población. Esto trajo como resultado una mezcla de razas y religiones. Por esta razón los judíos de Jerusalén odiaban a los de Samaria y cuando Jesús quería pasar por allí, sus discípulos se resistían. Para que los samaritanos llegaran a ser aceptados entre los creyentes primitivos, se requería de una manifestación divina.

En cada uno de los grupos de las tres escalas de la Gran Comisión, señales especiales fueron necesarias para convencer a los judíos a aceptarles como creyentes genuinos e iguales. Normalmente fue la señal de las lenguas. Y aunque en Hechos 8 no es mencionada cuál señal Dios utilizó, se puede considerar que hayan sido las lenguas también.

En la narración de Hechos 8, Felipe predicó el evangelio y muchos creyeron y fueron bautizados en agua (Hc. 8:6-12). El problema era que, aparentemente, no habían recibido el Espíritu. ¿Por qué, entonces, les bautizó Felipe? Pues, por varios años, Felipe había sido un líder de la iglesia en Jerusalén (Hc. 6). Todos los que creían en Cristo allí, eran bautizados en agua para marcar su nueva fe en Jesús, al parecer sin ninguna señal que indicara si habían recibido el Espíritu o no. Ninguno de los 3.000 en el día de Pentecostés manifestó una señal especial, pero fueron bautizados. Si declaraban su fe, eran bautizados. Esto nos da a entender que los eventos de Pentecostés no se repitieron en la iglesia. Cuando Felipe predicó en Samaria, bautizó a los que se convirtieron como lo había estado haciendo en Jerusalén. No manifestaron ninguna señal especial que indicara que habían recibido el Espíritu y Felipe tampoco la esperaba, así que por esto les bautizó.

Así que la iglesia en Jerusalén envió dos apóstoles, Pedro y Juan. Sin embargo, los apóstoles sabían que no habían recibido el Espíritu, quizá por alguna revelación. La presencia de los apóstoles aseguró la aceptación de los samaritanos en la Iglesia primitiva.

Las Lenguas en Hechos 10

En Hechos 10 se encuentra la primera conversión de un gentil. Esto no parece tan extraño hoy, pero en aquel entonces los únicos creyentes eran judíos, prosélitos y samaritanos (Hc. 11:19). Que los judíos cristianos aceptaran a los gentiles requeriría un milagro tan espectacular como el del día de Pentecostés. De esta manera, no habría duda alguna que Dios quería que los gentiles también fueran parte de la Iglesia. Este milagro, o señal, que Dios utilizó, nuevamente fue la manifestación de las lenguas. ¿Qué tipo de lenguas eran? ¿Idiomas actuales? ¿Un lenguaje extático?

Algunos quieren probar que las lenguas de Hechos 10 son ininteligibles, pero el texto implica lo contrario. Aquí las lenguas no están descritas, así que el autor, Lucas, presumió que el lector entendería a qué tipo de lengua se refería. Así que tiene que ser el hablar en lenguas mencionado previamente en Hechos 2. En el contexto, esta conclusión es confirmada: el pasaje de Hechos 11:15-17, que describe los eventos de 10:46 dice que "cayó el Espíritu Santo sobre ellos también como sobre nosotros al principio". Hubo un solo "principio" similar a este evento cuando el hablar en lenguas ocurrió: Pentecostés. Cornelio recibió la misma señal que Pedro y los demás cuando vino el Espíritu para morar en los creyentes. No puede ser más claro: las lenguas de Cornelio (Hc. 10: 46) eran idénticas a las lenguas de Pentecostés (Hc. 2:6-11), es decir, lenguas actuales o idiomas. Las dos son llamadas un don o regalo (dorean) (Hc. 11:17). También es notable que Pedro testificó que Cornelio y Su casa "han recibido el Espíritu Santo también **como nosotros**" (10:47). Esto significa que la experiencia en Hechos 10 era idéntica a la de Hechos 2, así que Cornelio habló en un idioma terrenal.

En el texto hay cuatro verdades que aumentan nuestro entendimiento de la obra del Espíritu Santo en la Iglesia Primitiva.

(1) La conversión de Cornelio marcó el derramamiento del Espíritu entre los gentiles

Los gentiles eran el tercer grupo incluido en el mandamiento de Jesús para el evangelismo mundial (Hch. 1:8); y en Hechos 10 encontramos la persona de Cornelio, un militar gentil de Italia.

Una vez que los judíos y los gentiles habían recibido el don del Espíritu, el período de la inauguración terminó prácticamente. El Espíritu, desde aquel entonces, reside en forma permanente en la Iglesia como cuerpo y en el creyente como individuo. La nueva época fue establecida en Hechos 10. En Efesios 2:14 Pablo dijo, "Porque él es nuestra paz, que de **ambos pueblos** hizo **uno**, derribando la pared intermedia de separación …". De los dos "pueblos" (judíos y gentiles), Dios hizo la Iglesia, incorporando los dos en un nuevo cuerpo.

Hoy no se recibe el Espíritu conscientemente, sino a Cristo como Salvador. Inmediatamente, el Espíritu entra en el corazón para regenerar, bautizar, morar, sellar e impartir el privilegio de ser llenos de El, es decir controlados por El. Cuando depositamos nuestra fe en Cristo, no tenemos que pedirle que El obre todas las operaciones relacionadas con la salvación, sino descubrir luego en la Palabra lo que pasó. No es necesario estar consciente de lo que sucedió en la vida, sino aceptarlo como un hecho cuando se lo descubre en la Palabra.

(2) Al dar el Espíritu a los gentiles abrió el evangelio al mundo

Ahora, no hay nadie fuera de las promesas de la salvación. Aunque sea pagano, indígena, o sabio, el Evangelio es para todos. Por medio de lo que sucedió en Hechos 10, todos nosotros pudimos llegar a conocer a Cristo personalmente, sin la necesidad de hacernos judíos, o de una intervención apostólica para cada caso. El precedente ha sido establecido y no hay necesidad de repetición.

Es de notar en la conversión de Cornelio, que el recibir al Espíritu no es algo adicional a la salvación, sino la salvación en sí. Los carismáticos prefieren creer que Cornelio ya era un creyente. Ahora, es cierto que Hechos 10:2 suena como la descripción un creyente: "piadoso y temeroso de Dios con toda su casa y que hacía muchas limosnas al pueblo y oraba a Dios siempre". Pero en Hechos 11, Pedro contó a los creyentes judíos que el ángel había dicho en visión a Cornelio que hiciera venir a un hombre llamado Simón para predicarle el Evangelio y así pudiera ser salvo (11:14). ¡Era piadoso, pero no era salvo! En Hechos 10, pues, el don del Espíritu fue recibido simultáneamente con la salvación.

Ahora, cada persona que acepta a Cristo, entra en las bendiciones del don del Espíritu ya dado. Después de Cornelio, el Evangelio con todas las obras del Espíritu, fue abierto y está disponible para toda criatura bajo el cielo. Esta es la unidad entre todos los creyentes que han experimentado las mismas obras del Espíritu cuando aceptaron a Cristo.

(3) El don del Espíritu dado a los gentiles estableció la relación cronológica normal entre el bautismo del Espíritu y el bautismo en agua.

La ceremonia del agua es inseparable con la realidad espiritual y debe seguirle tan pronto como sea posible. Así es, por lo menos, en cada caso de una conversión en la Biblia. En Hechos 10:47, Pedro preguntó a los seis hombres judíos (11:12) que le acompañaban como testigos o discípulos, si ellos podían pensar en cualquier otro requisito previo al bautismo en agua y ninguna otra cosa fue necesaria. "¿Puede acaso alguno impedir el agua, para que no sean bautizados estos que **han recibido el Espíritu Santo** también como nosotros?"

Puesto que el bautismo del Espíritu no es algo adicional a la salvación, debe ser seguido por el bautismo del creyente en agua; o sea , que el bautismo del Espíritu es requisito para el bautismo en agua. Algunos carismáticos enseñan que el bautismo en agua es necesario antes del bautismo del Espíritu. ¡Pero lo opuesto es la verdad! Además, en Hechos 8:36-38 había otro requisito: creer de todo corazón.

Antes, en Hechos 8, cuando fueron bautizados en agua antes de recibir el Espíritu, era algo anormal. Se bautizaban en agua habiendo creído, pero sabían que no tenían el Espíritu (Hc. 8:12-15). Probablemente Felipe envió a Jerusalén la noticia de que Samaria estaba recibiendo el Evangelio, pero no el Espíritu. Por tanto, Pedro y Juan fueron, e inmediatamente todos Lo recibieron.

De la evidencia en Hechos 8, sabemos que estas circunstancias no pueden repetirse y que mucho menos son la norma para la nueva época. Una vez que el don del Espíritu fue dado a los samaritanos, nunca más necesitaron de un apóstol que les impusiera las manos para recibirlo, ni aceptaron a Cristo sin recibir simultáneamente el bautismo del Espíritu.

En la Escritura, hay una relación similar entre el bautismo del Espíritu y el de agua. A tal punto es así, que en Efesios 4:5, el apóstol dijo que hay "un bautismo". En la iglesia, sin embargo, hay distinciones. Sin el bautismo del Espíritu previo, no tiene sentido el bautismo en agua; pues el segundo representa simbólicamente la experiencia de la salvación y el primero es la salvación misma. El bautismo de agua no puede añadir nada a una salvación ya completa, pero sí testifica delante de los hombres que uno tiene unión con Cristo por medio del bautismo del Espíritu, en Su muerte, sepultura y resurrección.

Con Cornelio, la norma de recibir el Espíritu en el momento de la salvación y ser bautizado en agua después, quedó establecida.

(4) El don del Espíritu a los gentiles clarificó el propósito de las lenguas en el libro de Hechos

En cada referencia, las lenguas son una señal a los judíos. Nunca es una señal para los gentiles o para la persona misma. En Hechos 2 era para convencer a los judíos de que una nueva época empezó desde el día de Pentecostés. Tal cambio requería una señal (1 Co. 1:22) que proviniera de Dios.

En Hechos 8 (si las lenguas ocurrieron) era para convencer a los judíos (Pedro, Juan y Felipe) y a los de Jerusalén, de que los samaritanos recibieron el Espíritu y la salvación al igual que ellos.

En Hechos 10, las lenguas fueron el instrumento por el cual Pedro se convenció y luego pudo convencer a los de Jerusalén, de que hasta los gentiles estaban recibiendo el Espíritu en igual manera que los judíos (11:17).

Se debe notar en Hechos 2 y 10, que el hablar en lenguas no se relaciona con la llenura del Espíritu ni con el bautismo del Espíritu. Las lenguas eran la señal de la recepción del DON del Espíritu y la única mención que se hace del DON del Espíritu se encuentra en relación con el principio de la nueva época. En Hechos 11:16-17 Pedro sabía que los gentiles habían recibido el mismo Espíritu de los judíos porque hablaron en lenguas, lo que indicó que el DON era el mismo.

El DON del Espíritu es el depósito inicial del Espíritu entre los creyentes. Una vez que fue entregado, cumpliendo la promesa de Jesús (Jn. 14:16), el Espíritu nunca sale (Jn. 14:18). El DON está derramado solamente al principio de cada etapa (con los judíos, samaritanos y gentiles). Después de la entrega del DON del Espíritu, este sigue con Su obra que es bautizar, regenerar, sellar, morar y llenar a los creyentes.

Las Lenguas en Hechos 19

Casi veinte años después de los eventos del día de Pentecostés, el apóstol Pablo se encontró con doce discípulos de Juan el bautista en la ciudad de Éfeso. Los discípulos de Juan llegaron a aceptar a Jesús y recibieron el Espíritu Santo. Pero antes de encontrarse con Pablo, ellos creían en el arrepentimiento de Juan, anticipando la venida del Mesías.

En la antigua traducción hay un error que se corrigió en la revisión de 1.960. La expresión "¿Recibisteis al Espíritu Santo después de que creísteis?" ahora está corregida de acuerdo con el griego para leerla "¿recibisteis al Espíritu cuando creísteis?" (Hc. 19: 2). En el griego es claro que Pablo se refirió a un solo momento de recibir el Espíritu y creer en Cristo simultáneamente. La antigua traducción siguió otra traducción antigua de una versión en inglés, en vez de seguir el griego. El error ha sido corregido en todas las versiones más recientemente traducidas. Pero en algunos casos, el daño fue hecho.

En Hechos 19 hay tres verdades que nos instruyen más con respecto al Espíritu Santo.

(1) Los discípulos de Juan eran religiosos, pero no eran creyentes

Su estado era casi igual al de los discípulos antes de Pentecostés, o los samaritanos o Cornelio antes de que oyeran el Evangelio. Estos discípulos no eran salvos y lo sabemos porque en el versículo 2 se dice que ellos no sabían nada del Espíritu Santo. No supieron nada de la venida, muerte y redención de Jesús. Ellos todavía estaban esperando la venida del Mesías que Juan anunció; así que no fue muy difícil que aceptaran el mensaje de Jesús, porque habían estado esperándolo.

Otra indicación de que no eran salvos, sería que al creer fueron bautizados. El bautismo de Juan no indicó una salvación neotestamentaria sino un arrepentimiento y disposición de identificarse con el Mesías cuando apareciera. Así que todos los que fueron bautizados por Juan tuvieron que ser bautizados de nuevo cuando aceptaron a Cristo.

(2) Las lenguas en Hechos 19 fueron una señal a los judíos de que la única salvación era por fe en la redención de Jesús.

Aparentemente había muchos discípulos de Juan todavía (como Apolos, lea Hc. 18:24-25). Pablo les mostró que la fe en "El que viene" ya no era suficiente, ahora les era necesario depositar su fe en el que ya había venido. La salvación había sido completada y la ignorancia no podía ser excusa. Pablo les explicó el Evangelio y lo aceptaron; y recibieron el Espíritu cuando el apóstol impuso sus manos sobre ellos. La frase "Y habiéndoles impuesto (o imponiéndoles) Pablo las manos ..." (v. 6), pudo haber ocurrido antes, durante o después de su bautismo. En el griego no se indica una acción posterior al bautismo, sino en el mismo acto o tiempo.

Es justo suponer entonces, que Dios operó aquí como en Hechos 10 con los nuevos creyentes: al recibir el evangelio, inmediatamente recibieron el Espíritu y fueron bautizados en agua. Puesto que ésta es la norma en todo el Nuevo Testamento y el griego lo permite gramaticalmente, ésta interpretación debe ser tomada así.

(3) La conversión de los discípulos de Juan ilustra la importancia de una doctrina pura.

No hubo ninguna duda de su sinceridad. Los discípulos habían creído, pero el objeto de su sinceridad era el que determinaba si su fe era verdadera o no. Si el objeto de nuestra fe es falso o equivocado, nuestra fe no tiene validez, por muy sinceros que seamos.

El Movimiento Carismático no necesita de fe, sino doctrinas correctas y verdaderas, en las cuales la fe pueda descansar con certeza. Los discípulos estaban confiados en que su fe estaba bien puesta.

Siempre existe el riesgo de poner la confianza en algo que no está claramente demostrado en la Biblia y de esta manera equivocarse. Tener una experiencia real y genuina, acorde con las Escrituras, solamente viene como resultado de la enseñanza bíblica a la vida. Creer un error degenera la experiencia personal y así no hay protección contra la entrada de espíritus de doctrina falsos (1 Jn. 4:1) que dañan la obra del Espíritu. Sin una enseñanza correcta estamos abiertos a cualquier tipo de error.

La teoría de que Hechos 2, 8, 10, 19, representan la manera en que funciona la experiencia cristiana hoy en día, no tiene fundamento en las Escrituras. Ninguna de las situaciones de Hechos puede ser duplicada hoy, como veremos en los Cinco Problemas que los Carismáticos tienen con su interpretación del libro de los Hechos. Para tener una interpretación correcta es necesaria una concordancia entre la situación histórica del pasaje bíblico y la actualidad. Si no existe una concordancia, la aplicación no puede ser directa, sino que tiene otro propósito. Este descuido de hermenéutica lleva a los carismáticos a ciertos problemas en su interpretación del libro de los Hechos.

Cinco problemas con la interpretación carismática del libro de los Hechos

Problema 1: Todos los creyentes en Hechos 2:41 (3.000) recibieron el Espíritu en su conversión y no hay evidencia alguna de que hablaron en lenguas.

Creemos que la experiencia de los 3.000 es más parecida a la norma para esa edad. Si Pedro prometió que iban a recibir el don del Espíritu si se arrepentían, parece razonable que lo recibieran. Por medio de la promesa de Pedro ellos tuvieron la seguridad de que al creer recibieron el Espíritu.

El problema en el libro de Hechos es la variación en las experiencias de los primeros creyentes en la nueva época; por eso es imposible basar su práctica y doctrina en el libro de los Hechos. Este es un libro de historia, que dice lo que ocurrió en los primeros veintiocho años de la iglesia. Hay muy poca intención de presentar una doctrina, pero la conversión de los 3.000 es parecida a la doctrina que se encuentra en las epístolas. El propósito de Hechos es mostrar la transición del Antiguo Testamento hacia el Nuevo Testamento, con todas las nuevas implicaciones.

Problema 2: Los creyentes del Antiguo Testamento no pueden ser comparados con los creyentes de hoy

No se justifica comparar a los creyentes del período del Antiguo Testamento con los creyentes de hoy. En Hechos 2, los 120 discípulos fueron creyentes de la época antigua; y los 3.000 eran incrédulos que se convirtieron. Pero el día de Pentecostés, los dos grupos necesitaban la unión con Cristo por el bautismo del Espíritu para entrar en la salvación de una manera completa y prometida. Aún los discípulos, que anduvieron con el Señor, no recibieron la nueva relación con Jesús hasta Pentecostés.

Después de pasar los primeros días de la Iglesia, no ocurrió jamás una separación entre creer en Jesús y recibir el Espíritu, así como ocurrió con los 3000 hombres. Después de haber recibido el Evangelio los 3 grupos (Hc. 1:8), la obra del Espíritu se normalizó. En Juan 14:17, la diferencia entre los creyentes antes de Pentecostés y los posteriores fue la relación con el Espíritu: El estaba "con" ellos antes en el Nuevo Testamento y "en" ellos después de Pentecostés; y por tanto está "en" nosotros y todos los que creen hoy en día.

Problema 3: En el día de Pentecostés, hubo TRES señales: sonido del viento, lenguas como de fuego y lenguas

Si todos los acontecimientos de Hechos 2 son la norma para hoy, ¿qué pasó con el sonido del viento y la aparición de lenguas como de fuego, como parte de la llegada del DON del Espíritu? ¿Qué derecho tenemos para tomar sólo una señal de las tres del día de Pentecostés, como evidencia de la recepción del don del Espíritu? De las tres, el estruendo fue lo más llamativo, porque toda la ciudad lo escuchó y vino para ver qué había pasado (Hc. 2:6). Si quieren ser consistentes con el texto bíblico, los carismáticos deben tener las tres señales para decir que hoy es la repetición de Pentecostés. Si las tres no aparecen, lo que tienen no es algo parecido a Pentecostés.

Problema 4: Hoy en día no tenemos un apóstol y menos a Pedro

En Hechos 2, 8, 10, 19, era necesario que estuviera presente un apóstol para el repartimiento del Espíritu. No existe evidencia de que el DON del

Espíritu fuera derramado en nuevas etapas sin un apóstol. Sin saberlo Felipe lo intentó en Hechos 8, pero el Espíritu no vino; a pesar de que Felipe era lleno del Espíritu e hizo muchos milagros. La presencia de un apóstol fue necesaria.

Jesús encargó a los discípulos una responsabilidad especial: ellos tenían que ser instrumentos para la fundación de la Iglesia (Mt.16:18; 18:18; Ef. 2:20). Tal como no se puede reemplazar la presencia de los apóstoles en los cuatro capítulos claves de Hechos, así tampoco se pueden repetir los eventos iníciales de la obra del Espíritu en nuevos grupos. Si no tenemos vivo a ninguno de los que "oyeron" a Jesús directamente (He. 2:3), tampoco tenemos alguien vivo que pueda confirmar el mensaje con señales (2:4).

Pablo declaró que las "señales de apóstol" eran algo único, no común (2 Co. 12:12). Para repetir las señales de Hechos se requeriría un apóstol del nivel de Pablo y Pedro. Es un poco presuntuoso declarar estar en este nivel de autoridad con relación a Cristo.

Problema 5: En cada caso encontrado en Hechos, el don del Espíritu fue dado al grupo entero cuando hablaron en lenguas.

En cada caso que encontramos en Hechos, el don del Espíritu fue dado al grupo entero cuando hablaron. En ninguna ocasión lo recibió sólo una parte, mientras los demás continuaban buscándolo. Si Hechos es la norma para hoy, entonces el don debe caer sobre grupos enteros, no sobre individuos. Lo que hoy vemos, es uno que habla aquí y otro allá, pero el grupo entero casi nunca recibe el "don". En Hechos, todos los miembros del nuevo grupo que recibían el Espíritu, hablaron en lenguas.

Así que no se puede ignorar los problemas que surgen con respecto a la interpretación que los carismáticos hacen del libro de los Hechos. Tales "problemas" deben interpretarse en virtud de las doctrinas de las epístolas en el N.T. No debemos enseñar las experiencias de los apóstoles, sino experimentar sus enseñanzas. Las experiencias se encuentran en el libro transicional de los Hechos y las enseñanzas en las epístolas, que deben ser nuestra guía en la actualidad.

CAPITULO

— 8 —

El Don del Espíritu: ¿Por Obras o por Gracia?

Hubo algunos problemas acontecidos durante la vida de Pablo que siguen apareciendo vez tras vez en la historia de la Iglesia. Otra vez, aparece hoy algo muy similar en el Movimiento Carismático. El problema es obras versus gracia. Se pueden comparar las situaciones en Gálatas y Colosenses con la situación entre los carismáticos de hoy.

Esencialmente, la fe es recibir un regalo gratuitamente. Pero los carismáticos, en la esencia de su enseñanza, nos están pidiendo hacer algo para recibir al Espíritu; en otras palabras, nos colocan otra vez bajo un sistema de reglas o leyes, si queremos la bendición del Espíritu.

La comparación con el problema de los de Galacia

Pablo encontró dos problemas de esta categoría en su día. Los dos se hallan en las iglesias de Galacia y la de Colosas. En ambos, algunos falsos maestros trataron de establecer un sistema de obras para la consumación de la salvación. Ellos despreciaron la mera salvación y exaltaron una experiencia más profunda para que los creyentes siguieran sus reglas. Al prometérseles una experiencia más rica y profunda, muchos de los de Galacia fueron engañados para buscar algo más que la salvación.

En las iglesias de Galacia hubo un grupo que quería que todos recibiesen el cumplimiento de su salvación por el Espíritu Santo. En Gálatas 3:1-3 Pablo enfrentó el problema. El propósito de los maestros falsos era que los Gálatas fueran perfectos por medio de su obediencia. La frase "acabar por la carne" (3:3) quiere decir que pensaban por medio de sus propias obras poder ser completos o perfectos.

Pablo distinguió entre el recibir el Espíritu por fe (creyendo lo que habían oído y no más) y recibirlo por lo que hacemos (buenos obras). Ellos admitieron que la fe era el primer paso, pero, en su opinión, éste era sólo el principio. Tenían que añadir sus esfuerzos sinceros y su devoción total para alcanzar la consumación de la bendición de Dios o la plenitud del Espíritu.

En Gálatas 3:14-15, Pablo declaró que recibimos por la "fe la promesa del Espíritu". El pacto que esta fe inició es completo en todo sentido, tanto que "nadie lo invalida, ni le añade". El pacto incluye al Espíritu Santo y no se puede mejorar, añadir, ni invalidar esta relación.

Los gálatas no entendieron cómo aquellos maestros no podían ser de Dios con motivos tan sinceros. Pero Pablo fue enfático: la fe no incluye nada de esfuerzo humano. Es sólo por fe, o no es la fe del Nuevo Testamento; y esto, antes, mientras y después de recibir a Cristo como Salvador. ¡¿Qué importa si los maestros son de lo más sinceros, pero quieren añadir a la fe algunas obras de devoción para alcanzar alguna experiencia o relación más profunda de su salvación?! No se puede añadir más del Espíritu, más de lo que ya se tiene. El énfasis en buscar más de Dios, cuando ya hemos recibido toda la bendición del Espíritu por la fe, es inútil y erróneo.

La comparación con el problema de los de Colosas

El segundo problema era con los colosenses: al igual que los gálatas, los colosenses tenían maestros falsos que querían introducir algún suplemento de su salvación, una relación más profunda, más completa.

En primer lugar, la enseñanza de que hace falta algo más que solamente tener a Cristo. Decían que necesitaban algo más que Cristo para estar satisfechos y en este caso, el Espíritu Santo era aquello adicional. Una característica distintiva de un falso maestro es que siempre quiere introducir algo más a la salvación y pone como inferior la mera experiencia de la salvación. Siempre disminuye la experiencia de salvación considerándola como una cuota inicial, partiendo de la cual el creyente puede luego alcanzar, por disciplina y fe, experiencias más profundas.

En Colosenses 2, Pablo trató el asunto de los falsos maestros y su mensaje. Su insistencia de "estar completos en él" (v. 10), sugiere que existía la enseñanza de que necesitaban más que solamente "estar en él." Pablo quería asegurarles que es absolutamente imposible añadir algo a nuestra salvación en Cristo. Estamos "completos en él". Además en el versículo 9 vemos que "en él habita corporalmente toda la plenitud de la Deidad". Es decir, si tenemos a Cristo, tenemos "toda la plenitud de la Deidad". No hay más de Dios que pueda ser agregado en nosotros. Es imposible que recibamos más de Dios cuando ya le hemos recibido por completo. Rogar a Dios por más de El cuando ya se lo tiene todo, no es razonable.

Efesios 1:3 lo declara así, "Bendito sea el Dios y Padre de nuestro Señor Jesucristo, que nos bendijo con TODA BENDICION ESPIRITUAL en los lugares celestiales EN CRISTO". Por estar "en Cristo", uno tiene "toda bendición espiritual". No existe más. Es nuestra responsabilidad descubrir cuáles son estas bendiciones, pero no podemos añadir más a ellas. No hay más bendición espiritual de las que se encuentran en Cristo. No hay otra relación más profunda, que tener a Cristo morando en la vida por fe. Cuando se dice que hace falta el bautismo del Espíritu para tener gozo y paz verdaderos, más el desarrollo de algunos dones especiales y el poder extraordinario del Espíritu Santo en la vida, se está enseñando el mismo tipo de doctrina falsa que en Colosas.

Este tipo de enseñanza tiende hacia el misticismo siempre. En Colosenses 2:18-23 se incluyen cuatro doctrinas falsas: (1) Fingieron una humildad falsa, que era atrapante. (2) Practicaron culto a ángeles que aparentemente les aparecieron en visiones o sueños. Por estas experiencias pretendían ser más espirituales que otros, especialmente que el apóstol Pablo (v.18). (3) No enfatizaron a Cristo como la Cabeza de la Iglesia. Su énfasis, más bien estuvo sobre los ángeles o el Espíritu Santo, en vez de Jesús como Cabeza por medio de Su Palabra escrita. Eran más llamativas para ellos las revelaciones recién recibidas de los "ángeles" o del "Espíritu", que el estudio de la Palabra (v. 19). (3) Insistían en una conformidad a sus decretos de ética para poder entrar en la bendición completa: reglas en cuanto a cosas que no debían manejar, gustar, ni tocar (vv. 20-21). Pablo declaró que tales enseñanzas eran herejías y tenían que combatirlas con la Palabra o terminarían con el tiempo por destruir la iglesia.

Cuando se compara aquellos falsos maestros con el Movimiento Carismático de hoy, se encuentran demasiados paralelos. Normalmente tales personas son muy persuasivas y convencen de cualquier cosa. Desafortunadamente la mayoría de los creyentes no están preparados para refutarles o resistir la intimidación de sus acusaciones o declaraciones.

Dos Consecuencias Peligrosas de la enseñanza carismática

Pablo hizo varias advertencias en cuanto a guardarse de un "evangelio diferente" (Gá. 1:6), diferente en el sentido de categoría. La "diferencia" en aquel entonces consistía en mezclar la gracia con obras, lo que resultó en un evangelio falso. Si están predicando un evangelio que anuncia una bendición que se recibe en partes, o que tiene que ser combinado luego con una segunda experiencia, no es el mismo que la Biblia muestra. Hay dos consecuencias peligrosas por las cuales no podemos considerar la enseñanza de los carismáticos sin problemas.

Primera Razón: Frecuentemente un enfoque especial pronto llega a ser un substituto.

En la historia de la Iglesia, cuando un grupo empezó a poner énfasis en una doctrina o verdad en vez de la gracia de Dios o la exposición de la Palabra, este énfasis llegó a ser un substituto de la gracia. El peligro es que una verdad reemplace otra más esencial. El foco de atención del apóstol Pablo se encuentra en Gálatas 6:14; "Pero lejos esté de mí gloriarme, sino en la cruz de nuestro Señor Jesucristo". Es en la cruz y el sacrificio de Jesús que debe estar el enfoque de nuestra atención.

Es importante notar que el ministerio del Espíritu no es glorificarse, ni exaltarse. Juan 16:13-14 dice, "Pero cuando venga el Espíritu de verdad … no hablará por su propia cuenta, sino que hablará todo lo que oyere … El me glorificará; porque tomará de lo mío y os lo hará saber". El Espíritu no vino para glorificarse, ni exaltarse a Sí mismo. El vino para hablar de Cristo y comunicar Su gloria.

En comparación con Cristo, hay muy pocos versículos que tratan del Espíritu en las Escrituras. Parece que el propósito del Espíritu al inspirar la Biblia, fue poner el énfasis en Cristo y no en Sí mismo. Sabemos lo suficiente como para conocer al Espíritu y es obvio que El no es quien debe ser magnificado. En Colosenses 3:1-3 se indica que el centro de nuestra atención debe estar en Cristo a la diestra de Dios y no en la tierra.

Hoy en día, en la opinión del autor, los carismáticos han substituido la introducción del incrédulo a la gracia de Dios por lo milagroso y el don de lenguas. Su enfoque especial ha substituido el Evangelio o, por lo menos, ha disminuido el Evangelio en su elemento primario, básico o elemental.

A tal punto puede observarse este fenómeno, que si se oye algo del Evangelio, será de paso, o si se oye algo de Cristo, será únicamente en relación con el Espíritu, porque Este va a predominar en los mensajes y en el pensamiento de los carismáticos. Su énfasis, en definitiva, está en lo que experimentamos hoy, no en lo que ocurrió sobre la cruz en el   pasado y cómo la cruz debe afectarnos todavía. Así, su enfoque especial llega a ser un substituto de la verdad fundamental. Sin duda, hay muchas personas sinceras entre el movimiento, pero los abusos predominan, y es que su práctica resulta de la teología y la doctrina que enseñan.

Segunda Razón: Un sistema de ley u obediencia siempre produce culpa y preocupación

Cuando se habla de la súper-devoción —como requisito para recibir el Espíritu— con frases como "sumisión en toda área," "¿Ha confiado en Cristo totalmente?," "¿Tiene todo el evangelio?," "¿Está seguro?," etc., se pone la responsabilidad sobre el creyente, como nunca fue el intento del Nuevo Testamento. En Filipenses 2:13, Dios tiene la responsabilidad de producir el cambio en nuestras vidas; no es algo que hacemos para ganar el premio del Espíritu. Es cierto que tenemos que añadir a nuestra fe ciertas actitudes con diligencia (2 P. 1:3-8), pero no para completar nuestra relación con el Espíritu, sino para madurar.

La sumisión a Dios, la oración, la separación del pecado, o cualquier otra acción del creyente no son condiciones o requisitos legalistas de auto-esfuerzo para experimentar la consumación de salvación. Antes bien, son privilegios que la gracia de Dios produce en nosotros y nuestra respuesta ante todo lo que somos en Cristo. Cuando los carismáticos hablan del "evangelio completo," esta enseñanza no se refiere a lo que tenemos en Cristo por haber creído en El, sino lo que podríamos tener como resultado de nuestra sumisión, oración, separación del pecado, etc. Por eso la preocupación existe: ¿cuándo estaré lo suficientemente santificado para tal experiencia?

Es cierto que el creyente debe examinarse, pero no para recibir más de Dios; ya tiene todo lo que de Dios existe. Al contrario, la motivación es una relación más íntima y obediente con Dios por el Espíritu.

Los carismáticos creen que el Evangelio conlleva el Espíritu inicialmente, pero no completamente. Por eso, enseñan que gracia y fe solas no son suficientes para realizar la vida profunda, completa, victoriosa, abundante y llena del Espíritu. Por eso, piensan que les es necesario hacer algo, o ser algo en sí mismos, tomar ciertos pasos, o alcanzar un estado de vida aceptada por el Espíritu. La conclusión lógica para los que buscan tal experiencia y no la encuentran es "¡Yo tengo la culpa!"

Muchas personas viven frustradas y en constante introspección, tratando de alcanzar un nivel espiritual donde experimenten la alegría o el regocijo prometidos. Debido a que entre más examinan sus motivos y actitudes, más duda tienen que se hayan entregado a Dios "totalmente," o se hayan sometido completamente a El. En realidad, por esta mucha introspección, no alcanzan en su opinión un nivel tan alto como para merecer el bautismo del Espíritu, porque se encuentran cada vez más y más con su pecado y entonces aumenta la duda.

Algunos llegan a convencerse de que sus pecados no son tan malos, o solamente son faltas en vez de pecados, para alcanzar la mística dedicación total. Pero el cumplimiento, a veces, no llega. Y puesto que la causa ya no son los pecados (pues éstos son solo faltas), se echa la culpa a la personalidad. "Después de la oración, pidiendo el bautismo y la confesión de pecados conocidos, el único impedimento sería sus inhibiciones," dijo un carismático. Así que si no se llega a la experiencia mística, dos cosas son las que tienen la culpa: el pecado o su personalidad.

El carismático lleva más y más culpa en sí mismo hasta que al fin experimenta la meta de su búsqueda: el hablar en lenguas. Es probable que parte del regocijo de hablar por fin en lenguas sea el alivio, consciente o inconsciente, de su culpa interior por no hablarlas. En las iglesias carismáticas es común que haya mucho gozo y contentamiento cuando alcanzan el hablar en lenguas, porque la mayor parte de la predicación enfatiza la necesidad de hablar en lenguas y experimentar un milagro. Los que no pueden, viven bajo el peso de una culpa falsa.

Se ve entonces, por qué ellos ponen tanto énfasis en el hablar en lenguas como el único medio de gozo y poder en la vida: para aliviarse de la culpa que ellos mismos han creado.

Existe la historia de un minero que ilustra la frustración de muchos carismáticos. Hubo un hombre que gastó su vida buscando una mina de plata en los cerros de California. Tan obsesionado estaba en su búsqueda, que su esposa y sus niños lo abandonaron. Cuando murió, unos pocos vinieron a enterrarle y encontraron una carta diciendo que su último deseo era que lo enterraran bajo su cabina. Cuando empezaron a hacer la fosa, descubrieron un material gris lustroso. ¡Plata pura! Vino a ser la famosa "Constock Silver Vein," la mina de plata más rica en la historia de California. El minero había sido multimillonario toda su vida, pero nunca aprovechó sus riquezas. El creyente también es rico en Cristo y no necesita buscar más. Ya lo tiene todo. Sólo le falta aprender cómo aprovecharlo.

CAPITULO
— 9 —
El Milagro

Antes de empezar un estudio más profundo sobre la evidencia del cese de las lenguas en la Iglesia, debemos analizar el concepto de lo milagroso. ¿Hay todavía milagros bíblicos en el día de hoy? Muchos han escrito y declarado que desean el poder de la iglesia primitiva tal como en el libro de los Hechos. Están desencantados con la falta de poder en la Iglesia contemporánea y quieren retornar al tiempo de los apóstoles. Pero a tal pensamiento le falta un poco de análisis cuidadoso de las Escrituras. Por ejemplo, uno puede preguntarse, ¿Quieren el poder de cuál iglesia? ¿Qué iglesia quieren imitar? Cualquiera que haya estudiado el N.T. jamás querría imitar a la iglesia de Corinto. No existe razón alguna para decir que las iglesias primitivas, con la excepción de la iglesia de Jerusalén, tenían más "poderes" que nosotros hoy. Las iglesias de Tesalónica y Filipos fueron bien recomendadas por Pablo, pero no hay indicaciones de la posesión de más poderes (como milagros) que las iglesias de hoy. La iglesia de Corinto se encontraba en peores condiciones espirituales que muchas iglesias de hoy y sólo la iglesia de Jerusalén era la excepción debido a la presencia de los apóstoles. Es un error pensar que todas las iglesias primitivas experimentaron milagros constantemente, pues no existe evidencia de tal cosa.

Si limitamos nuestro estudio a un examen de las iglesias y no de los apóstoles, veremos que ellas eran muy similares a las iglesias bíblicas contemporáneas. Tenían problemas como adulterio, robos, divisiones, acepción de personas, chismes y algunas tenían una doctrina muy débil. No hay evidencia de que las iglesias "trastornaran el mundo entero" (Hc. 17:6), como fue dicho con respecto del apóstol Pablo y sus colaboradores. Tan sólo unas pocas iglesias fueron recomendadas por su evangelismo. El análisis de las siete iglesias de Apocalipsis 2 y 3 puede considerarse como una evaluación realista de la Iglesia primitiva. Solamente dos fueron "espirituales" y ninguna se caracterizó por poderes milagrosos.

Sin embargo muchos afirman que si no se experimentan milagros en una iglesia, ésta no es espiritual; pues se apoyan en ciertos versículos que en su opinión insinúan que los milagros deben continuar siempre en toda iglesia espiritual. La intimidación puede llegar a ser tremenda. El hablar en lenguas en algunas iglesias es de tanta importancia, que se exagera inclusive la historia de la Iglesia. Un autor dijo: "Es muy probable que no haya habido ningún momento en la historia de la Iglesia sin que hubiera algunos. . . que hablaran en lenguas;" y hablando de nuestros días escribió: "Numerosos dirigentes cristianos hablan en lenguas, pero no lo admiten por temor o prejuicio" . . .y: "Hay un cierto número de personas que han hablado en lenguas y que no lo saben". ¡Tanta es la necesidad de tener el milagro que inventan la evidencia! Estas son declaraciones exageradas e imposibles de probar, que los carismáticos enseñan como evidencia de la universalidad del don de lenguas.

Si ningún don del Espíritu puede ser manifestado sin el bautismo del
Espíritu y éste no ocurre sin el hablar en lenguas (según la enseñanza
carismática), hay un problema grave en la historia de la Iglesia. Los
carismáticos, entonces, tienen que presumir que cada persona dotada en
la historia tuvo que haber recibido el bautismo del Espíritu y el hablar en
lenguas, aun inconscientemente. Parte de su equivocación en entender lo
milagroso, especialmente con respecto a las lenguas, viene de tres versículos especiales.

TRES PASAJES CLAVES

Hay tres versículos que comúnmente son usados por los carismáticos para
demostrar la necesidad del don de lenguas y los milagros en las iglesias
de hoy. Será muy importante que el creyente tenga un buen y claro entendimiento de los tres pasajes siguientes: Marcos 16:17-18; 1 Corintios 12:31
y 1 Corintios 14:5.

1. Marcos 16:17-18

El pasaje más común en defensa de los milagros y las lenguas es Marcos
16:17-18. A pesar de que algunos manuscritos antiguos no contienen los
últimos versículos del capítulo, para nuestro estudio los aceptaremos como
válidos y parte del original. La gran mayoría de los manuscritos contienen el
pasaje completo.

Cinco Señales

Al leer el pasaje, la primera cosa que se nota es que la promesa incluye
cinco señales que iban a seguir los que creyesen. Las cinco señales son: (1)
Echar fuera demonios, (2) Hablar en nuevas lenguas, (3) Tomar serpientes
en la mano sin hacerse daño, (4) Beber cosa mortífera sin hacerse daño, (5)
Sanar enfermos.

Naturalmente, esto causa interrogantes: ¿Por qué no se practican las cinco
señales? Los carismáticos han escogido el don de lenguas, echar fuera
demonios y la sanidad, como los milagros que iban a seguir a los creyentes.
¿Qué pasó con los otros dos milagros de tomar serpientes en la mano y
beber veneno? Algo cambió. No es honesto escoger lo que se quiere de la
Biblia, sin aceptar todo.

Uno de los milagros en el texto es la frase "hablarán nuevas lenguas". El
adjetivo "nuevas" traduce al adjetivo griego kainos. Algunos dicen que el
uso de kainos en vez de neos (un sinónimo para "nuevo") implica un hablar
extático, en lugar de una lengua terrenal; es decir que kainos se refiere a
algo nuevo en calidad y por tanto a una lengua celestial. Sin embargo, la

palabra neos es nuevo en tiempo u origen y la palabra kainos es nuevo en experiencia, es diferente de lo normal, impresionante, mejor que el viejo, superior en valor o atracción.[15] Behm compara todas las veces que aparecen las dos palabras y llega a la conclusión de que "La distinción llega a ser menos estricta con el estudio … ".[16] Por tanto, en ninguna forma requiere el concepto de hablar extáticamente, pues las lenguas genuinas eran nuevas, en el sentido de ser desconocidas, extrañas para el orador.

El Tiempo del Verbo

Pero el aspecto más frecuentemente ignorado del pasaje es el tiempo del verbo en el griego. El traductor desafortunadamente lo tradujo en el tiempo presente: "Estas señales seguirán a los que creen" (16:17). Si fuera así, tendríamos que haber visto estas señales siguiendo a todos los creyentes a lo largo de todo el tiempo de la Iglesia. El versículo no admite ninguna condición, ni excepción. Algo está mal con tal interpretación. Todos los que dicen que son creyentes, pero no manifiestan tales señales, no pueden ser creyentes genuinos. Sin embargo, un examen más minucioso revela que el versículo dice algo diferente. El verbo "creen" está en el tiempo griego aoristo. Este tiempo es pasado. Es mejor traducido, "los que han creído". Es antecedente al verbo principal, "estas señales seguirán". Probablemente se refiere a los primeros creyentes, los que ya habían creído cuando Jesús declaró Su promesa.

Además, un texto fuera de contexto es un pretexto. Así que debemos ver todo el contexto para ver si hay algún cumplimiento de esta promesa; y precisamente es descrita antes de terminar el capítulo. En Marcos 16:20 vemos que "ellos, saliendo, predicaron en todas partes, ayudándoles el Señor y confirmando la palabra con las señales que la seguían". El pronombre "ellos" es enfatizado en el texto griego. No dice que todos hacían la confirmación, sino los "once" de 16:14 (también Hc. 5:12). También es notable que el tiempo de los verbos es pasado, o sea que, cuando Marcos escribió su evangelio hizo referencia a la confirmación por los "once" como algo del pasado.

El ministerio de la "confirmación".

El verbo "confirmar" (bebaioö) es el mismo que aparece en Hebreos 2:3-4, donde el autor se refiere al ministerio de la "confirmación". Es importante notar quién tenía ese ministerio tan especial. En el texto hay tres divisiones de personas: (1) El Señor, que primeramente anunció el evangelio, (2) "los que oyeron" el mensaje directamente del Señor, que "confirmaron" tal mensaje, (3) y el tercer grupo —en el cual el autor de Hebreos estaba incluido— que observó la confirmación de ellos, aparentemente sin participar en tal confirmación.

En primer lugar, el tiempo del verbo en 2:3 "fue confirmado" (ebebaiöthë), es el tiempo pasado (aoristo pasivo). La indicación del verbo es que la "confirmación" no estaba ocurriendo cuando el libro de Hebreos fue escrito, 64 D.C. aproximadamente. El gerundio presente "testificando" es un participio en griego y se relaciona con el verbo "fue confirmado". Es una descripción de algo que pasó años antes de escribir Hebreos. El período comprendido entre los años 30-60 d.C. fue de confirmación.

En segundo lugar, el grupo que tenía este ministerio de la confirmación se refiere como "ellos" en versículo 4. El autor se excluyó a sí mismo de tal grupo. Nunca fue algo para todos, sino para el grupo especial de quien se dice que Dios testificó juntamente con ellos.

En tercer lugar, la manera en que Dios testificó por medio de ellos fue con "señales y prodigios y diversos milagros ... " Estos son los mismos términos usados en Hechos para describir la obra y ministerio de los apóstoles y también el ministerio de Pablo en Romanos 15:19 y 2 Corintios 12:12. Puesto que las lenguas eran una señal (1 Co. 14:22) es muy probable que lenguas, sanidades y otros milagros (como los cinco de Mr. 16) hayan sido comunes en el ministerio de los apóstoles.

Las únicas excepciones en el N.T., de creyentes que hicieron milagros no siendo apóstoles, fueron Felipe, Esteban y Ananías. Puede ser que ellos hayan oído el mensaje directamente de Jesús en Su ministerio terrenal, y aunque esto sea especulación, es razonable. Nadie más tuvo el ministerio de la confirmación del mensaje de Jesús por medio de señales y milagros. Nuestra confirmación hoy es el registro de los milagros del primer siglo.

Una vez que algo es confirmado en la ciencia o en una corte judicial, jamás es necesario volver a comprobarlo. La evidencia es suficiente para aceptar la proposición. Si se duda de la evidencia, se tiene que probar dónde está el problema y mostrar que la nueva evidencia es mejor o más correcta. Es inútil volver a probar lo que ya ha sido probado. La "fe" del N.T. tiene su base en la evidencia ofrecida por el texto histórico, indisputable a través de los siglos. Nuestro lema es "andamos por fe, no por vista" (2 Co. 5:7). Aceptamos la evidencia bíblica por fe. La predicación del evangelio demanda que la evidencia bíblica sea aceptada tal como está escrita. No hace falta más evidencia nueva.

2. 1 Corintios 12:31

Un autor carismático presentó el argumento de que todos los dones en el Nuevo Testamento existían en el Antiguo Testamento menos el don de lenguas. Así que el don mejor, o más nuevo, es lo que cada creyente debe buscar. El versículo es usado para probar que el creyente debe buscar ciertos dones específicos y que los puede conseguir si los busca con diligencia.

La palabra "procurar".

La palabra "procurar" en 1 Corintios 14:12 no se refiere a buscar un don, sino enfatizar o dar prioridad a los dones que producen edificación a la iglesia. Zëloö es la palabra griega traducida "procurar". La idea de la palabra en sus doce apariciones es "ser celoso".
Todos los versículos están dirigidos a toda la Iglesia. La iglesia tiene que restringir la manera en que su congregación puede actuar en la asamblea. Todo el contexto enfatiza la prioridad de los dones de edificación –apóstol, profeta, y maestro– sobre el don espectacular de lenguas que aparentemente recibió demasiada importancia en Corinto.

El griego tiene otras palabra que significan "buscar" (zëteö, oregö) y "desear" (thelö, epithumeö y boulomai), pero nunca son usados para referirse a buscar un don del Espíritu.

Pablo usó estos verbos frecuentemente en otros versículos. El verbo zëteö es usado por Pablo 19 veces, aún en el mismo contexto, pero no para buscar un don. El usó oregö para describir el hecho de buscar o anhelar el obispado (1 Ti. 3:1), pero nunca con relación a desear dones espirituales. Pablo usó thelö 60 veces, boulomai 8 veces y epithumeö 5 veces para comunicar lo que debemos desear o buscar, pero no usó ninguno en este versículo. El creyente nunca es exhortado a buscar un don.

Todos los pasajes con zëloö se traducen mejor por "tener celo o envidia", en vez de "buscar" o "procurar".

La misma palabra es usada en 14:1 y 14:39 con el mismo sentido. Los versículos 12:31 y 14:1, 39 están relacionados. Después de un paréntesis en capítulo 13, Pablo volvió al tema del mayor énfasis en la iglesia: los dones de edificación en vez de las lenguas. El argumento que continúa hasta el versículo 25 no tiene nada que ver con un individuo buscando un don, sino que trata con la prioridad o preferencia que la iglesia debe dar a los dones de edificación en la asamblea.

En 14:39, la iglesia entera debe tener celo o entusiasmo por la profecía. Aquí Pablo no está diciendo que cada persona debe buscar el don de profecía.

En 14:12, Pablo usó el verbo buscar (zëteö) junto con el sustantivo zëlötai (los celosos). Puesto que los corintios eran celosos (zëleö) por dones espirituales, debían buscar (zëteö) edificar la iglesia. Usando las dos palabras en un versículo Pablo quería marcar la diferencia entre las dos. El estaba diciendo, "Puesto que estáis celosos (zëlötai) de cosas espirituales, buscad (zëteö) edificar".

En castellano, la raíz griega de la palabra celo es la palabra zëlo. Del castellano mismo, el sentido del pasaje debe ser que la iglesia sea celosa en proteger y enfatizar lo que edifica a toda la iglesia.

En 14:1, el verbo procurar o ser entusiasta, es usado con "cosas espirituales" (pneumatika), en contraste a las cosas espectaculares.

En 1 Corintios 14:1, el contexto indica que la prioridad de la actividad en la asamblea, no principalmente de individuos, debe ser las "espirituales" o "cosas espirituales" (la misma palabra está en 12:1). Debemos ser entusiastas con respecto a los dones espirituales, pero "sobre todo" que haya profecía. La última frase definitivamente se refiere a una actitud de parte de toda la Iglesia ya que en el contexto de capítulo 12 y 14 el apóstol está definitivamente en contra de que todo el mundo profetice (vea 14:5, 24, 31), pues había acabado de decir que todos no son profetas (12: 29). Si aquí Pablo está diciendo que todos deben profetizar, invalidaría todo el capítulo 12.

Los "dones mejores".

En el contexto inmediato, vemos cómo el apóstol categorizó los dones en 1 Corintios 12 utilizando la numeración "primeramente … luego … tercero … luego … después … ". (12:28). Las categorías no se refieren a tiempo u orden cronológico. Esto sería ajeno a todo el contexto. Además, el hablar en lenguas ocurrió en el día de Pentecostés, "el principio de la iglesia," así que no es una referencia a tiempo, sino a prioridad.

Los "dones mejores" se refieren a aquellos que directamente producen edificación, donde todos se benefician en su vida cristiana. Es probable que esta exhortación fuera necesaria porque algunos dones colocados en el final de la lista en categorías de menos prioridad, eran más llamativos, como el hablar en lenguas. Las exhortaciones dirigidas a toda la iglesia demandan un tipo de acción de parte de ella que sea "celosa o entusiasta" para con los dones que edifican.

La necesidad de estar contento con el don que Dios ha dado.

El énfasis en buscar dones, especialmente dones milagrosos, sería contrario al mismo contexto. En versículo 11 Pablo había dicho que Dios da los dones como El quiere. El buscar otro don del que Dios nos ha dado expresa insatisfacción con la selección de Dios para nuestra vida. En versículo 18 se reitera que los dones son colocados como Dios quiere. El creyente tiene que aceptar el don que Dios le ha asignado y no tener envidia de los dones de otros.

En el contexto tenemos cinco categorías de dones y un contraste entre dos caminos o estilos de vida. Un camino es el énfasis en los "dones mejores" y el otro es el ministerio de los dones en amor, en el que los creyentes se sirven los unos a los otros. Las acciones de amor son superiores a cualquiera de los dones.

Sin embargo, el camino del amor y el camino de los dones deben co-existir. El uno no excluye al otro, pues el texto está hablando de énfasis, no de exclusión. Los dones mejores deben ser enfatizados y protegidos, pero con la correcta motivación y atmósfera de un espíritu de amor, haciendo de las necesidades del prójimo la prioridad (Fil. 2:2-4).

Así que no hay ningún dicho en el N.T. o en toda la Biblia que indique que una persona deba buscar ciertos dones. Tampoco hay una indicación de que, si alguien lo hace, podría adquirir el don que buscaba. Al contrario, en 1 Corintios 12 se indica que los dones están repartidos como Dios planeó y ordenó y que cada creyente debe estar contento con el don que tiene. En la congregación, los dones espirituales que deben ser enfatizados con celo son los dones que edifican.

3. 1 Corintios 14:5

Los carismáticos quieren usar 14:5 para decir que todos los creyentes deben hablar en lenguas, porque Pablo dijo: "quisiera que todos vosotros hablaseis en lenguas ..."

La interpretación contradictoria

Esto sería exactamente lo contrario de lo que Pablo acabó de enseñar en 12:4-31, donde enfatizó el hecho de que todos no tienen el mismo don y específicamente en 12:30 donde declara enfáticamente que no todos hablan en lenguas. Basándose en este versículo, muchos carismáticos animan a todos los creyentes a hablar en lenguas en la oración, en la alabanza y en lenguas devocionales. Para cumplir con este deseo, ellos piensan que el uso en privado de las lenguas es necesario si se quiere crecer en auto-edificación. Este concepto no solamente contradice la enseñanza de que ningún don es común entre todos (12:17, 19), sino también contradice el mismo versículo donde Pablo dijo, "pero más que profeticéis". Las dos declaraciones son hipérboles, exageraciones contrarias a la realidad. Es igualmente imposible que todos hablen en lenguas como que todos profeticen. ¿Qué quería decir Pablo? Que dado el caso que todos pudieran tener uno de los dones, sería mucho mejor que el don fuera profecía, en vez de una lengua.

El significado del tiempo del verbo

El verbo "quisiera" (thelö), no es imperativo. Pablo no está expresando un mandamiento o algo imperativo para los creyentes. El verbo está en el presente, indicativo, activo. En otras palabras, es una expresión de deseo personal, pero no un mandato.

El significado del deseo de Pablo

Este tipo de expresión exagerada es común en los escritos de Pablo. En Romanos 9:3, "Porque deseara yo mismo ser anatema, separado de Cristo, por amor a mis hermanos." Pablo deseaba algo contrario a la realidad para demostrar su carga para ganar a Israel para Cristo. Pero por mucho que lo deseaba, tal cambio no sería posible.

En 1 Corintios 7:7, Pablo usó el mismo verbo (thelö) para expresar otro deseo: "Quisiera más bien que todos los hombres fuesen como yo", es decir, ¡soltero! Otra vez, vemos que thelö era una expresión de deseo, pero no mandato. Pablo usó tales expresiones para ilustrar un punto exagerado en su argumento para demostrar su punto, aunque no necesariamente fuera posible.

Lo que él quería decir era que si todos hablasen en lenguas, no sería tan provechoso como si todos profetizaran. Pero ninguna de las dos posibilidades son factibles. Todo el contexto está comprobando que los dones que resultan en la exhortación son muy superiores a los dones de señales, como el de lenguas. Sería muy extraño al contexto que Pablo enseñara que todos debían tener un don milagroso.

¿Cuál es el concepto bíblico de los milagros? Aquí no hablamos del don de milagros, sino de la naturaleza de los milagros en general. En Marcos 16:17-18, la interpretación de los carismáticos es que las señales milagrosas tienen que seguir a todos los que creen desde Pentecostés. La promesa en Marcos 16 no expresa condición alguna, así que no depende de nuestra fe, no depende de que los creyentes estén buscando un don de señal, no espera un avivamiento y no se refiere al comienzo y fin de la Iglesia. No es que "los que han creído" tenían que manifestar todas las señales, pero en las circunstancias de emergencia (beber algo venenoso o ser picado por una serpiente venenosa) no serían dañados. La autoridad de sanar a cualquier persona no contiene una condición, ni requiere una respuesta de fe de parte de la persona enferma. No existe la posibilidad de un fracaso en su sanidad.

Es evidente que estas señales no han seguido a todos los creyentes a través de la mayoría de la historia de la iglesia. Los casos aislados de la historia no han sido válidos. No existe ninguna evidencia de que algunos creyentes sean inmunizados a toda clase de veneno y serpientes. Si Marcos 16:17-18 significa que las lenguas están vigentes hoy y que siempre han estado presentes en la Iglesia, también significa que los creyentes pueden beber veneno sin que les haga daño. Algo está mal con la interpretación carismática. Como hemos visto, aquellas señales eran para los "once", para los que "habían creído" en aquel entonces, es decir, principalmente los apóstoles.

Puede ser que toda la pasión por hacer o ver milagros tal vez es sensacionalismo y falta el entendimiento de la naturaleza de lo milagroso. Al entender claramente los versículos en que se apoyan para probar que los milagros son para hoy, observamos que éstos no demandan que los milagros apostólicos estén ocurriendo todavía.

Ahora, debemos ver algunos aspectos importantes de la naturaleza de los milagros bíblicos.

CAPITULO
— 10 —
Categorías y Tiempos de los milagros

Hay varias preguntas que se deben hacer con respecto a los "milagros". ¿Qué es un milagro? ¿Existieron milagros en todas las épocas de la historia bíblica? ¿Son tan comunes los milagros en la Biblia? Muchas veces se llama "milagros" a cosas o eventos que tal vez no son tan milagrosos, sino más bien providenciales. ¿Cuál es la diferencia? Tenemos que formar nuestras opiniones y conceptos a partir de la evidencia bíblica.

Antes de analizar los dones vigentes en detalle es necesario entender ciertos conceptos con respecto a los milagros.

TRES CONCEPTOS BÁSICOS SOBRE MILAGROS

1. Una declaración específica no es necesaria siempre

Hay varias doctrinas cardinales que no tienen un versículo específico para probarlas. La doctrina está establecida inductivamente de numerosos versículos. No hay una doctrina más cardinal que la Trinidad, pero no existe un solo versículo que enseñe todo lo que hay acerca de la Trinidad.

Aunque no existe un solo versículo que enseñe la Trinidad, hay mucha evidencia con respecto a ella. Tampoco hay un versículo que declare que Jesús era Dios-Hombre, pero muchos que dicen que El era Dios y otros que era Hombre. La totalidad de la Escritura tiene que estar de acuerdo para considerar una doctrina como aceptada. El método de comparar varios versículos, sumando la evidencia, para llegar a una doctrina de acuerdo con toda la Escritura se llama Inductivo.

Así, vamos a presentar la evidencia de todas las partes de la Escritura en relación con los milagros y las lenguas. La conclusión no vendrá de un solo versículo, sino de la totalidad de la evidencia escritural. La totalidad de la Escritura cuenta igual como un solo versículo. Cada versículo es sumado a la evidencia de tal doctrina, pero ninguno lo prueba necesariamente en forma independiente. Este principio será aplicado luego con el estudio de las lenguas.

2. Hay categorías de milagros

Hay categorías de milagros. Los hermanos carismáticos dicen que si no creemos que Dios todavía produce el milagro de las lenguas, no creemos en la capacidad de Dios para realizar otros milagros. Si decimos que Dios no está dando lenguas, ¿también significa qué Dios no hace más milagros? ¡No! Dios sí hace milagros hoy en día. El hace milagros de protección, provisión, dirección de la vida en Su voluntad y El contesta las oraciones. Pero hay que entender que hay dos clases de milagros en la Escritura, a saber:

Primera Clase: Dios opera por las leyes de la naturaleza

Esta clase de milagros requiere la explicación, "Yo sé que Dios lo hizo". Esto es lo que pasó con Job en 1:16 (Un rayo de una tormenta destruyó su establo y sus animales). En el texto de Hechos 27:21-26, Pablo estaba viajando a Roma, pero Dios envió una tormenta para desviar su barco a la isla de Malta para cumplir un ministerio allí en Su voluntad.

Dios nos prometió que nos guiaría en Proverbios 3:5-6. Muchas veces usa circunstancias, consejeros o la Palabra para clarificar Su dirección para nosotros. Pero no es algo místico, como voces que aparecen en la noche, sino maneras prácticas que Dios usa para mostrarnos Su voluntad. En Ro 8:28 dice, "… a los que aman a Dios, todas las cosas les ayudan a bien." Todas las cosas que suceden en nuestra vida tienen propósito y ninguna es un accidente. El poder de Dios controla las circunstancias de nuestra vida.

Clasificamos tales eventos como milagros porque Dios se manifiesta evidentemente. Es demasiado decir, "¡Qué coincidencia!" Por lo menos, es evidente para el receptor cuando Dios interviene en su vida, por medio de Su protección, Su provisión de necesidades y Su dirección especial. Cuando se acaba nuestro dinero, la comida en la cocina desaparece y estamos desesperados, entonces, de repente, un señor que nos debía un dinero hacía tiempo, aparece para devolvernos el préstamo, esto es un milagro. Dios operó en la vida de tal señor para que devolviera el dinero exactamente cuándo lo necesitábamos. No hay coincidencias en la vida cristiana.

O cómo para un enfermo ya moribundo, los médicos descubren una nueva droga. ¿Será esto una casualidad? ¡No! Dios intervino. Dios arregla eventos muchas veces, para encontrarse en un punto estratégico de nuestras vidas. La primera clasificación de los milagros es en el sentido de que Dios interviene en nuestra vida por el control de eventos y la naturaleza para nuestro beneficio. Esto también puede ser llamado "Providencia", cuando Dios utiliza las leyes naturales al proveer para nuestras necesidades.

Segunda Clase: Dios puede violar las leyes de la naturaleza

Si alguien se cayó de un avión y por "suerte" cae en un árbol sobreviviendo "milagrosamente", no ha violado ninguna ley de la naturaleza. La providencia de Dios le protegió y es posible que esto ocurra. La segunda clasificación de los milagros, son aquellas cosas que en cualquier circunstancia natural, con todas las coincidencias que se pudieran imaginar, no serían posibles. Ejemplos de esta clase de milagros en la Biblia son: dividir el Mar Rojo, la protección de Daniel de los leones, los tres amigos de Daniel en el fuego, Eliseo y el hacha que flotó, etc. Además tenemos las sanidades instantáneas, el cambio de agua en vino, el sol detenido por Josué. No existe ninguna explicación natural para tales milagros.

Al leer la Biblia, uno nota que este tipo de milagros no estuvo ocurriendo todo el tiempo, sino que hubo ciertos períodos que se caracterizaron por estos milagros especiales.

3. Hay características de los tiempos de milagros:

En el registro de la Biblia se observan tres divisiones de la segunda clase de milagros:

División 1: Milagros en Períodos de Revelación Especial

Hay tres períodos de revelación especial: de Moisés y Josué, de Elías y Eliseo y de Cristo y los apóstoles. Durante estas épocas el milagro era la norma. Tan común fue el milagro que no sorprendía a nadie. La historia revela que siempre eran períodos definidos. Durante períodos de Revelación Especial, Dios usó los milagros para atraer la atención hacia Su mensaje y Su mensajero.

Cuando se dice que eran la norma, no quiere decir que todo el mundo estaba haciendo milagros, sino que a las pocas personas que Dios usó como instrumentos en tales períodos de revelación, Dios dio capacidades milagrosas para comprobar Su mensaje. La norma para ellos era ver milagros en su presencia.

División 2 : Milagros en Períodos extraordinarios

A estos períodos pertenecían la dirección de la nación de Israel y la fundación de la Iglesia. Por ejemplo, el período de las plagas en Egipto, Elías en el debate con los profetas de Baal y los tempranos milagros de la fundación de la Iglesia, todos eran períodos extraordinarios que no continuaron y tampoco se pueden volver a producir. La historia revela que tales períodos eran temporales. Muchos de los milagros no se repitieron jamás. Moisés llamó a las diez plagas a su voluntad; Elías paró la lluvia y anunció su regreso; el apóstol podía declarar al mentiroso muerto, y resucitar a los muertos; etc.

Nunca en la Biblia tenemos la continuidad de los milagros, ni es revelado en el plan de Dios para tal continuidad.

División 3: Milagros en Períodos de Excepciones

Durante estos períodos, los milagros no fueron la norma, sino la excepción. Unos ejemplos de estos períodos serían la fuerza de Sansón, la visión de Gedeón, los sueños de Daniel y los tres israelitas en el horno de fuego en

Babilonia. Estos milagros son pocos y raros en comparación con las épocas de los profetas y los dones especiales. Indudablemente hubo más, pero no eran la norma como en los períodos de revelación.

¿En cuál período estamos hoy? Estamos en un período de Excepciones. Sin lugar a dudas Dios continúa haciendo milagros, pero no es la norma, sino la excepción. En el plan de Dios, la gran mayoría de la historia ha sido marcada con períodos de excepción, es decir, de pocos milagros.

HAY TRES PERÍODOS DE REVELACIÓN ESPECIAL

En toda la historia de la Biblia solamente aparecen tres períodos de milagros. Algunos piensan que en las Escrituras hay una serie continua de milagros desde el principio hasta el fin, pero en realidad, los milagros en la Biblia son la excepción y siempre están en relación con el cumplimiento de las promesas de Dios a los judíos. No son tan normales los milagros, sino que se encuentran agrupados en tres épocas.

Muchas de las promesas bíblicas en relación a milagros pertenecen al tiempo de la segunda venida de Cristo y Su reino, así que son todavía futuras. Por ejemplo: "Y derramaré sobre la casa de David y sobre los moradores de Jerusalén, espíritu de gracia y de oración" (Zac. 12:10). Esto no tiene nada que ver con Pentecostés, pues el versículo 9 nos dice que será cuando Jehová destruya las naciones que vienen contra Jerusalén y tal destrucción estará concentrada en el valle de Meguido (Armagedón) (v. 11). Esta profecía tiene que ver con la segunda venida de Cristo (Ap. 19). Israel mirará a Jesús, "a quien traspasaron y llorarán" (Zac. 12:10).

Hoy podemos confiar en Su dirección milagrosa, Su consolación en nuestra vida y Su cuidado providencial. Podemos esperar que Dios intervenga milagrosamente en respuesta a la oración.

En realidad, en la historia bíblica, solamente hay tres épocas de milagros. Habrá otro tiempo de milagros en la Segunda Venida de Cristo. Entre las épocas de señales milagrosas hubo siglos de escasez de milagros. El milagro fue la NORMA únicamente durante estos tres períodos.

Moisés y Josué (1441 a 1370 A.C.)

Todos los milagros se relacionaron con la redención de Israel de Egipto y su supervivencia en el desierto por 40 años. Es importante notar que los milagros no continuaron, porque no eran necesarios para siempre. En Josué 5:11-12 encontramos la razón por la que cesó el maná como provisión diaria de Israel: tenían "los frutos de la tierra de Canaán" y no lo necesitaban más. Esto es un principio muy importante: Dios provee lo que Sus hijos verdaderamente necesitan, pero nada más.

Después de Josué pasaron 500 años hasta que Dios permitió que hubiera señales milagrosas otra vez. En el intervalo ocurrieron algunos milagros de vez en cuando, pero no como en una época de milagros.

Elías y Eliseo (870 a 785 A.C.)

En un tiempo de apostasía en la historia de Israel, Dios levantó dos profetas para aconsejar y exhortar a la nación. En medio de tanta religión falsa, necesitaron milagros para demostrar ser de Dios verdaderamente e identificarse con Moisés. Pero después de entregar sus mensajes, los milagros cesaron. Luego de Eliseo, hubo muchos profetas, pero ninguno con el don de hacer milagros como Elías y Eliseo.

En la introducción de nuevas épocas, no es raro que Dios utilice el milagro para decir que algo está pasando y que la nueva época es de El. La época de los profetas fue introducida por Elías y Eliseo y luego muchos profetas siguieron sus ejemplos y predicación. Aún establecieron escuelas de profetas, pero no hay evidencia de que alguno de aquellos estudiantes tuviera la capacidad de hacer milagros como ellos.

Después de Eliseo, hubo un lapso de más de 800 años hasta que Dios comenzó de nuevo a mostrar señales milagrosas a Su Pueblo Israel.

Cristo y los Apóstoles (28 a 90 D.C.)

La tercera época de milagros fue la de Cristo y los apóstoles. En Juan 20:30-31, vemos el propósito de las señales: "Hizo además Jesús muchas otras señales en presencia de sus discípulos ... pero éstas se han escrito para que creáis que Jesús es el Cristo, el Hijo de Dios ..." El propósito fue para comprobar Su Deidad. Una vez que fue comprobado que Cristo era Dios en forma humana, que El era el Mesías, el Emanuel (Dios con nosotros), no hubo más necesidad de que los milagros continuaran.

Los apóstoles, por un tiempo, continuaron haciendo los milagros como una señal de comprobación de su autoridad. En 2 Corintios 12:12 se llama a tales milagros "señales de apóstol", es decir, que la autoridad de un apóstol fue su autoridad para hacer "señales, prodigios y milagros."

Después de la aceptación de su autoridad, los milagros cesaron. Siempre cuando hubo épocas de milagros, éstos tenían dos propósitos:
(1) Autenticar la nueva revelación.
(2) Verificar al (los) hombre(s) que iba(n) a presentar la nueva revelación.

En Éxodo 4:1-5, Dios declaró Su propósito en dar a Moisés el don de cambiar la vara en culebra: era para que Israel creyera que Dios en verdad se había aparecido a Moisés. Lo hizo una vez delante de Israel y no tuvo que hacerlo otra vez. Fue lo mismo con la mano leprosa. Moisés no tuvo que repetir este milagro cada vez que alguien comenzaba a dudar de su autoridad como líder. ¡No! Ocurrió una sola vez. La repetición oral de la historia era suficiente para confiar en su liderazgo y mensaje. Sería absurdo pedir a Moisés, "¿No sería posible hacerlo una vez más para darnos más confianza?" La evidencia fue dada una sola vez. Los que quisieron aceptar la señal, la aceptaron. Los que no quisieron aceptar la evidencia que Dios había dado a través de Moisés, dudaron de su autoridad y perecieron en el desierto.

En Hebreos 2:3-4, Dios dio a los que personalmente le oyeron, la autoridad de hacer las "señales y prodigios y diversos milagros y repartimientos del Espíritu Santo según su voluntad" con el propósito de CONFIRMAR el mensaje de la salvación por Cristo. En cada una de las tres épocas de milagros los dos propósitos son cumplidos por medio de las señales. En cada ocasión las señales terminaron cuando hubieron cumplido su confirmación. La Iglesia primitiva quedó convencida de que el mensaje de los apóstoles tenía la misma autoridad que el de Jesús. Por esto, "perseveraban en la doctrina de los apóstoles" (Hc. 2:42).

Ahora, hay un punto de vista muy importante: los milagros no aparecieron hasta que llegó el mensajero y su revelación; ¡nunca antes! En la Biblia, los milagros siempre están en relación con una crisis, un cambio que Dios quiere efectuar y los líderes envueltos en tal cambio. NUNCA continúa después de las vidas de tales líderes. Por eso debemos esperar el restablecimiento de una época milagrosa DESPUES de la venida de Cristo. ¡No Antes! Históricamente, cuando aparece una abundancia de milagros, ésta tiene relación con un cambio que Dios quiere efectuar y la confirmación de la autoridad de los líderes de tal cambio.

En el siguiente diagrama, note el contraste entre la duración de los períodos de milagros y la de los períodos de silencio o ausencia de ellos:

Moisés y Josué Duró ±70 años 1441-1370 A.C.	500 años Silencio	Elías y Eliseo Duró ±70 años 870-785 A.C.	814 años Silencio	Cristo y apóstoles Duró ±70 años 28-95 D.C.	1.900 años Silencio

En cada caso, los milagros cesaron con la muerte de los personajes principales de cada período. En realidad, la Biblia no es una historia continua de milagros. El tiempo pasado del verbo "fue confirmado", en Hebreos 2:3-4, indica que cuando Hebreos fue escrito (± 66 D.C.) el período de la confirmación era ya algo pasado, algo ya aceptado. La autoridad del mensaje y los mensajeros apostólicos no quedó en duda: fueron confirmados. Hoy día nosotros aceptamos la misma evidencia como la base de nuestra fe.

No hay duda que Dios hace milagros en respuesta a la oración. Pero el interrogante es si los milagros son hoy la norma de operación como en las épocas especiales. Esto es lo que pretenden sostener los carismáticos, pero la Biblia no dice así. Dios no tiene que volver a comprobar lo que ya ha comprobado.

CAPITULO
— 11 —
Principios de
1 Corintios 12-14

Antes de analizar específicamente el don de lenguas, sería importante que establezcamos los principios bíblicos referentes a todos los dones. En el pasaje de 1 Corintios 12 a 14, Pablo establece principios generales para el uso de los dones y una guía específica con respecto al don de lenguas. El argumento de Pablo tiene tres divisiones con varios subpuntos. Primeramente veremos estos principios que en número de diez se aplican a todos los dones por igual, luego diez argumentos para la inferioridad de las lenguas y finalmente diez reglas para el uso de las lenguas.

¿Por qué el énfasis en los principios generales de los dones? La única manera para distinguir un don genuino de uno falso es compararlos con lo que la Biblia dice acerca de los dones. Si un "don" no actúa de acuerdo a los principios bíblicos, lógicamente se tiene que concluir que aquel don no es bíblico.

En todos los textos que tratan el tema de los dones, muy pocos tienen muchos detalles o descripciones. El don de lenguas tiene la mayor porción del texto bíblico porque la iglesia de Corinto necesitaba mucha corrección en cuanto a la práctica de los dones, especialmente el de lenguas. Además, el pasaje de 1 Corintios 12-14 fue escrito precisamente para corregir el abuso del don de lenguas, pero en la corrección Pablo también estableció los principios generales que gobiernan el uso de los demás dones. En la forma en que está escrito, parece que la iglesia estaba violando muchos de los principios, especialmente en cuanto a la práctica de las lenguas.

Para dar autoridad a su argumento Pablo concluyó su exposición de tres capítulos (12 - 14) con la autoridad apostólica en 14:37:

> *Si alguno se cree profeta, o espiritual, reconozca que lo que os escribo son **mandamientos del Señor**.*

Estas enseñanzas acerca de los dones no son solamente la opinión de Pablo o algunas opciones que el creyente puede decidir obedecer o ignorar. Lo que haremos será presentar los principios que el Señor estableció para la práctica de los dones espirituales genuinos y así poder discernir la manifestación falsa de la verdadera. En 1 Corintios 12-13 hay Diez Principios que se aplican a todos los dones. Luego en 1 Corintios 14 hay Diez Argumentos para la Inferioridad del don de lenguas, seguido por Diez Reglas que específicamente se aplican a este don.

La enseñanza carismática de que cada creyente debe buscar y practicar el don de lenguas (y el de sanidades, etc) para tener poder y ser eficaz en el ministerio, debe ser comparada con lo que dicen las Escrituras. Si estos principios contradicen sus enseñanzas, éstas deben ser rechazadas.

DIEZ PRINCIPIOS DE LOS DONES

1. Cada creyente tiene su(s) propio(s) don(es) (1 Co. 12:8-11)

El primer principio se encuentra en 1 Corintios 12:7, 11. Dice que la manifestación del Espíritu ha sido dada a "cada uno," y "repartiendo a cada uno en particular ..." Esta última frase puede ser traducida "cada uno individualmente" o "cada uno por separado." Cada creyente tiene su don, tanto hombres como mujeres, espirituales o carnales. No hay condiciones ni exclusiones que indiquen que los recién nacidos en Cristo no tengan dones. Al contrario, se declara en forma diáfana que cada creyente recibe un don cuando es puesto en el Cuerpo de Cristo (12:13).

En Efesios 4:16 se reitera este principio: "de quien todo el cuerpo, bien concertado y unido entre sí por todas las coyunturas que se ayudan mutuamente, según la actividad propia de cada miembro ..." Las expresiones: "todas las coyunturas" y "cada miembro", indican que cada creyente tiene un ministerio, función o don en el Cuerpo de Cristo. Si la declaración incluye a todos los creyentes, esto implica que los dones se reciben en el momento de la salvación, porque aún los recién convertidos, que también son miembros del cuerpo, tienen dones o ministerios.

De acuerdo a estos versículos es imposible que haya un creyente sin un don o más. En 1 Pedro 4:10 es más clara la idea, "**Cada uno** según el don que ha recibido, minístrelo a los otros". Dios distribuyó los dones a cada creyente para tener un ministerio en los demás. Cuando el Espíritu se recibe, El trae consigo todos Sus dones para manifestarlos en cada vida. Lo importante aquí es que cada creyente tiene su don, desde la morada del Espíritu y cada uno es único, diferente y especial. Dado que todos los creyentes tienen un don, esto les hace útiles y necesarios en el funcionamiento del Cuerpo de Cristo.

La idea de que el creyente debe elegir y buscar su don, no es bíblica. Pues ya tiene el don que Dios le repartió.

2. El propósito de los dones es beneficiar a otros (1 Co. 12:7, 25)

Primera Corintios 12:7 dice que "a cada uno le es dada la manifestación del Espíritu para provecho". La palabra "provecho" es sumferon en el griego, que quiere decir "llevar juntos, contribuir mutuamente." En Las Américas dice, "para el bien común". El don apunta a cómo beneficiar a otros.

Este es el concepto que Pablo concluye que es el énfasis del ministerio de los dones, en versículo 25: "sino que los miembros todos se preocupen los unos por los otros." Todo el concepto del ejercicio de los dones, motivado por amor a otros, indica que el beneficiario de los dones es el prójimo. En

1 Corintios 13:5, se declara que el don ejercitado por amor "no busca lo suyo". Así que cuando el don es usado, teniendo como motivación el amor, no habrá provecho para el usuario en forma directa. Los dones son para el beneficio de otros.

En capítulo 14, el énfasis está en la necesidad de edificar a los demás, así que el usuario es el instrumento de la bendición a otros (vea 14:3, 6, 12, 26).

En 1 Pedro 4:10 tenemos la orden de "ministrarlo a los otros". Fíjese que no dice "minístralo a ti mismo". Así que, es un mandamiento para ejercitar los dones en beneficio de los demás. Para ser un buen administrador de lo que Dios nos dio, deben ser usados para ayudar a otros. No existe ningún versículo que enseñe que Dios dio los dones para beneficio personal del creyente que los posee. Al contrario, el propósito es crear una interdependencia de los ministerios, el uno sirviendo al otro.

¿Puede imaginar el don de enseñanza utilizado para el poseedor? ¿El don de repartir? ¿El don de misericordia? ¿El don de evangelismo? etc. Ningún don es para el beneficio de los que lo poseen, sino para el beneficio de los demás.

Los dones son el poder de Dios para que los miembros del Cuerpo tengan la fuerza para suplir las necesidades de los demás. Algunos dones están orientados hacia un ministerio a los incrédulos, mientras la mayoría están orientados hacia los creyentes.

3. El creyente no determina cuáles son sus dones, al contrario, Dios es quien decide. (1 Co. 12:11)

Otro principio que es fundamental para todos los dones es que éstos son repartidos conforme a la voluntad soberana de Dios, no conforme a los deseos de los hombres. En 1 Corintios 12:11 leemos que Quien decide qué dones recibe cada creyente es, "el mismo Espíritu, repartiendo a cada uno en particular como él quiere." En Las Américas dice "según la voluntad de El". El mismo concepto está repetido en 12:18, "Dios ha colocado los miembros cada uno de ellos en el cuerpo, como él quiso". O "según le agradó" como leemos en Las Américas. El repartimiento de los dones a cada creyente en su experiencia de salvación ocurrió sin consultar con el individuo. Dios lo hizo como bien le pareció, para cumplir Su voluntad.

Todo el propósito de 1 Corintios 12:12-20 es demostrar que todos los dones son necesarios y que una persona no debe considerar su propio don insignificante porque otra tenga un don más espectacular. Esto está implicado en 12:15, "Si dijere el pie: Porque no soy mano, no soy del cuerpo, ¿por eso no será del cuerpo?"; y en 12:16, "Si dijere la oreja: Porque no soy ojo, no soy del cuerpo, ¿por eso no será del cuerpo?" Pablo quiere decir que nadie debe sentirse insignificante porque no tenga cierto don y al contrario, nadie debe decir que es importante porque tenga tal don en particular. Toda esta sección se basa en el hecho de que el individuo no eligió su don y no puede cambiarlo por uno que prefiera. El pie no puede cambiarse a mano. Así que debe estar satisfecho con ser pie. El resto de 1 Corintios 12 se basa en este principio.

Romanos 12:3-8 enfatiza el servicio en humildad, conforme a lo "que Dios repartió a cada uno" (v. 3). Se debe pensar "con cordura" en vez de egoístamente. El "porque" de versículo 4 hace la conexión con el pensamiento anterior, demostrando que la tendencia de exaltar su propia importancia está en relación con el don que el creyente ha recibido al compararlo con el de otros. El argumento de Pablo carecería de validez si los creyentes pudieran obtener dones específicos por buscarlos.

No hay ningún pasaje en la Biblia que hable de alguien que recibió un don por desearlo. La única vez que alguien lo intentó está en Hechos 8:18-24, cuando Simón el mago buscó el poder de repartir el Espíritu por la imposición de manos; aunque éste no es un don mencionado en las listas de los dones, Pedro lo llamó el "don de Dios" (v. 20). En realidad no sabemos exactamente cuál fue la motivación del mago, pero la reacción de Pedro indica que en su deseo había "maldad" y que su pensamiento y su "corazón (deseo) no era recto delante de Dios." La condenación es contra la idea de obtener el "don de Dios" por medios humanos. Un ejemplo actual sería la enseñanza de repetir ciertas frases, vez tras vez, más rápido cada vez, en la esperanza de obtener el don de lenguas.

¿Qué de los versículos que al parecer sugieren que han de buscarse los dones mejores? La palabra "procurad" (zëloö en 12:31; 14:1, 39) da la idea, en el griego, de "ser celoso o enfatizar". Es una actitud ("celo, protección; énfasis") en vez de una acción ("buscar"). El pasaje está dirigido a toda la congregación para restringir las acciones de algunos durante la asamblea y lograr que fueran entusiastas por otros dones prioritarios. El énfasis del contexto es motivar a la iglesia a que adoptara como prioridad la edificación que tiene por ampliar el entendimiento, a través de los dones prioritarios: apóstol, profeta, maestro (1 Co. 12:28).

Otros verbos (zëteö, oregö = "buscar" y thelö, epithumeö y boulomai = "desear") nunca son usados con referencia a los dones espirituales, pero sí se usan en muchos otros contextos. Cuando Pablo quería que alguien buscara el "obispado" en 1 Timoteo 3:1, él usó dos verbos, oregö y epithumeö , pero no zëloö . Esta es un área de servicio, no un don. La actitud de desear y buscar más dones u otros dones aparte de los que Dios nos ha dado, no se encuentra en la Biblia.

4. Hay unidad en la diversidad (1 Co. 12:24-25)

El plan de Dios es crear una unidad en la diversidad. La metáfora en 1 Corintios 12 es la de un "cuerpo" que representa a todos los creyentes, especialmente en una congregación y "miembros" que representan a los diferentes dones. Debe notar que los "miembros" no son personas en el contexto, sino dones. Obviamente son personas que poseen dones, pero el énfasis está en el don, no en las personas. Una persona puede tener varios dones, pero el texto compara un don con el otro.

Así, "el cuerpo es uno y tiene muchos miembros (dones)" (12:12). Tenemos por lo menos 20 dones nombrados en el N.T. Si aceptamos que Dios puede hacer combinaciones de dones o mezclas de ellos, llegamos a un número casi infinito de variedades posibles. La unidad en medio de tanta diversidad es posible cuando todas las personas dotadas están "sintiendo la misma cosa" (Fil. 2:2), es decir cuando "se preocupan los unos por los otros" (1 Co. 12:25). Ningún don motiva a la persona a preocuparse por sí mismo, sino por los demás.

En 1 Corintios 12:24, leemos que "Dios ordenó el cuerpo ... ", donde encontramos un verbo muy interesante. Es el verbo sunekerao que quiere decir que los "mezcló." Es usado cuando un pintor mezcla sus colores en el tablero antes de pintar. La razón porque el Cuerpo es tan hermoso, es que Dios está pintando una imagen del Cuerpo de Cristo con los dones del Espíritu que El ha colocado. Cambiar la colocación de los dones arruinaría el cuadro del Cuerpo que Dios está pintando.

Efesios 4:16 dice " ... el cuerpo, bien concertado y unido entre sí por todas las coyunturas que se ayudan mutuamente, según la actividad propia de cada miembro ... " La palabra "concertado" es la palabra que encontramos en 2:21 "bien coordinado". La raíz de la palabra es coyunturas que han sido fijadas en unión. Es como una sinfonía en concierto, muchos diferentes instrumentos funcionando en armonía, cada uno contribuyendo con lo que el otro no puede, con el propósito de cubrir todo lo necesario para un buen sonido. Así es el Cuerpo de Cristo. Si todos fueran el mismo instrumento, no habría armonía ni un sonido agradable. Con la diversidad de dones comprometidos unos a otros para ayudar a los demás, tenemos un hermoso cuadro del Cuerpo de Cristo.

5. El poseedor de un don no debe envidiar, ni desear otro. (1 Co. 12:7, 11, 18)

Puesto que Dios distribuye los dones como El quiere (1 Co. 12:7, 11, 18) con el propósito de que el creyente pueda cumplir Su voluntad, el creyente no debe menospreciar lo que tiene deseando poderes más grandiosos.

Normalmente aspiramos a los dones que traen más reconocimiento.

Pablo quería combatir la tentación de cambiar la ubicación de un miembro en el cuerpo en 1 Corintios 12:15, "Si dijere la oreja: Porque no soy ojo, no soy del cuerpo, ¿por eso no será del cuerpo?" Lo que movió a Pablo a escribir este versículo fue el énfasis desmedido que los corintios habían colocado sobre ciertos dones, especialmente lenguas, hasta el punto de que algunos se sentían excluidos por no tener tal don. Pensar así no es bíblico.

El pasaje en Romanos 12:3-8 enfatiza la humildad y el uso de los dones como Dios los ha dado. La palabra "porque" del v.4 conecta los dos versículos para comunicar la tendencia del creyente a exaltar su propia importancia con respecto al don que tenga en comparación con los demás dones.

Debe notarse que la única vez en el Nuevo Testamento cuando alguien deseó y buscó tener un don ocurrió en Hechos 8:18-24, cuando Simón buscó el poder de repartir el Espíritu a otros por la imposición de manos. Este poder estaba relacionado con el poder o autoridad de ser apóstol (He. 2:4). No sabemos por qué lo quería, pero Pedro le condenó por desear un don que no le correspondía: "Arrepiéntete, pues, de esta tu maldad y ruega a Dios, si quizás te sea perdonado el pensamiento de tu corazón" (Hc. 8:22). El concepto de desear un don que no nos ha sido dado es totalmente contrario a la enseñanza del N.T.

Los pasajes de 1 Corintios 12:31; 14:1, 12, 39 ya fueron considerados, porque parece que estuvieran en contradicción a este principio, pero no es así. Todo el énfasis del N.T. con respecto al creyente y su servicio a Dios, está en desarrollar su ministerio alrededor del don o dones que la voluntad de Dios ha colocado en su nueva vida por el Espíritu, para bien de otros. Todo el propósito de 1 Corintios 12:19-27 es mostrar la importancia de cada don. Ningún don ha de ser preferido a otro cuando se entienden estos dos factores:

(1) Es Dios quien "ordenó" los miembros del cuerpo, es decir, que Dios mezcló los dones en la formación del cuerpo como El quiso (12:18). Desear otro don es quejarse contra el plan y voluntad de Dios para su vida y ministerio. Todo esto implica que la posesión de un don no es consecuencia de nuestras oraciones o deseos. Dios coloca los dones para cumplir Su propósito en el Cuerpo.

(2) Dios prometió que El dará "más abundante honor al que le falta" (12:24). Esto nos da a entender que Dios va a equilibrar el asunto del "honor" un día. Tal vez quien ahora recibe todo el honor de tener los dones de presidir, liderazgo, exhortar, enseñanza, etc., no reciba tanto en aquel entonces; mientras que quien posee un don "invisible" ahora, pueda

recibir "más abundante honor", es decir, aquel don que no es muy obvio, visible o público. Así habría equilibrio en el reconocimiento de los dones delante de Dios. A nadie le faltará su recompensa si el don es ejercitado para la honra y gloria de Jesús. Pero si, por el contrario, el ejercicio del don tiene la motivación de buscar fama o reconocimiento terrenal ya tiene su recompensa (Mt. 6:1-4).

Ningún don tiene más valor que otro delante de Dios. Si se ejercitan conforme a la Palabra de Dios y para Su gloria, tendrán su recompensa por igual.

6. Los dones están categorizados de acuerdo a su prioridad. (1 Co. 12:28)

Aunque no existe una diferencia en cuanto al valor de un don delante de Dios con respecto a los demás, pues todos son iguales, en la vida práctica de un ministerio es necesario que alguien tenga el liderazgo, que esté capacitado para enseñar y otro para presidir y exhortar. Dar honor a los que tienen más alta prioridad ahora, no indica que los demás dones sean inferiores. Simplemente son diferentes. Se los considera menos importantes, y son menos enfatizados en la congregación, porque no contribuyen directamente a la edificación de otros.

La prioridad en orden numérico se declara específicamente en 1 Corintios 12:28, "Y a unos puso Dios en la iglesia, **primeramente** apóstoles, **luego** profetas, lo **tercero** maestros, **luego** los que hacen milagros, **después** los que sanan, los que ayudan, los que administran, los que tienen don de lenguas."

Es evidente que en la iglesia de Corinto había un énfasis equivocado sobre los dones, especialmente con respecto al don de lenguas, al que otorgaban un carácter prioritario, cuando en realidad pertenece a la quinta categoría de los dones. La discusión sobre el don de lenguas está mencionada solamente en 1 Corintios 12-14, donde el propósito es restar la importancia que le había sido dada, pues había un desequilibrio en cuanto a su debida prioridad y énfasis que recibía. El don de lenguas pertenece a la quinta categoría y por tanto no debe tener mucha importancia en el cuerpo.

No hay evidencia alguna de que otra iglesia en el primer siglo, aparte de la de Corinto, practicara el hablar en lenguas y nunca encontramos insinuación alguna de que el creyente deba buscar las lenguas. Por el contrario, todo el énfasis del N.T. es desanimar tal práctica; y fue tal este énfasis, que Pablo pensó que el don genuino podría haber sido apagado por la fuerza de la amonestación, por lo cual escribió: "no impidáis el hablar en lenguas" (14:39). Las reglas y principios de los dones iban a controlar su práctica y demostrar cuándo cualquier don era falso.

Cuáles dones tienen prioridad, es indicado por el valor numérico en el griego. El texto dice literalmente, "**primeramente** apóstoles, **segundo** profetas, **tercero** maestros, luego poderes, entonces dones de curaciones, ayudas, gobernaciones, géneros de lenguas." La secuencia no se refiere al tiempo en que fueron dados, sino a la prioridad que se les dio. Los apóstoles tenían la prioridad como es evidente en Hechos 2:42, pues los primeros creyentes "perseveraban en la doctrina de los apóstoles ... " Luego estaban los profetas y después los maestros. Obviamente, Pablo no incluyó todos los dones en la lista, pues fácilmente nos damos cuenta de la ausencia de evangelistas y pastores, pero sí los suficientes como para comunicar que las lenguas tienen una prioridad inferior en comparación a los otros dones en la Biblia. No es coincidencia que las lenguas estén en la última posición de la quinta categoría. Pero lo que notamos es que tanto las lenguas, como sanidades y milagros tienen todos menor prioridad que el don de enseñaza en la Biblia.

Cuando Pablo exhortó a los de Corinto diciendo "Procurad, pues, los dones mejores" (12:31), les ordenó a ser celosos en enfatizar los dones de más alta prioridad en la lista. En 1 Corintios 14, la base del argumento es que el don de profecía es más importante que el don de lenguas. El capítulo termina con el mismo tema, "procurad (sed celosos por) profetizar" (14:39). Tanto había declarado Pablo el poco valor de las lenguas y que no tenían valor de edificación alguna sin la interpretación correspondiente, que los Corintios iban a concluir que las lenguas debían ser eliminadas por completo. Así que tuvo que terminar diciendo: "no impidáis el hablar lenguas" (14:39). Sin embargo, el énfasis de Pablo es obvio. Las lenguas, sin interpretación, no tienen prácticamente valor alguno, así que son de muy poca importancia y por tanto de menor prioridad. Pablo escribió para corregir el error de enfatizar las lenguas. Así que se puede decir con certeza que cualquier individuo, grupo o iglesia, que enfatiza las lenguas, está igualmente en error. Aún si el don de lenguas fuera genuino, tal énfasis sería equivocado y contrario a la Biblia.

Los dones son usados en el Nuevo Testamento para diferentes propósitos en la Iglesia. Hay tres propósitos principales que surgen del estudio del tema. Todos los dones no tienen el mismo propósito en la voluntad de Dios. A continuación veremos tres diferentes propósitos:

(1) El Propósito de confirmar el mensaje.
En Marcos 16:20, Dios obró a través de los apóstoles "confirmando" el mensaje de la salvación por Cristo Jesús. En Romanos 15:19, Pablo dijo: "con potencia de señales y prodigios, en el poder del Espíritu de Dios ... todo lo he llenado del evangelio de Cristo". El propósito de confirmar el mensaje fue parte integral del don de apóstol como es evidente e n 2 Corintios 12:12, "Con todo, las señales de apóstol han sido hechas entre

vosotros en toda paciencia, por señales, prodigios y milagros". En el libro de Hechos es casi exclusivo de los apóstoles el hacer milagros y señales, "Y por la mano de los apóstoles se hacían muchas señales y prodigios en el pueblo" (5:12).

(2) El propósito de entrenar y perfeccionar a los santos.

En Efesios 4:11-14, los hombres que tienen dones especiales son dados a la Iglesia para entrenar a los demás en madurez espiritual, unidad, estabilidad en doctrina, conocimiento del Hijo de Dios y desarrollar el potencial para servir a Cristo que cada creyente tiene.

(3) El propósito de servir a los demás.

Los dones son importantes porque capacitan a la persona para servir a los demás. La Biblia de las Américas 1986, traduce 1 Corintios 12:7, "Pero a cada uno se le da la manifestación del Espíritu para el bien común". Esto es, se da la energía y motivación para contribuir y beneficiar a los demás en diferentes maneras. En la Biblia, los que se benefician por los dones, no son las personas que los poseen, sino aquellos a los cuales pueden ministrar. El propósito de Dios en dar los dones está en el ministrar a otros, no en el beneficio del poseedor del don. Y las lenguas no son una excepción.

7. Es imposible que todos los creyentes posean el mismo don. (1 Co. 12:29-30)

En 1 Corintios 12:29-30, se hace claro que ningún don es para todos los creyentes. "¿Son todos apóstoles? ¿Son todos profetas? ¿Todos maestros? ¿Hacen todos milagros? ¿Tienen todos dones de sanidad? ¿Hablan todos en lenguas? ¿Interpretan todos?" La respuesta obligatoria para cada pregunta en el griego es "¡no!" En el griego hay dos negativos: ou y më. Cuando se introducen en preguntas, el primero puede aceptar la respuesta "sí" o "no", pero më hace obligatoria la respuesta "no". Todas estas preguntas contienen më, así que se traducen: "¿No todos son apóstoles? ¿No todos son profetas? etc." La idea es: "Todos no son apóstoles, ¿cierto? Todos no son profetas, ¿cierto? etc."

Esto no es una denuncia contra los que no hablan en lenguas, o sanan, sino una declaración enfática de que no es el plan de Dios que todos tengan un mismo don, sea lenguas, sanidades u otro cualquiera. Dios no tuvo la intención de que todos profeticen, o todos sean maestros, hagan milagros o hablen en lenguas.

Sería contrario a todo el contexto decir que todos deben tener el mismo don: "Si todo el cuerpo fuese ojo, ¿dónde estaría el oído?" (12:17) y "Si todos fueran un solo miembro, ¿dónde estaría el cuerpo?" (12:19). La idea de que todos deben tener el mismo don, destruiría el concepto de cuerpo:

así también la idea de que todos deben tener un don (lenguas) y además otro don distinto, es una mera invención humana.

En Romanos 12:4-6, Pablo declaró que es imposible que todos los creyentes tengan el mismo don: "Porque de la manera que en un cuerpo tenemos muchos miembros, pero no todos los miembros tienen la misma función, así nosotros, siendo muchos, somos un cuerpo en Cristo … De manera que, **teniendo diferentes dones**, según la gracia que nos es dada, si el de profecía, úsese conforme a la medida de la fe". El Cuerpo consta de muchos miembros diferentes, con diferentes capacidades.

El tema principal de 1 Corintios 12 es comunicar el concepto de diferentes dones dados a cada creyente. Fíjese en los siguientes dichos: "Hay diversidad de dones" (v. 4); "Porque a éste es dada por el Espíritu palabra de sabiduría; a otro, palabra de ciencia según el mismo Espíritu" (v. 8). En versículos 17-22 Pablo declaró que todos no pueden tener el mismo don: "Si todo el cuerpo fuese ojo, ¿dónde estaría el oído? Si todo fuese oído, ¿dónde estaría el olfato?" Pablo enfatizó que todos los creyentes nunca pueden tener el mismo don y que cada don es importante. Obviamente estaba corrigiendo un problema similar al del presente.

Los carismáticos enseñan que todos los creyentes pueden y deben rogar al Padre por un solo don, el de lenguas especialmente. Al decir: "todos los creyentes deberían hablar diariamente en lenguas durante sus oraciones," parece que no han leído el versículo 30.

Así que la gramática griega y el contexto concuerdan en que es imposible que un don sea universal entre los creyentes. Los que hablaban en lenguas genuinas fueron una minoría de la congregación en el plan de Dios.

8. Ningún don sirve sin Amor. (1 Co. 13:1-3)

Después de establecer el orden de prioridades con respecto a los dones, Pablo demuestra que ningún don sirve a otros si no se ejercita en amor. En 1 Corintios 13:1-3, cualquier don — ya sea hablar en cualquier lengua, entender toda profecía (que nadie tenía, 13:9), tener todo el conocimiento, o toda la fe como para mover montañas (que nadie poseía), o tener el don de repartir hasta el punto de dar todo lo que se tiene, e incluso entregar su cuerpo para ser quemado (algo que Pablo no había hecho) — si no es ejercitado en amor, entonces no cumple el propósito de los dones.

En el contexto general Pablo está hablando de dones y en el contexto especí-fico hay tres o cuatro elementos mencionados: profecía, fe, dar y lenguas, probablemente en referencia a los dones correspondientes. Todos están en paralelo. En la Biblia, cuando la mayoría de una serie de cosas se encuentra en paralelo, se puede sospechar que todas las demás lo están. Pablo está utilizando una figura de lenguaje llamada hipérbole para demostrar el punto de la importancia del amor sobre la posesión de cualquier don aunque fuera en su manifestación extrema. En el gráfico siguiente veremos el don y, en cada caso, su exageración respectiva —es decir, algo imposible o no experimentado por Pablo.

Don Posible o realizado por Pablo	Exagerado capacidad o acto imposible no realizado por Pablo (Una exageración o hipérbole para mostrar su inutilidad sin amor)
Si … lenguas humanas Si … profecía Si … fe Si … repartir	lenguas angélicas entender todos los misterios y todo el conocimiento trasladar las montañas dar el cuerpo para ser quemado

Si alguien poseyera aun la expresión exagerada de cualquier don —algo que nadie nunca tuvo—, aquel don carecería de valor si no se ejercitara motivado por amor. El amor no es una emoción en el N.T., sino una motivación hacia acciones específicas para el beneficio de otros. El amor se preocupa por el prójimo (12:25) y no de sí mismo.

Si el amor se preocupa por otros, lo opuesto, "no tengo amor", indica que la persona no está preocupada por los demás, sino por sí mismo. Cometer la falta de ejercitar los dones, no motivados por amor y preocupación por las necesidades de otros, elimina el valor de cualquier don. Se puede concluir del estudio del contexto, que cuando el don del Espíritu Santo es ejercitado, no hay provecho personal para el poseedor del don. Todo el beneficio es para la otra persona. El concepto de que un don es para ministrarse a sí mismo es totalmente contrario al principio del amor en 1 Corintios 13.

9. Los dones ejercitados por amor buscan el beneficio de otros. (1 Co. 13:4-7)

La manifestación de los dones motivada por amor no es ambigua o intangible, sino muy personal. Como ya hemos dicho, la motivación del amor siempre busca el beneficio de la otra persona. En 1 Corintios 13:4-7, Pablo escribió específicamente cómo los dones deben funcionar cuando están motivados por el amor. El contexto no es para los novios, sino para los creyentes que desean servirse los unos a los otros a través de sus dones.

Hay que considerar cada aspecto de la descripción del amor, en relación a los dones. El amor:

Es sufrido — es "paciente" con personas que no tienen el mismo don. Puede esperar su turno. Acepta heridas y ofensas sin el deseo de vengarse.

Es benigno — es servicial, útil, quiere el beneficio de otros, especialmente cuando no lo merecen.

No tiene envidia — no está celoso de otros. Tiene la misma raíz que la palabra "procurad" (12:31 y 14:1), sino busca el éxito de los demás. Con el negativo indica una pasión egoísta, deseando algo para su propio fin. No hace desfile de sus cualidades, no es ostentoso, como lo eran los corintios, (14:26).

No es jactancioso — no exagera la realidad, ni se preocupa por lo que otros piensen de él.

No se envanece — no se infatúa por lo que piensa de sí; no es orgulloso, pensando que es espiritual por tener ciertos dones. Pablo les había acusado por su arrogancia, (4:18; 5:2; 8:1; 4:6, 19).

No hace nada indebido — no actúa indecorosamente, sino siempre con cortesía; nunca está fuera del control de sí. Siempre hace las cosas decentemente y en orden, no con convulsiones. La conducta ruda o la falta de modales indica la ausencia de amor. Había problemas con el comportamiento de mujeres (11:2-16) y abusos en la Cena (11:17-22).

No busca lo suyo — no es egoísta, no está motivado por su propia edificación, sino que se preocupa por otros. Tenían que aprender a limitar su libertad cristiana a lo que solamente contribuyera a la edificación de otros (10:23, 24, 33).

No se irrita — no es delicado, ni se ofende fácilmente cuando se le critica o no se le reconoce. No permite que el resentimiento le afecte. Pablo y Bernabé sufrieron algo similar en Hechos 15:39. La palabra "desacuerdo" tiene la misma raíz que "se irrita."

No guarda rencor — no se acuerda de heridas u ofensas pasadas cuando no fue reconocido. El amor no hace una lista de las ofensas que recibe para reprocharlas en un futuro (Ro. 12:19). El amor siempre perdona y no permite que el pasado afecte el presente ni el futuro.

No se goza de la injusticia — cuando la iglesia se divide por el asunto de los dones, no se goza. El amor no se satisface con la caída moral de un enemigo, ni en lograr una meta o precio pisando sobre otras personas en el camino.

Se goza de la verdad — siempre quiere conocer lo que la Biblia dice acerca de los dones y es rápido para obedecer. Sin importar cuán beneficioso sea el hecho, éste nunca es motivado por amor si está mezclado con error o falta de entendimiento de la Palabra, (2 Jn. 5-6, 10-11).

Todo lo sufre — Es una hipérbole. Literalmente es "cubre" (1 P. 4:8), es decir, protege a los demás. Enfatiza lo positivo de otros especialmente en el área de su don o ministerio. Es capaz de soportar a otros (Col. 3:13) con sus irritaciones producidas por conflictos de personalidad, ingratitud, etc. Es compatible con la persona más difícil.

Todo lo cree — está dispuesto a jugarse por otros, ve lo mejor en otros en vez de sospechar que no son espirituales. Prefiere equivocarse al confiar en los demás, antes que juzgar a todos con un espíritu de crítica.

Todo lo espera — siempre ve lo positivo en otros, nunca aceptando un fracaso como final. Reconoce que Dios no ha terminado de transformar a una persona. Tiene una actitud optimista en cuanto a los demás.

Todo lo soporta — es constante aún en medio del rechazo de otros. Es un término militar: puede enfrentar sufrimientos y persecución, no solamente quejas y ofensas. Es persistente al afrontar la oposición, teniendo en mente la venida de Cristo (1 Ts. 1:3; 1 P. 1:2-7; Ap. 3:10-11).

En cada caso, el amor hace algo en beneficio de otra persona. Es muy activo. En el N.T. los mandamientos para servirnos los unos a los otros son expresiones de amor a través de los ministerios de los dones. Los dones están diseñados para cubrir todas las necesidades del cuerpo si son ejercitados sin egoísmo.

10. Algunos dones no son permanentes, pero el amor nunca deja de ser. (1 Co. 13:13)

Una correcta perspectiva de los dones es vital. Son bastante importantes, pero no la clave de la vida cristiana. En 1 Corintios 13:8-13, Pablo indica que ciertos dones son temporarios, pero la fe, la esperanza y el amor son más duraderos. El amor durará mucho más todavía que la fe y la esperanza.

En el versículo 8, Pablo dijo que la profecía y la ciencia "se acabarán" o literalmente "serán puestas aparte". Es el futuro pasivo del verbo katargeo , que significa "hacer inactivo, inoperante o inválido; abrogar; abolir". El punto principal es no fijarse tanto en los dones espectaculares, especialmente profecía, ciencia y lenguas porque no son permanentes. El principio encaja en el argumento general de 1 Corintios 12-14, que hay cosas más importantes que los dones sensacionales como la edificación y la fe, la esperanza y el amor. Este trío de fe, esperanza y amor aparecen frecuentemente en las instrucciones a las iglesias del N.T. (Ro.5:2-6; Gá. 5:5-6; Col. 1:4-5; 1 Ts. 1:3; 5:8; He. 6:10-12; 10:22-24; 1 P. 1:21-22). La prioridad en la iglesia debe ser la expresión del amor. Este es el "camino más excelente", es decir, aun mejor enfatizar los dones mejores.

Siempre Pablo trató de mantener un equilibrio porque la gente tiende a irse a los extremos. Al terminar la discusión sobre el amor, Pablo escribe en 14:1, "Perseguid alcanzar el amor, pero también enfatizad ardientemente (sed celosos) los dones espirituales, pero mucho más que profeticéis". Su énfasis en 1 Corintios 13 podía ser exagerado por los corintios a tal punto, que los dones fueran menospreciados, pero Pablo quería que la iglesia guardara un equilibrio entre los dos.

El Nuevo Testamento no indica que los dones traen mucho beneficio a la vida cristiana del poseedor. En ninguna de las exhortaciones acerca del andar del creyente se hace referencia a los dones para su propio creci-miento. Nadie es animado a buscar ni depender de los dones espirituales.

Cuando se analizan los requisitos para la vida cristiana es evidente que ningún don ayuda para ser más obediente. En Ro 12:9-15 hay una serie de exhortaciones para amar "sin fingimiento": "aborreced lo malo, seguid lo bueno. Amaos los unos a los otros ... ; en cuanto a honra, prefiriéndoos los unos a los otros ... en lo que requiere diligencia, no perezosos; fervientes en espíritu, sirviendo al Señor; gozosos en la esperanza, sufridos en la tribulación; constantes en la oración; compartiendo para las necesidades de los santos; practicando la hospitalidad. Bendecid a los que os persiguen; bendecid y no maldigáis. Gozaos con los que se gozan; llorad con los que lloran".

Estas exhortaciones son las mismas para todos los creyentes. Todos los creyentes están capacitados para vivir la vida cristiana y sus dones, cualesquiera que sean, no tienen nada que ver con su obediencia, ni su espiritualidad. Los dones espirituales no los hacen espirituales.

Los dones no son parte de la armadura espiritual en Efesios 6:10-18. Lo importante es la verdad, la justicia, el evangelio, la fe, la salvación, la Palabra de Dios y la oración. Los dones no son un arma contra Satanás.

La falta de una referencia a los dones en el libro de Filipenses y Colosenses, donde hay largas listas de exhortaciones para la vida cristiana, indica su mínima importancia (vea Col. 3:12-17).

La madurez es el resultado de conocer la Palabra de Dios y poner en práctica sus principios en la vida (He. 5:13-14). No hay nada místico, ni relacionado con los dones en la madurez del creyente. La posesión de un don jamás es mencionada como una ayuda para el crecimiento hacia la madurez. Es el conocimiento y la práctica de la Palabra, lo que ayuda al creyente a escapar de la corrupción del mundo (2 P. 1:4). Luego el creyente es exhortado a añadir diligentemente a su fe virtud, conocimiento, autocontrol, paciencia, bondad, piedad, afecto fraternal y amor (2 P. 1:5-7), pero nunca se exhorta al creyente a añadir un don. Pedro nos promete que si estas cosas (v. 5-7) están en nosotros y abundan, no nos hace falta nada más para ser fructíferos y estar ocupados en el servicio. Aunque un creyente tenga cualquier don, si le faltan estas cosas, será ciego y no espiritual (v. 9).

La meta para la vida cristiana es la madurez, la piedad y el fruto en otras vidas. En ninguna referencia existe la sugerencia de que los dones de un creyente beneficien su propia vida cristiana. Siempre su beneficio es para otros.

La perspectiva es que los dones son importantes, pero solamente cuando son ejercitados en amor, porque el amor es más permanente que los dones.

CAPITULO
— 12 —
Diez Argumentos para la Inferioridad de las Lenguas

Pablo había presentado principios generales sobre los dones y luego las razones por las cuales ciertos dones fueron temporarios. El problema principal en la iglesia de Corinto aparentemente fue la práctica de las lenguas. Ellos hablaban en lenguas desordenadamente en la congregación y sin intérpretes, pensando que cualquier manifestación de lenguas era algo espiritual. Así que Pablo tomó los primeros 19 versículos del capítulo 14 para demostrar que las lenguas no solamente son inferiores en categoría con respecto a importancia, sino de poco valor en la iglesia. Además Pablo hace una distinción entre el don de lenguas que proviene del Espíritu y el hablar en lenguas como los paganos lo practicaban, especialmente en Corinto.

En 1 Corintios 14:1-20 veremos

DIEZ ARGUMENTOS PARA LA INFERIORIDAD DE LAS LENGUAS.

1. Un don de hablar utilizado en amor, habla a los demás hombres para su edificación, exhortación y consolación (14:2-3).

El énfasis que Pablo daba a la profecía por sobre las lenguas, era debido al resultado alcanzado en las vidas de los oyentes cuando era ejercitada. Pablo dijo, "sobre todo que profeticéis" (v.1), porque resulta en "edificación, exhortación y consolación" (v. 3). El don de lenguas no tiene este resultado, así que no es muy importante en la congregación.

La carnalidad de los de Corinto era evidente por su interés en hablar "misterios" que nadie podía entender (literalmente, "nadie oye"; v. 2) ya que ninguno conocía la lengua hablada en Hechos 2:1-3; sólo Dios podía entender la lengua que El mismo había dado. Su interés era la emoción y la auto-gratificación de hablar algo "sobrenaturalmente", o lo que pensaban era así. Los "misterios" estaban asociados con las religiones paganas, las cuales los creyentes habían dejado. En aquellas religiones, los "misterios" —como su nombre lo indica— eran "verdades" misteriosas u ocultas que solamente quienes pertenecían a la élite de los iniciados tenían el privilegio de conocer. En cambio, los "misterios" en la Biblia son verdades ocultas desde la fundación del mundo pero ahora dadas a conocer por la revelación divina. Si, pues, una lengua hubiera sido dada para revelar un "misterio", es decir, una verdad acerca de Dios o Su voluntad que había estado escondida por un tiempo, pero ahora iba a ser revelada (Ro. 11:25; 16:25; 1 Co. 2:17; 13:2; 15:51; Ef. 3:3, 4, 9; 5:32; Col. 1:26) –si aquel misterio iba a ser revelado por tal lengua– ¡era imperativo que fuera interpretada! Si Dios quería revelar algo, pero el locutor estaba más fascinado con su lengua que con su mensaje, había un error en los valores. Así que el concepto de gloriarse en hablar cosas que otros no pueden entender es pagano más no bíblico. El propósito de los dones de hablar es edificar a la iglesia por compartir iluminación de la Palabra (edificación), la aplicación de tal iluminación (exhortación) y el efecto de las verdades comunicadas (consolación). Todos dependen de la comunicación a otros.

Si Dios inspiraba el mensaje de una lengua, era con el propósito de comunicarlo a la congregación, no para que el que hablaba volviera a comunicárselo a Dios. Esto habría sido como un corto circuito. No tiene sentido que Dios envíe un mensaje en una lengua, para escucharlo de vuelta, de boca de alguien que ni siquiera lo entendió.

2. Mejor es profetizar, si no hay quién interprete las lenguas (14:4).

Cuando alguien habla por medio de un don de hablar, éste produce beneficio a los demás y no necesariamente a sí mismo. Las lenguas genuinas pueden tener este resultado sólo cuando son interpretadas, pues en sí mismo, el don de lenguas es inútil para un ministerio en otras vidas. Los dones espirituales tienen el fin de cumplir algo espiritual y práctico, especialmente en las vidas de otros ya sean creyentes o incrédulos.

El don de lenguas era tan inútil que Pablo luego prohibió su práctica en la iglesia a menos que hubiera un intérprete (v. 28), para que la iglesia recibiera la edificación de la interpretación. El propósito del don de lenguas es solamente realizado cuando es ejercitado e interpretado públicamente para que la congregación sea edificada.

Es posible que la persona que busca su propia edificación se engañe a sí misma. Mal interpreta una emoción o experiencia como edificación. Si una experiencia no produce más entendimiento acompañado de obediencia, ni trae beneficio para otros, no hay edificación.

La palabra "edificar" es usada en una forma negativa en 1 Corintios 8:10 para la persona que "edifica" su conciencia para comer aún cuando ofende a su hermano. Esta edificación era un pecado porque no buscaba el provecho del hermano. Al contrario, el que profetiza es motivado por amor buscando la aplicación de la Palabra a otras vidas.

3. No hay provecho si alguien habla en una lengua (14:6).

Pablo dijo que la manifestación del Espíritu tenía su fin "para provecho" (12:7). En 14:6, categóricamente declaró que las lenguas no cumplen este propósito: "si yo voy a vosotros hablando en lenguas, ¿de qué provecho os seré . . .?" Los de Corinto apreciaban el don de lenguas independiente-mente, sin la prueba de la edificación. Ni siquiera un apóstol pudo edificar con una lengua. Todo el provecho del don de lenguas dependía de otro don, el de interpretación.

Las únicas manifestaciones del Espíritu que edifican a la congregación son una "revelación, o … ciencia, o… profecía, o …doctrina". Estos dones son divididos en dos categorías: (1) De recepción interna: revelación y ciencia; (2) De comunicación externa: profecía y doctrina (enseñanza). Cuando estos mensajes eran comunicados a la iglesia había comprensión y entendimiento de la voluntad de Dios. Si no hay provecho en el don de lenguas, entonces no debe tener mucha prioridad.

4. Al igual que instrumentos de música que sólo hacen ruido o sonidos, cuando las lenguas no son entendidas, son inútiles; y es peligroso si se depende de ellas (14:7-9).

La música tiene ritmo, armonía, melodía y una estructura ordenada, todo lo cual la distingue del simple ruido. Para que la música sea música, debe estar de acuerdo con las normas musicales. La "distinción de los sonidos" se refiere a la variación y orden de las notas para comunicar su propósito de gozo, tristeza, seriedad, marcha, ánimo o adoración. Los de Corinto pudieron apreciar esta ilustración porque la ciudad contenía un gran teatro musical para 20.000 personas. ¿Puede imaginar cómo habrían respondido si alguien, delante de tantas personas, acompañado de un arpa, solamente hubiera hecho ruido?

En el ejército antiguo los soldados dependían de ciertos sonidos específicos de parte del que tocaba la trompeta. Los sonidos específicos comunicaban ordenes específicas. Así que, si el soldado encargado de dar las órdenes no sabía tocar la trompeta sino simplemente hacía sonidos de cualquier tipo, no comunicaba nada.

De igual manera es imposible comunicar verdades cristianas con sonidos que no tienen sentido. La frase "así también vosotros" (v. 9) indica que ellos estaban haciendo ruidos con sus "lenguas" porque:
(1) No eran lenguas actuales, sino sílabas al azar.
(2) Eran inútiles por no haber quién interpretara.

Pablo concluyó este argumento diciendo que era indispensable que "con la boca pronunciaran palabras inteligibles" (v. 9). Además Pablo declara que quien habla en lenguas (sin intérprete) es como si "hablara al aire"(v.9). Es como el boxeador que solamente "da golpes al aire" (9:26), es inútil e improductivo. Solamente el aire recibía sus sonidos, pero los de Corinto eran tan carnales que no les importaba si comunicaban algo o no. Ellos querían solamente impresionar a los demás, no comunicarles algo y mucho menos edificarles. Esto no es amor y por tanto, no es del Espíritu.

5. Todas las lenguas o idiomas en el mundo son distintos, y todos comunican ideas inteligibles y con sentido (14:10).

Pablo otra vez reiteró al creyente que utilizaba un mensaje ininteligible que no es de edificación. Las lenguas reales tienen el propósito de comunicar algo inteligente. Las lenguas falsas no comunican nada mas que ruido. El don genuino de lenguas es la capacidad de hablar en una "clase de idioma."

Pablo declara que el requisito para una lengua es que comunique "significado" o entendimiento. Si los sonidos no tienen "significado", no son una lengua. La ciencia llamada lingüística analiza el significado de las diferentes lenguas hasta que descubre su gramática, fonética y morfología. No existe un lenguaje que no tenga tal estructura o "significado". Si los sonidos no tienen tal estructura, no son una lengua, sino meros sonidos emitidos al azar. El único propósito de una lengua es comunicar un mensaje; si no lo hace, no es una lengua.

6. Si el oyente no sabe el significado de las palabras será como un extranjero (14:11)

No solamente es necesario que exista significado en una lengua, sino también que el oyente la entienda, pues de lo contrario, no existirá comunicación. Ninguna lengua genuina es ininteligible para uno mismo. La palabra "extranjero" es barbaros. Esta palabra es onomatopéyica y la idea es alguien que hace sonidos como "bar-bar". La repetición de la sílaba da la idea de tartamudear, o por lo menos es lo que parece al que no entiende. Para alguien que no conoce una lengua, todos los sonidos suenan igual y todos carecen de significado. La palabra "bárbaro" viene del griego, para nombrar a alguien que no se puede entender. Cualquiera que no entendía el griego, o cuya lengua no era entendida por los griegos, era considerado un barbaros. Eran extranjeros que hablaban otro idioma.

Lo importante aquí es que el orador clasifica al oyente como un "extranjero", porque el oyente no podía comprender lo que dijo. Esto no da la idea de una lengua extática o ininteligible, porque el orador presume la posibilidad de que la lengua podía ser entendida. Por otro lado, el oyente, al no entender al orador, también lo clasificó como "extranjero." Tal pensamiento es adecuado si se trata de una lengua humana, pero no tiene sentido para una lengua extática. ¿Por qué consideraría el orador como "extranjeros" a los que no le entendían? Nadie puede entender una lengua extática, ni el orador hubiera esperado que le entendieran aparte de una interpretación milagrosa. La única cosa que hace a alguien un "extranjero" es la expectativa de que debe entender el lenguaje. Si no lo entiende, es considerado un "extranjero". Esto indica que la lengua tenía que ser una lengua humana contemporánea. Ningún ministerio sería cumplido con éxito con esta limitación lingüística, pues ninguna edificación sería posible.

7. El énfasis en la edificación excluye la utilidad del don de lenguas (14:12)

Pablo no quería despreciar ningún don que no produjera la edificación de la congregación, pero sí dejar por sentado que cualquier ejercicio de los dones que no diera el resultado de edificación no merece prioridad en la iglesia. En 14:12, Pablo repite su tema: sed celosos de enfatizar los dones que edifican la iglesia. El único beneficio del don de lenguas sería posible por su interpretación (14:13). La razón es simple: es imposible que haya edificación sin entendimiento.

La frase "así también vosotros," ata al versículo 12 con los tres versículos anteriores. Así que, como una lengua genuina es necesaria para ser entendido, debían enfatizar dones que comunicaran edificación directamente a la congregación. O si no, serían como extranjeros sin poder comunicarse entre ellos.

La definición de edificación es "ampliación, agrandamiento, incremento o construcción". Para ser edificado, el entendimiento debe ser ampliado, agrandado, incrementado o construido. Si no hay crecimiento en el entendimiento, no ha ocurrido la edificación. Un sentimiento, emoción o experiencia personal no provoca el entendimiento, ni ocurre por ver un milagro. La edificación demanda más entendimiento de la voluntad de Dios y Su Palabra. El don de lenguas (aún el genuino) no produce edificación a nadie, ni para el orador ni para el oyente; así, el don de lenguas por sí solo no tiene utilidad.

No había nada malo con que fueran celosos por "las cosas espirituales" o manifestaciones del Espíritu, al contrario, lo que les faltaba era el propósito correcto: la edificación. Tenían que usar su don para el crecimiento de la iglesia, no para su propia edificación.

Cuando quitamos nuestros ojos de nosotros mismos y atendemos al Cuerpo, dedicándonos a servir y suplir sus necesidades, los inconversos se convierten y los creyentes son fortalecidos.

8. Si alguien ora en una lengua, su mente "queda sin fruto", o sea, queda sin edificación (14:14).

Cuando alguien hablaba en una lengua, su mente quedaba "sin fruto", es decir, que la lengua no producía ningún resultado beneficioso para el orador. Este versículo niega categóricamente la posibilidad de que la edificación pueda ocurrir a través de hablar en una lengua. La frase "sin fruto" quiere decir que no se produce ninguna edificación.

La ilustración en v. 14 es hipotética y negativa. Orar en su "espíritu" no es muy clara: es un "don espiritual" o su "hombre interior". Es distinto a "la mente", la parte consciente y racional donde ocurre el entendimiento. Nada ocurre en el corazón o la persona hasta que la mente analiza, acepta y asimila la información de la revelación de Dios.

La mente del que ora ejercitando el don de lenguas, no entiende lo que está diciendo no porque está en un trance, o inconsciente o por ser un lenguaje extático, sino porque simplemente no entiende lo que dice. La única solución al dilema de no tener fruto por hablar en una lengua, es que alguien la interprete (v. 13). La falta de fruto no tiene nada que ver con el estado del orador, sino con la incapacidad de entender lo que fue dicho.

Algunos han tratado de interpretar este versículo al decir que no produce fruto en otros, pero es evidente, por los versículos 15 y 19, que la mente (nous) no está involucrada en ninguna manera cuando está hablando en una lengua. La mente ya que no está involucrada, no produce ningún fruto en el orador y por tanto, no puede comunicar ningún fruto a otros.

9. Pablo nunca hablaba en las iglesias o en privado con el don de lenguas (14:15-19)

Pablo mencionó tres áreas donde, aparentemente, los corintios practicaban las lenguas en las cuales Pablo declaró nunca haberlo hecho. La primer área era la oración: orar sin entendimiento (en una lengua) es una acción negativa, inútil, sin fruto. Pablo está enseñándoles a no practicar tales oraciones (o cualquier hablar en lenguas) porque no producen edificación. Es inútil. Obviamente los que practicaban estas oraciones sentían algo, tenían alguna sensación, pero ésto no es edificación. Lo practicaron, aparentemente, por lo que sentían y lo malinterpretaron como si fuera edificación.

Si era posible que el orador fuera edificado aparte de su propio entendimiento, se tiene que preguntar, "Si alguien es espiritualmente estimulado por escucharse pronunciar sonidos que él mismo no puede entender, ¿por qué otros no son también estimulados espiritualmente por los mismos sonidos? Parece claro del texto que ya que es imposible que el orador sea edificado, así tampoco el oyente puede recibir provecho alguno.

Pablo declaró que él oraba "con el espíritu" (sus sentimientos y emociones) y "con el entendimiento" (14:15). Así por lo que él va diciendo en el contexto, Pablo nunca oraba en una lengua, porque en una lengua no hay entendimiento.

Además Pablo nunca cantaba en una lengua porque no produce entendimiento. Aparentemente, algunos estaban cantando en lenguas en la
iglesia de Corinto, pero Pablo declaró que él nunca lo hizo, porque no
producía edificación. El cantaba con entendimiento, no en una lengua.

Las lenguas son tan inútiles en la iglesia que nadie más puede orar junto
con el que dirige una oración. La práctica en la iglesia primitiva se presenta
aquí en versículo 16: uno oraba y los demás acompañaban en su oración
diciendo "Amén" (Así sea o Estoy de acuerdo). Si alguien "bendice" u ora
en una lengua, nadie más podría orar con él. Esto destruiría todo el sentido
de la oración corporal bíblica.

Para animar al que estaba escuchando como "simple oyente" (v.16), Pablo
usa la palabra idiötës, "alguien que no conoce, no entrenado." Es alguien
que no conoce el idioma hablado.

Así que Pablo declaró que él siempre oraba en la iglesia en una lengua
conocida (v. 19), porque su prioridad era el beneficio de edificación del
oyente, no su propia emoción. La adoración ciega y emocional en una
lengua era contraria a la meta de Pablo para la reunión y contraria a la
voluntad de Dios revelada en Su Palabra.

10. Es propio de la inmadurez de un niño el hablar en lenguas, para impresionar a otros, cuando nadie le entiende (14:20).

El mandamiento "no seáis niños …" (më paidia ginesthe) está en imperativo
presente y por estar en forma negativa significa: "dejen de ser niños" .
Estaban actuando como niños por su actitud hacia las lenguas. Deseaban lo
que les entretenía o les hacía sentir importantes, en vez de lo que era útil;
querían lo espectacular en vez de lo práctico.

La infatuación de los corintios con las lenguas fue otra indicación de su
inmadurez e inclusive su mundanalidad (3:1-3). Ellos tenían que cambiar su
manera de pensar a una conformidad con las Escrituras que Dios estaba
dando por medio de Pablo (14:37). Si enfatizaban la profecía en la iglesia, la
cual resultaría en edificación, exhortación y consolación, dejarían a un lado
las cosas que no edificaban a otros. La madurez es marcada por la actitud
de beneficiar a otros en vez de buscar y disfrutar de emociones.

La iglesia de Corinto tenía casi todas las manifestaciones de la carne y prácticamente ninguna de las manifestaciones del Espíritu (Gá. 5:19-23). Eran como
"niños fluctuantes, llevados por doquiera de todo viento de doctrina, por
estratagema de hombres que para engañar emplean con astucia las artimañas
del error" (Ef. 4:14). Debido a su pensamiento egoísta abusaron del don de
lenguas, mientras que ignoraban al resto de la familia de Dios.

No podían instruir a los que hablaban en una lengua, porque no les interesaba la enseñanza, sino su experiencia personal o el prestigio de ser el vocero de una revelación. Querían interrumpir la reunión para hablar su lengua (vv. 23, 27, 40). Estaban preocupados por usar los medios espirituales y aún a otros hermanos para su propios fines e intereses. No estaban buscando la verdad, sino una experiencia; no querían buena doctrina, sino buenos sentimientos. No les interesaba beneficiar a los demás, sino a sí mismos. La experiencia ganó sobre la voluntad de Dios. No eran como los de Berea que "con toda solicitud, escudriñaban cada día las Escrituras para ver si estas cosas eran así" (Hc. 17:11), sino que no se preocupaban por examinar lo que escuchaban a la luz de lo que dicen las Escrituras. No se preocuparon con "probar los espíritus (para ver) si son de Dios" (1 Jn. 4:1), sino que aceptaban cualquier cosa que les parecía espiritual, mística o sobrenatural.

Al terminar la porción de argumentos contra el valor exagerado que se daba a las lenguas en la iglesia de Corinto, Pablo comienza a dar mandamientos o reglas para el uso de este don en la congregación. Pablo siempre da las razones o enseñanzas en relación a un tema, antes de dar los mandamientos o exhortaciones; así vemos en el libro de Romanos 1-11, la doctrina de la salvación y Romanos 12-16, las exhortaciones de la vida cristiana.

CAPITULO
— 13 —
Diez reglas para el don de las lenguas

En la iglesia de Corinto había ciertos abusos de los dones que motivaron a Pablo a escribir ciertas reglas y guías para la manifestación de los dones. La mayoría de estas reglas aparecen en 1 Corintios 14. Estas reglas son importantes porque (1) son mandamientos del Señor (14:37) y (2) son medios para evaluar si alguien es un profeta genuino o si es espiritual (14:37). Alguien que es genuino responderá positivamente a lo que Pablo escribió, en vez de tratar de esquivar o evitar las implicaciones del capítulo 14.

Tenemos un mandamiento de no aceptar cualquier doctrina, espíritu o persona solamente porque ellos digan que son de Dios. En 1 Juan 4:1, leemos, "Amados, no creáis a todo espíritu, sino probad los espíritus para ver si son de Dios, porque muchos falsos profetas han salido al mundo." Las iglesias primitivas que practicaban estos versículos tuvieron que rechazar a muchos que decían ser muy espirituales. En Apocalipsis 2:2, Jesús dice a la Iglesia primitiva: "has probado a los que se dicen ser apóstoles y no lo son y los has hallado mentirosos". No solamente había muchos falsos profetas, sino muchos falsos apóstoles. Es interesante que los mismos dones que utilizaban las señales para la confirmación, es decir apóstoles y profetas (Mr. 16:17-18; He. 2:3-4), fueron los dones imitados falsamente. Aparentemente, hubo una manera para probar individuos en la iglesia y parece que fue su respuesta a las Escrituras (1 Co. 14:37) o la manifestación del don de discernimiento. Así que si una manifestación o señal es hecha por alguien que pretende ser espiritual, pero no le interesa ni le importa cuidar las instrucciones de la Biblia con respecto a los dones, tal persona debe ser rechazada.

El énfasis en 1 Corintios 14 sobre el abuso del don de lenguas indica que en la iglesia de Corinto estaban imitando el don y el apóstol quería corregir sus falsos conceptos y prácticas. Las reglas del capítulo 14 sirven para funcionar "decentemente y con orden" (14:40) en la congregación. Parece evidente que el gran problema en Corinto fueron las lenguas que los creyentes manifestaban. Si hubieran sido genuinas no habrían tenido problema en seguir las reglas que Pablo impuso sobre la manifestación del don, pero las lenguas falsas no pueden operar conforme a las reglas del capítulo 14.

Las reglas siguientes son una sinopsis del capítulo. Abajo de cada regla se hará una discusión de la evidencia en el capítulo y tal vez de otros versículos que contribuyen con ella.

1. Tiene que ser una señal judicial a los judíos incrédulos (14:21-25)

En 14:21, Pablo citó Isaías 28:11, que tiene referencia a la destrucción de Israel. El texto hebreo dice que hombres "tartamudeando en dicho y por una lengua extraña". La palabra traducida "tartamudos" (la'ag) significa "despreciar, ridiculizar, burlar". No se refiere a su forma de hablar, sino a su contenido. El contexto es el juicio de Dios sobre Israel cuando escuchen una nación hablándoles en una lengua extraña a sus oídos. La profecía fue cumplida cuando los Asirios, que hablaban una lengua extraña a los israelitas, los llevaron en cautividad.

En Isaías 28:11, la expresión "lengua extraña " se refiere a una lengua que es "otra, diferente, ajena". La palabra "lengua" siempre se refiere a un idioma humano o al órgano físico. Las dos expresiones, "lengua de tartamudos" y "extraña (del extranjero) lengua" (ajena, diferente), son conceptos en paralelo que se refieren a la lengua hablada por un invasor inminente, Asiria. Jeremías hizo la misma profecía a Judá en 5:15, "Yo traigo sobre vosotros gente de lejos … gente robusta, gente antigua, gente cuya lengua ignorarás y no entenderás lo que hablare." La señal del juicio de Dios iba a ser una lengua que ellos no entendían.

Israel había rechazado la palabra de los profetas (Is. 28:9-10), diciendo algo así como: "No somos niños para requerir una enseñanza tan simple," entonces Dios les envió un mensaje complejo en otro idioma por medio de extranjeros. (28:1-12)

La frase "así que" en 1 Corintios 14:22 es un nexo que introduce una conclusión en base de lo anterior. Dado que el versículo 21 hizo referencia a una lengua humana, el versículo 22 también se refiere a lo mismo. El nexo en versículo 23, "Si, pues …" indica que el mismo tema continúa, es decir, lenguas humanas.

El propósito del don de lenguas es aquí definido: "las lenguas son por señal … a los incrédulos" (14:22). En Hechos 2:4-11, las lenguas fueron una señal a los incrédulos y allí es indiscutible que las lenguas eran lenguajes y dialectos humanos. La capacidad de hablar milagrosamente una lengua humana que nunca había sido conocida previamente, sería una señal a los incrédulos. La capacidad sería obvia a los que escuchaban su propia lengua, con sus acentos, fonología, gramática y vocabulario. El incrédulo lo reconocería como una capacidad milagrosa.

Pero no habría sido así para los incrédulos si hubiera sido solamente un hablar extático, que era bastante común en el mundo pagano. Esto no habría servido como una señal. Los dementes, fingidores, borrachos y profetas paganos hablaban de esta manera. En un primer momento los peregrinos en Jerusalén acusaron a los discípulos de actuar como los paganos, hasta que algunos reconocieron su propia lengua. Con razón preguntaron, "¿Qué quiere decir esto?" (Hc. 2:12). Los judíos sabían que una lengua milagrosa indicaba una señal de Dios, particularmente de juicio. Lo que preguntaron fue: "¿qué juicio están señalando estas lenguas?" El juicio caería sobre Jerusalén 37 años después, en el 70 D.C. cuando los romanos destruyeron la ciudad y la nación definitivamente. Los pocos judíos que quedaron en Israel se rebelaron otra vez en 135 D.C. cuando los romanos masacraron el remanente. La nación de Israel no existió por 1878 años. Este juicio fue señalado por una lengua, como en los días de Isaías (722 A.C.) y Jeremías (586 A.C.) (vea Is. 28:11-12).

Los que anunciaron el juicio sobre Israel fueron los apóstoles y profetas, cuya autoridad era manifestada por los dones de prodigios y señales (2 Co. 12:12; Ro. 15:19; He. 2:3-4). Evidentemente, una de aquellas señales era el don de lenguas, en el cual Pablo dijo a los corintios haber hablado "más que todos " ellos (14:18). Pablo acababa de aclarar en el contexto que él no hablaba en lenguas en sus oraciones, ni en sus canciones, ni en las iglesias. ¿Dónde, pues, hablaba Pablo "más que todos" en lenguas? Si las lenguas son una señal a los judíos, entonces, Pablo habló en lenguas a los judíos en las sinagogas u otros lugares de concentración, tal como los apóstoles lo hicieron en el día de Pentecostés. Pablo siempre iba primero a los judíos. No tenemos ninguna evidencia de esta suposición, pero puede ser una conclusión lógica, puesto que era una señal a los judíos.

Otra conclusión lógica del contexto es ¿qué pasó con la señal de juicio (lenguas) cuando el juicio ocurrió? Israel fue juzgada en 70 D.C. y la nación fue dispersa desde ese momento. Dejó de existir como una nación. ¿Qué propósito habría tenido la señal de juicio desde aquel entonces? Ninguno. Con razón desapareció el don de lenguas antes del fin del primer siglo. Ya no había más razón para su existencia.

En la iglesia de Corinto, el propósito de las lenguas se había pervertido, utilizándolas en una congregación de creyentes. Pablo declaró que las lenguas "son por señal, no a los creyentes" (14:22), pues a los que se habían convertido no les hacía falta la conformación de la fuente divina del mensaje. Así que las lenguas no pueden ser la señal del "bautismo del Espíritu" porque así sería una señal a los creyentes, lo cual Pablo claramente negó. Una "señal", sëmeion, indica un milagro con un propósito ético. Fue una autenticación (Ro. 4:11; 2 Ts. 3:17). Así que la mentalidad madura (v.20) comprende que el lugar de las lenguas no era la iglesia, sino entre incrédulos.

Aún en el tiempo de su utilidad, las lenguas podían ser un impedimento al culto y al evangelismo. Otra vez Pablo exagera la posibilidad para probar su argumento en 14:23, cuando dijo "si … todos hablan en lenguas y entran indoctos o incrédulos, ¿no dirán que estáis locos?". Así que es inútil como instrumento de evangelismo en la iglesia. El "indocto"(idiötës) es un ignorante o una persona que no ha sido instruida . El no entendería nada de la señal. La frase "estáis locos" (mainomai) significa una "rabia, delirio, o estar frenético, perder el juicio". Un visitante a una reunión hipotética de esta forma, habría salido pensando que todos estaban fuera de control de sí como en las reuniones frenéticas de los paganos. No hubiera habido ninguna diferencia. Ellos estaban desacreditando todo el cristianismo y justamente los hubieran llamado "locos" porque nadie podía entenderles.

Al contrario, tomando otro caso exagerado, si todos profetizaran — algo igualmente imposible por 12:29, pero dado el caso — el incrédulo sería "convencido, por todos es juzgado; lo oculto de su corazón se hace manifiesto" (14:24-25a). Esta es la obra del Espíritu Santo obrando por Su Palabra (Jn. 16:8). Tan sólo la proclamación de la Palabra de Dios tiene el poder para producir la convicción en el corazón (He. 4:12). El arma más poderosa de la iglesia no es el éxtasis, sino la proclamación de la Palabra con claridad y denuedo.

Cuando las lenguas son mal usadas, el resultado es confusión, frustración y perplejidad. Los incrédulos repelen o rechazan el culto y los creyentes no son edificados. La señal de lenguas no es para la iglesia, ni para individuos, sino para la nación de Israel. Pablo acabó de decir que él no veía ninguna razón para mostrar la señal de lenguas en la congregación (14:19), porque la señal era para Israel.

La profecía cumple tres pasos en el inconversos: (1) Convicción de pecado (v.24); (2) El "llamado a dar cuenta" (1 Co. 2:14-15), dándole una descripción de su estado a la luz. (3) El hallazgo de su estado ante Dios es aplicado a su propia conciencia (v.25) El "postrarse sobre su rostro" significa auto condenación, es el rechazo de cualquier dependencia en la justicia humana o su propia bondad, por humillar el alma delante de Dios. Esta es la manera como las personas deben venir a Cristo para reconciliación (Lc.17:16; 18:13). Estarán preparados para creer por lo que entiendan de la Palabra y observen en el comportamiento de la congregación: orden (14:40) y amor (13:1-7), dándoles la convicción de que "Dios está ciertamente entre" ellos (v.25).

2. Tiene que producir edificación, no confusión (14:26)

Aparentemente el problema en Corinto era que todo el mundo venía a la reunión con el deseo de participar en la gloria de hablar algo. Querían compartir un "salmo ... doctrina ... lengua ... revelación ... interpretación" (14:26). No les interesaba servir, aprender o edificar, sino expresarse y glorificarse. Todo el mundo quería atención, importancia y preeminencia.

Un **salmo** era una lectura o posiblemente una canción de los Salmos del A.T. y la **doctrina** o "enseñanza" probablemente se refiere a su enseñanza favorita. Los salmos eran usados por los creyentes para exhortarse y animarse unos a otros (Ef. 5:19-20; Co. 3:16). Algunos hablaban en una **lengua**, genuina o falsa, mientras que otros daban **interpretaciones**. Por la exhortación que viene luego se supone que no todas las lenguas eran interpretadas y habían muchas personas con interpretaciones. Otros decían que habían recibido una **revelación** de Dios como las que fueron dadas a los profetas. La exhortación en versículo 29 obligaba a la congregación a juzgar a los que hablaban como profetas, probablemente con revelación. Es decir, nadie era aceptado así no más. Aun cuando compartieran una revelación tenían que ser evaluados para ver si estaban conforme al resto de la revelación de Dios.

El problema en Corinto era que todos querían participar simultáneamente. Nadie estaba escuchando, sino tan sólo unos visitantes que se quedaban perplejos por la confusión y el desorden. Era imposible que alguien fuera edificado en medio de tal caos. El cuadro que se ve es uno de egoísmo y exaltación de sí mismo. Así que el valor de los dones era anulado (1Co.13:1-3).

Pablo dejó una orden: "Hágase todo para edificación." Esta debería ser la meta universal. La palabra edificación (oikodomë) quiere decir literalmente "construcción de una casa". Significa entonces "crecer, mejorar, madurar, aumentar en aprendizaje". La edificación de los creyentes es la responsabilidad principal de los líderes de la iglesia (Ef. 4:12), pero igualmente es la responsabilidad de cada creyente en el cuerpo (Ef. 4:16). Cada creyente tiene que ser un edificador. "Animaos (parakaleo, "exhortar") unos a otros y **edificaos** unos a otros" (1 Ts. 5:11). "Cada uno de nosotros agrade a su prójimo en lo que es bueno, para **edificación**. Porque ni aún Cristo se agradó a sí mismo" (Ro. 15:2-3), pues El nunca buscó lo que hubiera sido beneficioso para él, sino lo que beneficiaría a los demás.

La evidencia principal de la inmadurez y falta de amor de la iglesia en Corinto era su egoísmo, su interés en satisfacerse en vez de edificar a otros (vea vv. 3-5, 12, 17, 26, 31). Ellos no obedecieron la Palabra: "Sigamos lo que contribuye a la paz y a la mutua edificación" (Ro. 14:19). Lo que edifica también a otros produce armonía, así como el egoísmo y buscar la propia satisfacción producen desorden.

Somos edificados por una sola cosa: La Palabra de Dios. En 2 Timoteo 3:16-17 dice, "Toda la Escritura es inspirada por Dios y útil para enseñar, para redargüir, para corregir, para instruir en justicia, a fin de que el hombre de Dios sea perfecto, enteramente preparado para toda buena obra". La edificación tiene que producir más entendimiento y aplicación personal de la Palabra de Dios a la vida del creyente, para que éste pueda aplicarla a otras vidas en "la obra del ministerio."

El énfasis en la profecía tenía su objetivo "para que todos aprendan y todos sean exhortados" (14:31). Esto es "edificación". Si no hay aprendizaje y aplicación de tal aprendizaje en forma práctica en las vidas, no hay edificación.

3. Tiene que estar limitada a dos o tres oradores en cualquier reunión (14:27)

Aparentemente los creyentes estaban actuando igual que los paganos en sus religiones de misticismo y éxtasis, donde perdían el control de sí. El Espíritu no produce la pérdida del autocontrol, sino que Su llenura produce "templanza" (Gá. 5:23) o dominio propio.

Para controlar el desorden de la reunión en Corinto, Pablo ordenó que no más de dos personas, o si es necesario hasta tres, se permitiera hablar en una lengua. El cambio al singular "lengua", indica que él estaba hablando en una lengua a la vez.

Parece que la iglesia pensaba que había bendición en ver u oír hablar a alguien en una lengua, sin importar lo que dijera. Así que, ¡mientras más, mejor! El error de la iglesia era pensar que lo fenomenal era milagroso y que al ver un milagro, era edificada. Las reglas de Pablo fueron escritas a propósito: para corregir los errores que existían. Esto es, enseñar que lo que edifica a una persona no es un fenómeno, sino el entendimiento de la Palabra. Esta restricción previno que las lenguas dominaran las reuniones, mantuvo un equilibrio entre las lenguas y los demás dones de hablar.

Parece como si incluso el don de profecía podía ser objeto de abuso, pues la misma regla fue aplicada a los profetas (14:29), con la responsabilidad adicional de "juzgar" (diakrino, "discernir, evaluar"). Los demás profetas tenían que evaluar cualquier nueva revelación en relación a las que ya habían sido dadas, teniendo por seguro que el Espíritu no se contradice a Sí mismo y que todo lo que proviene de Él debía estar en concordancia. Los que se desviaron de lo ya revelado, tenían que ser rechazados (1 Jn. 4:1; 1 Ts. 5:20-22). Esta evaluación era crítica en el comienzo porque los profetas estaban ayudando en la formación de la Iglesia (Ef. 2:20). Lo importante aquí es que la misma restricción de dos o tres personas como máximo, se aplica a la participación de los profetas en cada reunión.

4. Tiene que ser ejercitado por turno, una persona a la vez (14:27)

Las dos o posiblemente tres personas a quienes se permitiría hablar en una lengua, no podían hablar simultáneamente o cuando quisieran, interrumpiendo así el servicio, sino que debían hacerlo por turno. Orden, entendimiento y cortesía son requeridos por tal procedimiento. Si dos personas estuvieran hablando a la vez sería una confusión, pero si estuvieran hablando en diferentes lenguas sería un caos. Nunca se debía permitir competencia entre oradores.

Uno de los errores más obvios de los carismáticos contemporáneos es el permitir a muchas personas hablar, orar o cantar simultáneamente y todo esto mientras nadie pone atención a lo que los demás dicen. Cada uno se está hablando a sí mismo, ignorando a los demás. Esto es una violación del mandamiento de hablar por turno.

Aunque no se dice específicamente que los profetas también debían hablar por turno (v.31), esto va implícito porque los demás debían juzgar sus profecías. Habría sido difícil evaluar una profecía si todos hubieran estado hablando a la vez. Modales, cortesía y orden, tenían que controlar las reuniones (v.40). El objetivo de los dones de hablar es aprendizaje y exhortación. Esto es la edificación.

5. Tiene que ir acompañada de una interpretación (14:27)

Cualquier cosa dicha en una lengua tenía que ser interpretada: "y uno interprete". En el griego, el "uno" está en la posición de énfasis, para indicar que una sola persona hace las interpretaciones. Es posible que fuera uno de los tres que hablaban en una lengua (14:13), o más bien, que alguien con el don de interpretación interpretara las tres lenguas, una por una. Nunca fue permitido que hubiera dos o más intérpretes en una reunión.

Esto implica varias cosas: (1) cada lengua tiene una sola interpretación. En nuestros días, a veces encontramos algunas manifestaciones de lenguas que llegan a provocar tres o más interpretaciones del mismo mensaje, lo cual indica que tal lengua es falsa. (2) La persona con el don de interpretación puede interpretar cualquier lengua, en cualquier tiempo, bajo cualquier circunstancia. No es necesario que él esté sumergido en una emoción o sentimiento especial, simplemente da la interpretación como un traductor, traduciendo la lengua frase por frase.

Luego, en 14:29, Pablo da la orden a la congregación de "juzgar" a los oradores. La base de su juicio es su conformidad a la Palabra inspirada. Sin embargo, antes de tener el canon del N.T. hubo una dependencia del don de discernimiento para "juzgar" las manifestaciones de profecía. El pronombre "otros" en v.29 tiene su antecedente en los profetas. Así que los que tenían el don de profecía, también manifestaron el don de discernimiento; los profetas "juzgaron" a los profetas. Parece que ni siquiera debían permitir profecía en la reunión si no había quienes pudieran discernir. Si alguien ignora la Palabra despreciando negligentemente los mandamientos de Pablo, esto indica que su "lengua" es fingida y falsa, así que la iglesia es ordenada a ignorar a tal persona (14:38).

El objetivo de las reglas 4, 5 y 6, es para asegurar que un mensaje inteligente es comunicado a la iglesia con el fin de lograr su edificación. La lengua no tiene ningún valor sin la correspondiente interpretación.

6. Tiene que callarse si no hay intérprete (14:28)

A pesar de que los dones de lenguas e interpretación de lenguas son distintos, no deben ejercitarse independientemente. El que tenía el don de interpretación de lenguas no podía ejercitarlo aparte de la manifestación del don de lenguas y a quien oraba en una lengua le era prohibido hablar si no había alguien con el don de interpretación presente en el momento.

La implicación de esto es que la congregación sabía quién tenía el don de interpretación. Si tal persona o personas, no estaban presentes, se prohibía que alguien hablara públicamente en una lengua, debiendo hacerlo para sí mismo y para Dios. Esta última frase no indica el uso en privado sino durante la reunión , es una meditación en silencio.

Otra implicación del texto es que los preparativos para la reunión tenían que ser hechos de antemano y no improvisados en medio de la reunión. Si todo debía ser en orden y por turnos, entonces alguien tenía la responsabilidad de ordenarlo y designar el turno de cada persona que hablaría. Así que antes de la reunión los participantes eran organizados por los líderes de la iglesia. Habría sido imposible cumplir con este mandamiento si hubiera habido interrupciones en medio del culto o las personas hubieran comenzado a hablar impulsivamente. Pablo quería evitar tal desorden.

Sin embargo, aun el profeta que estaba de turno tenía que ceder la plataforma si había un profeta con una revelación recién recibida. Ningún profeta podía dominar las reuniones. A veces ellos también tenían que callarse.

El concepto de que la persona bajo el impulso del Espíritu no puede controlarse, es falso. Un síntoma de una experiencia carnal, es la pérdida del autocontrol. Cuando alguien está bajo el impulso de la ira, pasión, rabia o miedo, no puede controlarse y los instintos de la carne lo dominan; pero cuando alguien está bajo el control del Espíritu tiene más dominio propio, no menos. Nunca se podrá decir que la llenura del Espíritu nos obligó a ignorar o desobedecer los mandamientos de Su Palabra.

7. Tiene que estar bajo el control del orador (14:32-33a)

"Los espíritus de los profetas están sujetos a los profetas" (14:32). La instrucción a los profetas es similar a la de los que hablaban en lenguas (v. 28). El "espíritu" es la parte interior del hombre que motiva sus acciones. En el contexto se hace referencia a los dones del Espíritu (como en 12:1; 14:12), diciendo que los dones no controlan a la persona dotada, sino que ella controla el don. Los dones de lenguas y profecía (los de hablar) son limitados y controlados, por tanto ,el hablar por impulso no es bíblico.

No hay ninguna indicación en la Biblia de personas llenas del Espíritu que pierdan el control de sí mismos y no sepan lo que hacen. Esto siempre ha sido característica del paganismo, pero no del cristianismo bíblico (1Co.12:2). Ellos fueron animados a seguir hablando hasta que el impulso les salía. Este versículo está insertado en el contexto para dar una manera de evaluar si la persona está hablando por el Espíritu Santo u otro espíritu. En 1 Juan 4:1 dice, "No creáis a todo espíritu, sino probad los espíritus para ver si son de Dios." Pablo está diciendo, "Si alguien no puede controlarse, especialmente en obedecer al orden del culto, no es controlado por el Espíritu de Dios. Tiene otro espíritu que le motiva."

En versículo 33, el "pues" (gar, introducción de una razón) conecta los dos versículos. Dios nunca produce "confusión" (akatastasia, "desorden, rebelión, insurrección", de donde tenemos la palabra "catástrofe"). Todo el servicio debe reflejar el carácter de Dios: paz y orden (vea Ro. 15:33; 2 Ts. 3:16; He. 13:20). Los que son guiados por el Espíritu producen este resultado. Cuando la reunión está en confusión, desorden y caos, el Espíritu no está en control. Los líderes tienen la responsabilidad de hacer callar a los que no estén sujetos a los "mandamientos del Señor" (14:37). Si alguien tiene el impulso de hablar en medio de una reunión, cuando otro está hablando, o hablar en una lengua sin la precaución de averiguar si hay algún intérprete, no está motivado por el Espíritu, sino por su propio orgullo, emoción o un espíritu seductor que motiva la desobediencia a la Palabra.

No hay ninguna indicación de que los dones de profecía, lenguas o cualquier otro don estén asociados con convulsiones, espuma saliendo por la boca, inconsciencia, ojos y cabeza totalmente vueltos hacia atrás, cambio de voz, caídas en el piso, etc., como es notable entre los pentecostales. Estas características no son de paz, ni de orden. Y con mucha razón el incrédulo pensaría que tales personas están "locas" (14:23).

No existe ninguna evidencia de que un trance o éxtasis esté asociado con el don de evangelismo, enseñanza, repartir, servir, administrar, etc. No hay ninguna insinuación de que los escritores sagrados escribieran en medio de un trance o inconscientemente, cuando la Biblia fue inspirada bajo el control del Espíritu.

Así que, cuando hay un mandamiento dado por el Espíritu, los que son controlados por El, tendrán el poder y deseo para obedecerlo (Fil. 2:13). Si hay un impulso incontrolable que domina a la persona llevándola a actuar en forma contraria a lo que el Espíritu ha dicho, obviamente no es el Espíritu quien está motivando a tal persona. De esta manera se debe "juzgar" o discernir si el espíritu es de Dios o no (1 Co. 14:29, 37; 1 Jn 4:1).

8. Tiene que ser practicado por hombres en la reunión (14: 33b-36)

Tal como Pablo puso ciertas limitaciones sobre los que hablaban en lenguas y tenían profecía, así también obligó que aparte de los dos o tres a quienes les era permitido hablar, los demás "callen" (sigaö, " guardar silencio") en la iglesia" (14:28). De la misma manera impuso sobre las mujeres en general que "callen en las congregaciones" (14:34). Pablo dedicó tres versículos al tema de las mujeres, quienes aparentemente estaban hablando en lenguas y profetizando en la iglesia. Todas estas restricciones indican que las personas bajo el control del Espíritu pueden controlarse y someterse a lo que el Espíritu dice a las iglesias. Los que no son controlados o llenos del Espíritu, son incontrolables e impulsivos.

No hay ninguna excusa ni lugar en la reunión para que una mujer hable en lenguas, dé profecía, o hable en general. Las mujeres que contribuían a la confusión en la iglesia de Corinto hicieron la situación peor.

La frase anterior "como en todas las iglesias de los santos" (14:33b), indica que esta regla no era local, ni geográfica, ni cultural, sino aplicable universalmente, a todo tiempo. Los argumentos que tratan de hacer de este versículo un mandamiento limitado al primer siglo, distorsionan y abusan de las Escrituras para desobedecer la clara restricción del Espíritu de Dios (14:37). Algunos comentaristas quieren comenzar el versículo 34 con la frase, "como en todas las iglesias..." Acordémonos de que los originales inspirados no tenían ninguna puntuación. Las divisiones de versículos vinieron luego cuando empezaron a traducir la Biblia o copiar el texto griego de mayúsculas a minúsculas para facilitar la lectura.

La limitación impuesta sobre las mujeres también viene del Antiguo Testamento, "como también la ley lo dice" (14:34). A ninguna mujer se le permitía hablar en las sinagogas. Pablo reiteró esto en 1 Timoteo 2:11-12: "La mujer aprenda en silencio (hësychia, "quieta, sin desorden"), con toda sujeción, porque no permito a la mujer enseñar, ni ejercer dominio sobre el hombre, sino estar en silencio". Pablo no está negando a las mujeres el uso de sus dones de hablar (Hch.21:9) y mucho menos negando la posibilidad que ellas tengan estos dones, sino diciendo que debían usarlos en circunstancias que no incluyeran a toda la iglesia reunida. Parece que 11:5-6 es una excepción a esta regla severa. Pero esto no es lo preferido. No es cuestión de quién es mejor o más inteligente, sino cuál es el orden bíblico.

El argumento de Pablo en 1 Timoteo surge de dos hechos históricos: (1) Adán fue creado primero, después Eva; (2) Adán no fue engañado, sino Eva (2:13-14).

El diseño de Dios es que el hombre dirija en amor y la mujer se someta también en amor.

Las mujeres pueden ser grandes maestras de la Palabra, pero sus dones no pueden ser ejercitados sobre los hombres en la congregación. El orden que Dios ha establecido en la iglesia, tanto como en Su creación, es bajo el liderazgo de los hombres. Cuando este orden es ignorado y desobedecido, Dios no está en control; al contrario, es otro espíritu quien controla la situación para engañar. Pablo declaró que es "indecoroso que una mujer hable en la congregación" (14:35). La palabra "indecoroso" (aischros, "vergüenza, desgracia") indica la opinión de lo que otras personas puedan llegar a pensar de la congregación y más específicamente se refiere a la opinión de Dios mismo acerca de tal congregación.

¡Es una vergüenza para Dios!

La frustración de las mujeres en aquel entonces fue su deseo de aprender, que les motivó a preguntar cosas en la reunión, lo cual causaba interrupciones en el culto y daba un reflejo de las fallas y la pobreza del liderazgo en su hogar. Pablo indicó que la responsabilidad del esposo era enseñar a su esposa. La Biblia prohíbe que la mujer usurpe el rol del hombre por ninguna razón. Dios ha guiado a muchas mujeres a hacer trabajos que otros hombres se han rehusado hacer, pero nunca ha guiado a ninguna a tomar roles que Él ha restringido a hombres.

La restricción aquí y en 1 Timoteo es especialmente para mujeres casadas. La palabra gynaikes, es "mujer" en un sentido general, pero el contexto indica si es soltera (1 Co. 7:34) o casada (1 Co. 5:1; 9:5; y 14 veces en capítulo 7). Hay dos razones que muestran que la mujer aquí es casada: (1) la palabra "estén sujetas" (hypotassesthosan, v. 34), que se aplica siempre a una esposa que se sujeta a su esposo (Ef. 5:22; Col. 3:18; Tit. 2:5; 1 P. 3:1, 5); (2) la frase "a sus maridos" (14:35), que expresa a quiénes debían consultar si hubieran tenido preguntas. La sumisión no obligó su silencio en casa (14:35) sino en la iglesia. Sería difícil si eran solteras o tenían esposos incrédulos (7:13). Parece que otras mujeres podían participar en una forma limitada, sin tomar autoridad o enseñanza sobre hombres si estaban adornadas correctamente (11:2-16). El silencio de la mujer demostrará su sumisión a su marido. Debe notar que ésto nunca implica inferioridad. La relación de hombre y mujer es parecida a la del Padre y el Hijo (1 Co.11:3).

El Hijo está constantemente en sumisión al Padre (Mt.26:39; He.10:7), pero nunca ha dejado de ser igual al Padre en todo (Jn.5:17-18; 10:30; 14:9; Fil.2:6) Dios estableció el orden de liderazgo, autoridad y sumisión, sin ninguna insinuación de inferioridad.

La referencia a la "Ley" es probablemente una referencia a Génesis 3:16 donde se dice a la mujer: el hombre "se enseñoreará sobre ti"; lo cual implica subordinación con igualdad. Algunas presumían de tener más autoridad que la Biblia, o que el apóstol Pablo, poniéndose por encima de las Escrituras al ignorarlas o interpretarlas como les parecía conveniente. El sarcasmo de Pablo en 14:36 fue muy agudo, pero obviamente el problema lo merecía. En efecto está diciendo, "Si no escribieron la Palabra, entonces obedézcanla." Ningún creyente tiene el derecho de ignorar, alterar, o desobedecer la Palabra de Dios.

Aparentemente los de Corinto querían cambiar todas las iglesias a como ellos actuaban.

Las mujeres tienen el derecho de aprender, pero no preguntar en la iglesia, sino a su marido "en casa" (14:35).

Una pregunta en medio de la congregación puede dañar la autoridad del orador. Varias cosas están implícitas en el texto:
1. El hombre sabe más que la mujer.
2. El hombre recibe más instrucción bíblica en la iglesia que en las reuniones públicas.
Si no tiene esposo, o esposo creyente, tiene que aprender de otros hombres o de mujeres autorizadas a enseñar a las mujeres (Tit.2:4).

9. Se tiene que ignorar a los que ignoran lo que Pablo escribió (14:38)

Pablo anticipaba que habría una oposición a sus instrucciones (11:15), pero los que se le opusieran tomaban sus riesgos (4:18-21). La advertencia en 14:37 es seguida por la consecuencia en 14:38.

Los que trataban las palabras de Pablo como si hubieran sido su propia opinión, que se podía discutir o modificar, se equivocaban gravemente. Pablo no estaba enseñando su opinión o filosofía, sino REPITIENDO lo que el Señor le había dicho que escribiera: "son mandamientos del Señor" (14:37). Pablo no está enseñando opciones, ni preferencias, sino órdenes directas de Jesús. Como dijo en 11:23, "yo recibí del Señor lo que también os he enseñado". Lo cual indica que la autoridad apostólica no residía en el apóstol. El era tan sólo el vocero de lo que Dios le había dicho, así que Pablo nunca dijo lo que Dios no le había dicho. Pablo no pretendía infalibilidad en su persona, pero declaró que todo cuanto él enseñó acerca de Dios, de Su evangelio y de Su iglesia, fue la enseñanza de Dios mismo: "mandamientos del Señor." De vez en cuando expresó sus opiniones sin haber oído instrucción exacta de Jesús, pero en esas raras ocasiones (cap.7) él es cuidadoso de declararlo. Sin embargo, bajo la inspiración, tiene el mismo peso y autoridad de las palabras de Jesús.

Sin importar su posición, entrenamiento, experiencia, talentos o capacidades, si alguien rechaza las enseñanza del apóstol Pablo, ellos también tenían que ser rechazados y no reconocidos como maestros o líderes de Su iglesia. Ninguna autoridad puede anular la autoridad apostólica de Pablo.

El verbo "ignore" (agnoeo, "no ser reconocido, ni entendido; descartado") es "sea ignorado" y expresa la actitud que los demás debían tener hacia el que rechazara estos principios. Puede ser que fuera el Señor quien le iba a ignorar (Mt. 10:32-33), porque sus acciones indicaban que nunca le había conocido (1 Co. 8:3; Mt. 7:22-23; 1 Jn. 4:6). O el verbo puede indicar lo que Pablo esperaba que la iglesia hiciera: no reconocer a tales personas. Es una forma de disciplina de parte de la iglesia, descartando falsos maestros que rehúsan conformarse a las enseñanzas de Pablo.

Este ostracismo no necesariamente excluyó de la iglesia, pero sí prohibió ejecutar el don en la congregación.

10. Tiene que hacerse todo decentemente y con orden (14:39-40)

El énfasis preferido en la congregación tiene que ser la profecía, porque es el don edificador e instructor de la Iglesia. La profecía es importante porque la edificación es vital.

Dios no es un Dios de confusión, sino de paz (v.33). Los dones de El, entonces, son capaces de ser controlados. Los que interrumpen la paz y orden del culto por insubordinación o actividad incontrolable, son engañados o están fingiendo. La naturaleza de Dios tenía que ser reflejada en la reunión, donde la paz y el orden predominaran.

En el contexto, las restricciones contra el uso de las lenguas eran tan severas que algunos podían interpretar el capítulo diciendo que Pablo quería eliminar por completo la práctica de lenguas. Sin embargo, si obedecían las reglas del ejercicio de los dones de lenguas y profecía, podían permitir que hubiera una manifestación genuina del don de lenguas. Parece que las reglas hacían muy difícil la manifestación de lenguas falsas. El verbo "no impidáis" está en el plural, es decir, dirigido a la iglesia y no a individuos. Pablo no estaba animando a nadie a buscar el don de lenguas pues éste era un don muy limitado en propósito, función y duración. Mientras que el don de lenguas, estuviera activo, no debía ser despreciado o impedido en la iglesia, pero siempre bajo las normas de 1 Corintios 14, con el fin de ser interpretada para la edificación de la iglesia.

Pablo no estaba diciendo que a cualquiera que hablara en una lengua debía permitírsele participar en la reunión. Por tanto, nosotros tenemos la responsabilidad de obedecer todo el capítulo en su contexto y de corregir el abuso o énfasis exagerado de las lenguas en la iglesia. Se nos exhorta a asegurarnos de que los dos o tres hombres a quienes se permita hablar con intérprete, lo hagan cada uno en su turno (14:27), a discernir si sus mensajes están de acuerdo o no con la Palabra de Dios (14:29), mientras los demás callan, y a nunca permitir que las mujeres hablen en lenguas (14:34-35).

El mandamiento de hacer "todo decentemente" (euschemonos, "decorosamente, hermosamente, atractivamente"; "honradamente" en 1 Ts. 4:12; "honestamente" en Ro. 13:13) se refiere al resultado de guardar las reglas del capítulo que corregían el hecho de hablar en una lengua a pesar de no ser entendido; el que varios hablen simultáneamente; el que las mujeres hablen en la congregación, etc. La palabra "decentemente" es un compuesto (eu="bien" más chemonos= "formado") que significa armonía y atracción. Cuando los mandamientos de Dios son guardados todo es hermoso y armonioso.

La palabra "orden" (taksi, "sucesión fija, procedimiento, precedente") significa en "turno" o "uno por uno" (v. 27). Si algo es impulsivo, no planeado, al azar o sin control, no proviene de Dios. Es un término militar que se refiere a cada soldado en su lugar, cumpliendo su trabajo correctamente y a tiempo. Por tanto es la responsabilidad de los líderes de la iglesia delante de Dios que las actividades o reuniones de la congregación ocurran conforme a las reglas del N.T. Dios es un Dios de hermosura y armonía, decoro y orden. Todo lo que Sus hijos emprenden debe reflejar Sus cualidades.

CAPITULO
— 14 —
Catorce áreas de evidencia por las que las lenguas cesaron.

La cuestión ahora es la duración de ciertos dones. ¿Son permanentes todos los dones? ¿Son algunos temporales? ¿Han cesado todos? A estas preguntas, algunos responden que todos los dones han tenido una manifestación permanente a través de toda la historia de la Iglesia y la tendrán hasta el regreso de Cristo. Otros, en cambio, afirman que ciertos dones cesaron con los apóstoles y profetas en el siglo I, mientras que la mayoría de ellos han continuado hasta hoy. Finalmente, unos pocos toman la posición de que hoy no existe la manifestación de ningún don, sino que los miembros se sirvan los unos a los otros en la enseñanza y la ayuda mutua.

Sabemos que por lo menos tres dones no fueron permanentes, porque 1 Corintios 13:8 dice, "pero las profecías se acabarán y cesarán las lenguas y la ciencia acabará." La cuestión es: ¿cuándo terminarían los dones mencionados? Los carismáticos aseguran que todos los dones continúan hoy como en el primer siglo. El enfoque de esta sección será principalmente los dones de lenguas y señales. Sin embargo, mucha de la evidencia contenida en este capítulo puede aplicarse a los dones de milagros y sanidades, aunque no es directamente el enfoque aquí. La evidencia será dividida en cinco áreas de relaciones, con un total de catorce factores.

Algunos factores son más claros y conclusivos que otros, pero la conclusión no depende exclusivamente de un solo argumento, sino de la evidencia acumulada. Hay un principio de hermenéutica inductiva que permite la formación de una doctrina por la acumulación de evidencias bíblicas cuando no existe un versículo específico que aclare la enseñanza. Un ejemplo de esto es la doctrina de la Trinidad, que se infiere por la cantidad de evidencia a su favor.

Las cinco categorías de relación con el don de lenguas son:
1. Relación de las lenguas con Dios e Israel
2. Relación de las lenguas con la fundación de la Iglesia
3. Relación de las lenguas con la confirmación del canon
4. Relación de las lenguas con la autenticación de los apóstoles
5. Relación de las lenguas con Hechos y la Historia Primitiva[17]

Una de las suposiciones de los carismáticos es que el Espíritu está operando hoy de la misma manera que en el primer siglo. El lema popular es Hebreos 13:8, "Jesucristo es el mismo ayer y hoy y por los siglos". Su razonamiento es el siguiente: "Si Jesús sanaba en el primer siglo, entonces, todavía está sanando". Pero este argumento tiene una falla: "Si Cristo es Dios y siempre es el mismo, ¿porqué no estaba sanando en el siglo segundo o tercero antes de Su primera venida? Si Cristo comenzó en un momento dado a sanar, entonces no siempre fue el mismo." Jesús no siempre sanaba. Aún en su propia vida no fue siempre el mismo con respecto a los milagros, pues no comenzó a hacerlos sino hasta después de ser bautizado por Juan. Además, no hay evidencia de sanidades realizadas por Jesús después de Su resurrección. Afirmar, pues, que las cosas que Cristo hacía en ciertas ocasiones, siempre las hizo y hará, no tiene fundamento bíblico. El texto en realidad está diciendo otra cosa.

En el contexto de Hebreos 13, el autor hace un contraste entre Jesús y los grandes líderes que la Iglesia primitiva tuvo y que, aparentemente ya no estaban más. El uso del tiempo pasado en versículo 7, indica que solamente quedó la memoria y ejemplo de aquellos líderes. En contraste con ellos, Jesús dijo "No te desampararé, ni te dejaré" (13:5), así que podemos decir "El Señor es mi ayudador ..." (13:6). La enseñanza es que los hombres van y vienen, pero Jesús siempre está presente; Su presencia, esencia, carácter y cualidades nunca cambian. El versículo nada tiene que ver con la continuación de los milagros en la iglesia.

Al empezar veremos la relación de los dones de milagros y lenguas con Dios e Israel.

I. LAS LENGUAS EN RELACIÓN CON DIOS E ISRAEL

Antes de comenzar nuestro análisis, sería importante aclarar la hermenéutica que utilizaremos; interpretamos la Biblia histórica, gramática y culturalmente. Este método de interpretación está en oposición a la interpretación alegórica que espiritualiza todo lo que puede de acuerdo a la imaginación del intérprete. Hay ciertos pasajes que se prestan a la alegoría en la predicación, pero no en la enseñanza del texto. Un pasaje de las Escrituras da una enseñanza específica en su contexto histórico, en su forma gramatical y literal. Hacerlo decir otra cosa es una perversión del texto y puede conducir a muchos errores, como veremos.

En segundo lugar, es importante entender el significado del "misterio" de la Iglesia. Pablo dijo, "Por revelación me fue declarado el misterio ... que en otras generaciones **no se dio a conocer** a los hijos de los hombres, como ahora es revelado a sus santos apóstoles y profetas por el Espíritu ... la *dispensación del misterio* **escondido** desde los siglos en Dios" (Ef. 3:3, 5, 9). Antes del apóstol Pablo, especialmente, nadie sabía de la Iglesia. Cuando Jesús la mencionó en Mateo 16:16, no llamó la atención porque no anticipaba algo distinto de lo que tenían en el judaísmo. Solamente por las revelaciones dadas a Pedro y Pablo, pero especialmente a Pablo, los hombres llegaron a entender de la existencia de la Iglesia. Así que, en el Antiguo Testamento no hay revelaciones o profecía acerca de la Iglesia, sino del período que sigue a esta dispensación, el milenio.

En el Antiguo Testamento había muchas profecías de una Era de Milagros. Pero si la Iglesia era un misterio — y la Escritura así lo declara —, no se pueden aplicar aquellas profecías a la Iglesia, sino a Israel en el milenio. Dado que histórica, gramática y literalmente se refieren a Israel, se debe mantener la misma interpretación siempre. Los alegoristas quieren aplicar toda la Biblia a la Iglesia, pero no fue escrita con esta intención.

Hay tres factores de la relación de milagros con la nación de Israel.

Factor 1: Los milagros y señales serán la norma   cuando Cristo esté sobre la tierra

Cuando Isaías escribió su profecía de la venida del Mesías, describió la época de la siguiente manera: "Florecerá profusamente ... la hermosura del Carmelo y de Sarón ... Fortaleced las manos cansadas, afirmad las rodillas endebles ... Decid a los de corazón apocado: Esforzaos, no temáis; he aquí que vuestro Dios viene con retribución ... Dios mismo vendrá y os salvará ... Entonces los ojos de los ciegos serán abiertos y los oídos de los sordos se abrirán. Entonces el cojo saltará como un ciervo y cantará la lengua del mudo ... No habrá allí león, ni fiera subirá por él ..." (35:2-6, 9). La profecía se aplica al área geográfica de Israel ("Carmelo y Sarón") en un tiempo cuando "Dios viene ... Dios mismo vendrá" y cuando habrá sanidades en abundancia. Las tres épocas de milagros que hemos estudiado (Moisés, Elías y Jesús) eran pequeñas erupciones de milagros en comparación con la época del milenio. Una "erupción" de milagros significa algo local, en vez de universal. Todas las tres épocas de milagros en la Biblia eran muy limitadas y locales.

Sin embargo, los apóstoles que vieron estos milagros anticipaban el resto del cumplimiento de Isaías 35. Mas cuando los discípulos de Juan vinieron a Jesús, preguntando si El era el Mesías, Jesús respondió: "Id y haced saber a Juan las cosas que oís y veis. Los ciegos ven, los cojos andan, los leprosos son limpiados, los sordos oyen, los muertos son resucitados ..." (Mt. 11:1-5). Jesús les dio la prueba de Isaías 35 como la evidencia de que El era el Mesías. Pero Jesús cumplió solamente un breve aspecto de aquella profecía, una introducción y nada más. Así como era la NORMA cuando Jesús estaba en la Tierra, así será durante Su reinado milenial y más aún porque será universal.

Cuando Pedro predicó en aquel día de Pentecostés, estaba lleno de expectación. Tanto, que comparó lo que sucedió con la profecía de Joel 2:28-32 (Hc. 2:16-21). Pero Pedro estaba haciendo una comparación y nada más, porque ¡ninguna parte de la profecía se cumplió! Si se interpreta que Pedro dijo que el acontecimiento en Hechos 2 había cumplido la profecía de Joel 2, entonces Pedro no era profeta e hizo falsas profecías, porque nada de cuanto dijo se llevó a cabo.

En el pasaje anterior a Joel 2:28-32, las siguientes profecías tienen que cumplirse **antes** del derramamiento del Espíritu:

1. Israel será saciado de pan, mosto y aceite — Israel nunca más será puesta en oprobio en el mundo (v. 19)
2. El enemigo del norte será destruido (v. 20; Zac 14:2; Daniel 11:40; Joel 3:9, 12)
3. La tierra, animales y el fruto florecerán.
4. Una abundancia de lluvia. (v. 23)
5. Trigo, vino y aceite serán en abundancia. (v. 24)
6. La restauración de Israel en forma permanente:"nunca jamás será avergonzado".
7. Dios estará "en medio de Israel".

El versículo 28 comienza con estas palabras: "Y **después de esto** derramaré mi Espíritu …" Después de cumplir las siete profecías mencionadas, Dios va a derramar Su Espíritu como describe Joel 2. Primero Dios va a restaurar la nación de Israel a una posición de supremacía en el mundo y a cambiar el clima de Israel para favorecer la agricultura en forma tremenda. Ninguna de estas cosas ocurrió en Hechos 2 ni en toda la historia de la Iglesia. Así que todas son futuras todavía.

El derramamiento del Espíritu y las otras manifestaciones de Joel 2:28-32 tienen que ocurrir después de estas profecías. Habrá "prodigios en el cielo y en la tierra, sangre y fuego y columnas de humo. El sol se convertirá en tinieblas y la luna en sangre, antes que venga el día grande y espantoso de Jehová" (Jl. 2:30-31). Además de las siete señales mencionadas, estas señales de prodigios visibles a todo el mundo tienen que ocurrir ANTES de aquel derramamiento del Espíritu. Estas profecías son idénticas a las que encontramos en Apocalipsis al final de la Tribulación. Así que el tiempo del cumplimiento de esta profecía será después de la Segunda Venida de Cristo, no después de Su Primera Venida, pues son las profecías del comienzo del Milenio.

No hay una edad de milagros prometida antes de la segunda venida de Cristo, sino **después** de Su venida por segunda vez. Todos los hijos de Israel serán profetas, soñarán sueños y verán visiones. Habrá sanidad para toda enfermedad. Aquel será un milenio de milagros.

La pregunta natural sería, ¿por qué Pedro usó Joel 2 en Hechos 2? ¿Cumplieron la profecía de Joel 2 los eventos de Pentecostés? Una traducción literal de Hechos 2:16 es: "pero esto es la cosa que ha sido dicha por el profeta Joel". La palabra griega traducida "la cosa" es neutra y se refiere a todos los acontecimientos de la profecía. Obviamente Pedro conocía bien la profecía porque citó el texto de memoria en forma espontánea y sin preparación. Su mensaje no comenzó hasta Hechos 2:22. La referencia a Joel 2 fue en respuesta a la acusación de estar ebrios (2:13).

Hay dos posibilidades si tomamos el texto literalmente:

(1) Pedro anticipaba el establecimiento del Reino inmediatamente. Si Israel se hubiera arrepentido en las primeras predicaciones del evangelio, es posible que Dios hubiera establecido el Reino. La oferta de "salvación" hecha por Pedro (Hechos 2:21) es tan milenial como espiritual (vea 3:19-23). Todas las señales habrían sido cumplidas de alguna manera si Israel se hubiera arrepentido. El concepto de la Iglesia era un misterio a los profetas y aún a los apóstoles, hasta que fue revelado al apóstol Pablo algunos años después.

(2) Pedro estaba utilizando la profecía de Joel 2 como una defensa de sus acciones en respuesta a la acusación de estar ebrios. Está diciendo que el hablar en una lengua no era tan absurdo, pues los profetas habían hablado de tales cosas. Joel había dicho que Dios derramaría Su Espíritu y quienes lo recibieran iban a profetizar. Así fue lo que sucedió en el día de Pentecostés. Por la manera en que citó casi todo el contexto, dio a entender que los eventos ocurridos en Hechos 2 no eran el cumplimiento de toda la profecía, sino que la citaba como una defensa para probar que sus acciones tenían fundamentos bíblicos.

Factor 2: Si los milagros y señales fueran para esta época, entonces el cumplimiento literal de las profecías tendría que ser espiritualizado (Joel 2)

Cuando uno no quiere aceptar literalmente ciertos elementos de una profecía porque no concuerdan con su teología o escatología, la manera de tratar el texto es por espiritualización o alegoría. El pasaje en Joel 2 ha sido espiritualizado porque su cumplimiento literal no encuadra dentro de la época de la Iglesia. Los que niegan la existencia de un milenio (amilenialistas) tienen que explicar el texto de otra manera, así que espiritualizan las promesas físicas hechas a Israel (cosechas, frutas, animales y supremacía nacional) con el propósito de transformarlas en bendiciones espirituales para la Iglesia. Cada elemento físico tiene su elemento correspondiente en lo espiritual; todo depende de la imaginación y creatividad del intérprete. Por ejemplo, la interpretación de las "lluvias temprana y tardía" de Joel 2:23 es frecuentemente mencionada en la predicación de los carismáticos, espiritualizando el versículo para decir que Dios derramó Su Espíritu en el día de Pentecostés (la lluvia temprana) y luego en el fin de la Iglesia está derramando Su Espíritu como en el principio (la lluvia tardía). Esta interpretación es usada para defender el movimiento carismático contemporáneo, ¡pero el único problema radica en que es una perversión del texto!

Todo el contexto está hablando de promesas físicas para la tierra prometida cuando Dios esté "en medio de Israel" (Joel 2:27). Pero no solamente fue Joel quien habló de una era del Espíritu, sino también Isaías (32:15, 44:3) y Ezequiel (11:19; 36:26). ¿Cómo se puede tomar literalmente la parte de las profecías que se refiere al Espíritu, mientras se espiritualizan las demás profecías? Se tiene que interpretar la Biblia con una hermenéutica constante.

¿Dónde está la evidencia en la Biblia de un derramamiento del Espíritu en los últimos días de la Iglesia? ¿Cómo es que Joel está hablando de la era de la Iglesia cuando Pablo dijo que era un misterio a todos los profetas de la antigüedad? ¿Dónde está la evidencia bíblica para la enseñanza de que habrá más señales y prodigios en el fin de la Iglesia? ¡No existe! Es ilegítimo enseñar algo que no tiene bases bíblicas. La única cosa que la Biblia dice que ocurrirá en el fin de la Iglesia es el aumento de falsos milagros y falsos profetas.

El pasaje en Joel 2 se refiere a lluvias literales y una tierra literal (Israel). Los términos "temprana" y "tardía" se refieren al comienzo y fin de la estación lluviosa en Israel. Las lluvias comienzan en el otoño (lluvia temprana) y vuelven a tomar fuerza al final de la estación en la primavera (lluvia tardía). Ninguno de los pasajes que se refieren a la lluvia tardía se relacionan con el derramamiento del Espíritu o el repartimiento de los dones. Pedro interpretó el tiempo del cumplimiento de la profecía de Joel cuando dijo, "en los postreros días" (Hc. 2:17). Dio a entender así, que no es para el comienzo de los días de la Iglesia, sino para el tiempo del fin, después de la Tribulación.

Interpretar estas profecías aplicándolas directamente a la Iglesia tiene otros problemas. Si Hechos 2 se refiere a la época de la Iglesia como "los postreros días", es decir, si Pedro está diciendo como afirman los que alegorizan, que la Iglesia es "los postreros días", entonces no habría una distinción entre "temprana" y "tardía", pues toda la época de la Iglesia sería "tardía". El pasaje, entonces no se prestaría para el concepto de un tiempo de dones y milagros, seguido por un período de poco o nada y luego por otro de más dones y milagros.

Otro problema es la profecía del derramamiento del Espíritu sobre "toda carne", pues actualmente se ve sólo sobre los pentecostales o carismáticos. Además es inconsistente decir que el derramamiento del Espíritu se aplica solamente a ciertos dones con casi ninguna referencia a los de evangelista, maestro, exhortación, misericordia, etc. No hay en la Biblia ninguna insinuación de que Dios daría ciertos dones en el primer siglo, luego permitiría que desaparecieran por 1800 años y ahora esté dándolos otra vez. Tal enseñanza es pura invención e imaginación de hombres.

Factor 3: Si los milagros y lenguas eran señales de juicio contra Israel por su incredulidad, no tienen ningún propósito después de 70 D.C., cuando Israel fue destruida. (1 Co. 14:21-22)

En 1 Corintios 14:21-22 vimos que las "lenguas" eran una señal para "este pueblo" (14:21). La profecía en Isaías 28 fue escrita como una señal judicial contra Israel. Del mismo modo que Isaías usó la señal de gente que hablaba otra lengua como una advertencia de la destrucción de Israel si no se arrepentía, así Pablo dijo que las lenguas eran una señal para los incrédulos, especialmente judíos incrédulos que entendían el significado de la señal.

Pablo escribió 1 Corintios en el año 54 D.C. Dios estaba dando la señal desde el año 33 D.C., e iba a seguir dándola hasta que la nación de Israel fuera destruida por los Romanos en el 70 D.C., es decir, unos 16 años después de haberse escrito 1 Corintios. La nación, pues, dejó de existir. Si las lenguas eran una señal de que Dios iba a destruir la nación de Israel otra vez, entonces éstas no tendrían sentido o utilidad bíblica después de la destrucción de Jerusalén e Israel.

Sabemos por 1 Corintios 13:8 que en un momento dado las lenguas iban a desaparecer. Ahora bien, si además sabemos que las lenguas eran una señal para los incrédulos, especialmente para los judíos, tiene sentido que desaparecieran después de la destrucción de la nación de Israel. No habría razón para la continuación de una señal para una nación que dejó de existir.

A lo largo del Antiguo Testamento encontramos el principio de la intervención milagrosa de Dios hasta el momento en que no hubo necesidad de tal intervención. Por ejemplo, en Josué 5:12 leemos, "Y el maná cesó el día siguiente, desde que comenzaron a comer del fruto de la tierra; y los hijos de Israel nunca más tuvieron maná." Después de 40 años de proveer el maná diariamente, Dios dejó de proveerlo porque no hubo necesidad. Las acciones de Dios cambian, no siempre son milagrosas. Todo depende de la necesidad y el propósito de las señales y los milagros. Cuando han cumplido sus propósitos, dejan de existir. Así es lo que pasó con las lenguas; ya no tenían un propósito que cumplir después de la destrucción de Jerusalén en 70 D.C. y por tanto cesaron.

II. LAS LENGUAS EN RELACIÓN CON LA FUNDACIÓN DE LA IGLESIA

En la segunda categoría de evidencias con respecto al cese de las lenguas, examinaremos su relación con la fundación de la Iglesia. En 1 Corintios 13, las lenguas están relacionadas con los dones de ciencia y profecía, que fueron directamente responsables de la fundación de la Iglesia; y al parecer había alguna asociación entre estos tres dones. La única iglesia que manifestó el don de lenguas, aparentemente, fue la de Corinto, pero es posible que haya habido otras. ¿Cuál fue su propósito? ¿Hay más indicaciones de que las lenguas eran temporales? Estos factores surgen de 1 Corintios 13 y 14.

Factor 4: Las lenguas están relacionadas con el período de la infancia de la Iglesia y cesaron cuando ésta maduró.

En el texto de 1 Corintios 13:8-11, Pablo está comparando varios dones transitorios con la permanencia del amor. Los dones que nunca tuvieron el propósito de ser permanentes en la Iglesia eran ciencia, lenguas y profecía. El versículo 8 dice, "las profecías se acabarán y cesarán las lenguas y la ciencia acabará." La pregunta lógica es ¿cuándo? En el capítulo, Pablo usó diez adverbios de tiempo: "cuando, entonces, ahora, mas entonces, mas cuando". Así que es obvio que el texto fue escrito para indicar el tiempo de la terminación de los tres dones mencionados.

En su argumento, Pablo hace una comparación de su niñez con lo que estaba pasando en el desarrollo de la Iglesia en aquel entonces. La ilustración era la de un niño que llegó a ser un hombre. En la mente de un judío, esto indicaba su Bar Mitzva ("hijo de la ley"). Antes el niño judío era considerado tan sólo un niño, pero después, un hombre. Esto no indicaba que ya era maduro en todo sentido, sino que ahora tenía las responsabilidades de un hombre. Todavía tenía mucho por madurar, pero ya no era un niño. ¿Qué representa el "niño"? ¿Cuándo pasó el cuerpo de la niñez a la madurez?

El testimonio de la experiencia de Pablo en su niñez tiene que representar el tema del contexto: el funcionamiento del cuerpo de Cristo. Por tanto, el desarrollo del "niño" es el desarrollo de la Iglesia de un estado de inmadurez, a un estado de madurez. La transición desde la niñez a un nivel de madurez ocurrió temprano en la vida de Pablo y es de entenderse que tal transición ocurrió también temprano en la vida de la Iglesia. Como en la vida de un judío, la madurez no es absoluta, sino relativa, así también la madurez de la Iglesia sería relativa. Ocurría en la vida de un judío a los doce años, cuando inmediatamente se le consideraba un hombre, aunque obviamente tenía mucho por madurar todavía.

En el texto 13:8-12 hay tres ilustraciones, y todas indican el tiempo del mismo evento: cuando ciertos dones iban a desaparecer. No son diferentes tiempos o eventos, sino simultáneos. Pablo estaba mirando hacia el futuro cuando lo escribió. Y para interpretar el pasaje tenemos que ponernos en el lugar de Pablo (proyectarnos desde su punto de vista) y mirar lo que él vio. Al momento de redactar su carta, tan sólo tres o cuatro libros del N.T. habían sido ya escritos, lo cual representaba muy poco de la revelación del N.T. Por esta causa, Pablo se sentía limitado en el contexto como si le hubiera faltado más entendimiento, como un niño que no entiende todo. La emoción de Pablo era que él quería ver al niño (la infancia de la Iglesia) llegar a ser hombre (la madurez relativa de la Iglesia).

El verbo "dejar" del versículo 11 ata esta ilustración con el contexto, porque es el mismo verbo en versículos 8, 10 y 12. El verbo es katargeo, traducido "acabar, dejar". Significa "hacer inactivo, inoperante o inválido; abrogar; abolir".[18] La manera en que la "iglesia" hablaba, pensaba y juzgaba iba a ser cambiada por una forma más madura y completa.

Es posible que estos tres verbos estén en paralelo con los tres dones del versículo 8, puesto que el mismo verbo es utilizado en el mismo contexto con el mismo énfasis: algo inmaduro o incompleto es cambiado por algo maduro o completo. Así que, el momento en que los dones de profecía y ciencia son reemplazados por algo que ellos producían parte por parte, una vez ya completo, determina el tiempo de la transición de la niñez a la madurez de la Iglesia.

Josefo Dillow marcó ciertas pautas de la madurez que iluminan este pasaje. Un niño llega a ser un hombre cuando es **independiente**. Un joven es maduro cuando sale de su casa y puede sostenerse independientemente de sus padres (vea Gé. 2:24; Mt. 19:5). El cristianismo se desarrolló del judaísmo; y en un sentido, el judaísmo fue como la madre de la Iglesia en su infancia, pues en sus comienzos la Iglesia estaba completamente identificada con Israel.

Por un largo tiempo la Iglesia era prácticamente judía; y hasta Hechos 11:19, el evangelismo de la Iglesia se realizaba exclusivamente entre los judíos, con muy pocas excepciones. Entre los años 32-70 D.C., la Iglesia fue considerada como una secta o denominación de los judíos y no alcanzó su independencia de Israel completamente hasta cuando la nación fue destruida por los Romanos, momento en que la Iglesia siguió creciendo independientemente de los judíos y los creyentes no se reunieron más en las sinagogas, ni dependían de los judíos para su liderazgo.

Otra característica de madurez es **entendimiento**. Un niño llega a ser un hombre cuando ha entendido las cosas necesarias para funcionar como adulto.

En el contexto, Pablo estaba motivando a los creyentes a madurar y no ser como niños (14:20) en su "modo de pensar." El problema era que no entendían el propósito de las lenguas. Pensar mal era el motivo de su inmadurez. Pero al entender todo lo que Pablo estaba revelando con respecto a las lenguas serían más maduros. La madurez que Pablo buscaba era el conocimiento de la Palabra. Lo que debían entender fue que las lenguas eran una señal a Israel, antes que Dios les destruyera, es decir, mientras Israel existiera.

Así que, cuando la Iglesia llegó a su independencia de Israel y alcanzó el entendimiento necesario, ella pasó de su niñez a su madurez relativa. Pero después tuvo que seguir creciendo en su dependencia de Dios y aplicando la revelación completa de Sus instrucciones dada en la Palabra.

En la ilustración de 13:11 se indica que los instrumentos o elementos de comunicación del niño (hablar, pensar y juzgar) iban a ser mejorados con algo tan superior y completo que produciría su madurez. Pero aquellos elementos quedarían después eliminados e inutilizados.

Factor 5: Los dones de lenguas, profecía y ciencia están asociados con el fundamento de la Iglesia

En el principio, los dones de ciencia y profecía eran medios para transmitir a la Iglesia la Palabra de Dios. Una vez entregada la revelación divina, aquellos instrumentos dejaron de ser necesarios y fueron acabados o anulados (13:8). En Apocalipsis 22:18 dice, "Yo testifico a todo aquel que oye las palabras de la profecía de este libro: Si alguno añadiere a estas cosas, Dios traerá sobre él las plagas que están escritas en este libro." Casi el último versículo de la Biblia prohíbe que haya más profecías. Ahora, puesto que las profecías son el resultado del don de profecía, es entonces evidente que el don de profecía tiene que haber terminado con la terminación del Nuevo Testamento. Por otra parte, aunque el don de ciencia no es mencionado en el N.T. aparte de 1 Corintios 12 y 13, por implicación está siempre ligado al de profecía; así que cuando uno terminó, el otro también.

En 1 Corintios 13:8, el don de lenguas es asociado con los dones de ciencia y profecía. Parece que el tiempo de terminación de uno de los dones es prácticamente el mismo tiempo de la terminación de los demás asociados con él. De los dones que tienen relación con los profetas, el don de apóstol tiene más evidencia en el N.T. como para definir lo que pasó en la Iglesia primitiva. Lo que pasó con los apóstoles, pasó también con los profetas y por implicación lo que pasó con los profetas, también pasó con los que tenían el don de lenguas. Comenzamos donde tenemos más luz, para ver la aplicación donde tenemos menos luz en las Escrituras.

En Efesios 2:20-21 leemos, "Edificados sobre el fundamento de los apóstoles y profetas, siendo la principal piedra del ángulo Jesucristo mismo, en quien todo el edificio, bien coordinado, va creciendo para ser un templo santo en el Señor." Algunos desearían que el pasaje dijera que los apóstoles y profetas pusieron el fundamento de la Iglesia y que éstos siguen ampliando tal fundamento a través de la obra misionera que comienza nuevas iglesias en nuevas regiones del mundo. Sin embargo, no es correcta tal interpretación de estos versículos.

La frase "fundamento de los apóstoles y profetas" está en el caso genitivo en el griego que puede indicar contenido, posesión, relación, pero aquí significa aposición. Sería literalmente traducida, "el fundamento que es los apóstoles y profetas". "Los apóstoles y profetas" están en aposición con "el fundamento", es decir, son la misma cosa. El fundamento son los "apóstoles y profetas".

Pablo está usando la imagen de un edificio que consta de gente. La "piedra principal" es una persona, Jesucristo; el fundamento son los apóstoles y profetas y es evidente que el "edificio" son los demás creyentes. Pablo usó la segunda persona del plural cuando se refirió al edificio: "vosotros sois", como si él se hubiera considerado como otra parte del edificio. Los apóstoles no plantaron el fundamento, sino que lo eran.

En el contexto de Efesios, el término "iglesia" no es una iglesia local, sino la Iglesia Universal, todo el cuerpo de Cristo. Los gentiles y judíos habían sido unidos en un nuevo cuerpo (v. 15), la Iglesia. Los gentiles ahora son parte de "la familia de Dios", la Iglesia (v. 19). En el contexto no hay indicación de que ésta sea una referencia a una iglesia local, sino más bien a la Iglesia Universal. Los creyentes en Éfeso son parte del Edificio construido sobre el fundamento. Por esto el fundamento tenía que venir primero y ya había sido establecido. La palabra "edificados" (epoikodomethentes) es participio aoristo pasivo, el cual indica que el fundamento ya estaba colocado antes que el edificio fuera puesto encima.

Así que la Piedra Principal es Jesucristo, el Fundamento son los apóstoles y profetas, el Edificio es la Iglesia. Así como no hay necesidad de más piedras principales, tampoco hay necesidad de más fundamentos para el edificio de la Iglesia. La Iglesia se aprovecha de la obra redentora cumplida por Jesús y de la obra inspirada hecha por los apóstoles y profetas.

*En el diagrama a la derecha podemos ver que la piedra principal y el fundamento quedan fijos y la única cosa que "va creciendo" es el edificio (Ef. 2:21). Lo único que continúa creciendo es el edificio, no el fundamento.

El imperativo de un tiempo limitado para la existencia de apóstoles es indicado en 1 Corintios 4:9, "Porque según pienso, Dios nos ha exhibido a nosotros los apóstoles como postreros, como a sentenciados a muerte". El artículo que acompaña a "apóstoles" indica un grupo específico; y el verbo "ha exhibido" (tiempo pasado, aoristo) es un hecho ya cumplido, es decir que no hay continuidad.

En 1 Corintios 15:8 leemos, "y al último de todos, como a un abortivo, me apareció a mí." Pablo describe aquí su elección como apóstol: (1) Fue el último de los apóstoles. La palabra implica un aspecto temporario, que tiene que ver con tiempo. Es decir que en relación al momento de su elección para el apostolado fue el último apóstol. No hubo más apóstoles después de Pablo. (2) Fue un "abortivo". No se refiere a la manera en que Jesús apareció a Pablo, con desprecio o rechazo, sino al tiempo de Su aparición. La selección de Pablo fue un tanto anormal, pues estuvo fuera de tiempo. Esto provocó dudas en muchos, porque él no era uno de los 12 apóstoles. Pero Pablo vio a Jesús y fue enseñado por El después de Su resurrección. El fue el último apóstol y es imposible que alguien llegue a ser un apóstol después de Pablo.

Tal fundamento es evidente además en la historia de la Iglesia primitiva. En Hechos 2:42, la Iglesia perseveraba en "la doctrina de los apóstoles". La supremacía de los apóstoles se ve también en 1 Corintios 14:37: "Si alguno se cree profeta... reconozca que lo que os escribo son mandamientos del Señor." Así que, los profetas estaban subordinados a los apóstoles al revelar la Palabra. Debían estar sumisos a los apóstoles.

También, como parte del ministerio de ser el fundamento de la Iglesia, Cristo les concedió una autoridad especial: la de la confirmación del mensaje de salvación. En Hebreos 2:3-4 hemos visto que El mensaje fue anunciado por Jesús a los que le seguían. Ellos, los que oyeron directamente de Jesús, recibieron la autoridad de confirmar tal mensaje con "señales y prodigios y diversos milagros ..." Aquel ministerio de "confirmación" milagrosa fue parte del Fundamento de la Iglesia. Hoy en día dependemos igualmente de la confirmación hecha por los apóstoles en el primer siglo. Pero con la diferencia de que por fe aceptamos la evidencia escrita en la Biblia, sin ninguna necesidad de más fundamento, ni más revelación, ni más confirmación. La evidencia es suficiente para creer.

Para afirmar que aún necesitamos milagros para confirmar otra vez el mensaje, es necesario desacreditar la confirmación ya escrita como evidencia. El sentido de 2 Corintios 5:7, "porque por fe andamos, no por vista", es que ahora no es necesaria la continua confirmación de algo ya comprobado. Como en una corte de justicia, una vez que algo ha sido probado nunca más tiene que volver a probarse, sino que es aceptado como un hecho, de la misma manera la confirmación de los apóstoles no tiene que ser repetida, sino aceptada como suficiente evidencia para la fe del individuo. La fe genuina nace de la confianza en la Palabra: "la fe es por el oír (no ver) y el oír, por la palabra de Dios" (Ro. 10:17). La fe nunca resultó por ver un milagro, sino solamente por confiar en Su Palabra. Es falso el concepto de que los milagros son necesarios para producir la fe.

Así que el fundamento necesariamente tuvo que haber ocurrido en el principio y no continuó, sino que fue terminado. Por tanto, como los apóstoles terminaron su trabajo de ser el fundamento de la Iglesia, así también los profetas. Y si el don de apóstol no continuó, sino que fue limitado, los dones en relación con el apostolado también terminaron. Tales dones, en nuestro estudio, serían los dones de profecía, ciencia, milagros y lenguas.

Factor 6: Las lenguas eran un don inferior en la fundación de la Iglesia

Podemos ver que el don de lenguas era un don inferior, porque no había mucho sentido en que continuara. En 1 Corintios 12:28 tenemos cinco

categorías de dones, desde los más importantes —que debían ser enfatizados—, hasta los menos significativos —que no se debían enfatizar. El don de
lenguas cayó en la quinta categoría. Un propósito principal de 1 Corintios
14 es demostrar la superioridad de la profecía sobre el don de lenguas. Si la
profecía es superior, debe ser enfatizada, enseñada, iluminada y aplicada en
la iglesia. Las lenguas son inferiores en tres aspectos:

a. Inferior como medio de comunicación de la Verdad a la Iglesia

En 1 Corintios 14, Pablo nombró cuatro razones por las cuales el don de
lenguas es inferior como un medio de comunicación: En 14:2, una lengua
"no habla a los hombres … pues nadie … entiende"; en 14:6 no hay
provecho; en 14:9, se habla "al aire;" en 14:14, su "entendimiento queda sin
fruto". La única manera de que el don de lenguas tiene provecho es cuando
hay presente alguien que la puede interpretar ya sea porque es su lengua
natal o porque tiene el don de interpretación. Es tan ineficaz que el don de
lenguas sin interpretación es prohibido en la iglesia (14:28). La única manera
en que el don de lenguas puede servir como un medio de comunicación
es si hay alguien presente cuya lengua es hablada milagrosamente, como
ocurrió en el día de Pentecostés.

Si no sirve para comunicar algo eficazmente, es un don inferior, porque es
imposible edificar a otros sin comunicar entendimiento (14:17, 19).

b. Inferior como un medio de adoración, oración y alabanza

Pablo declaró la inferioridad de las lenguas en 1 Corintios 14:14-15. En el
ejemplo hipotético, Pablo quizá quería comunicar en oración su "espíritu" o
sentimientos, pero su mente o "entendimiento" estaban bien desasociados
de ella. Para que hubiera una oración eficaz era necesario que toda su
persona estuviera funcionando. La idea de que es posible orar y adorar a
Dios sin entender o querer decir lo que se está diciendo fue condenada por
Isaías en 29:13, "Porque este pueblo se acerca a mí con su boca y con sus
labios me honra, pero su corazón (mente) está lejos de mí." Si su mente no
está funcionando en la oración o adoración, no tiene valor.

Por eso Pablo dijo: "oraré con el espíritu, pero oraré también con el entendimiento", así que no oraba en una lengua porque tal oración era inútil. Los
carismáticos toman la expresión "orar en el espíritu" como algo equivalente
a orar en una lengua. Pero el problema que esta posición causa es que si
fuera así, ninguna otra oración que no estuviera en una lengua podría ser una
"oración en (o con) el espíritu." Pablo dijo que él oraba " con el espíritu pero
también con el entendimiento" (14:15). Estas no son dos acciones separadas,
es decir, orar en una lengua y orar en su propio dialecto. Al contrario, Pablo
quería que su espíritu y su mente estuvieran funcionando simultáneamente.

Todo el pasaje (14:13-16) es un argumento para hablar u orar en su propio dialecto. Pablo quería que su espíritu y mente estuvieran involucrados en su oración, pero ésto habría sido imposible si hubiera orado en una lengua.

Debe notar que Pablo nunca dijo que él oraba en una lengua. Lo que él propone en 14:14 es tan sólo una circunstancia hipotética. Pero él sí dijo: "Doy gracias a Dios que hablo en lenguas más que todos vosotros" (14:18). Pablo hablaba —no oraba— en lenguas, pero como una señal, especialmente a los judíos (14:21).

El "espíritu" del hombre no es algo místico o inconsciente. En 1 Corintios 2:11 vemos que el hombre "sabe" cosas por medio de su espíritu. El versículo dice, "Porque ¿quién de los hombres sabe las cosas del hombre, sino el espíritu del hombre que está en él?" El "entendimiento" y el "espíritu" del hombre no son dos cosas incompatibles, sino inseparables. Son expresiones de la mente, la psiquis del hombre, su inteligencia. La función del espíritu es el entendimiento. Si no hay entendimiento, el espíritu no está funcionando completamente.

Cuando tenemos contacto con el Espíritu de Dios, no tenemos o recibimos una experiencia mística sino que cierto entendimiento es comunicado a nuestra mente. Primera Corintios 2:11 continúa: "Así tampoco nadie conoció las cosas de Dios, sino el Espíritu de Dios." La única manera de "conocer" o entender las cosas de Dios es por el Espíritu. En otras palabras, el Espíritu nos hace entender las cosas de Dios. Su obra es la iluminación de nuestro entendimiento. Si no hay entendimiento, el Espíritu Santo no está obrando en nuestro espíritu como acostumbra a operar.

Pablo concluyó su argumento diciendo que él nunca oraba sin entendimiento cuando oraba "en espíritu" (14:15). Se puede deducir que él nunca oraba en una lengua porque el "entendimiento (nous, "mente") quedaba sin fruto" (14:14). Pablo no habría orado así.

Sabemos que en el culto a Diana, en Corinto, habían muchos que perdían el control de sí, hablaban extáticamente en "lenguas místicas" y tenían otras prácticas sensuales. El concepto de orar sin el uso de su mente era un concepto pagano en la época del N.T. Si Pablo se refirió a esta "lengua mística" o extática, no dejó ninguna duda que era inútil en la oración y la adoración. La verdad es que ¡los dones no son para adoración! La idea de que cierto don es necesario para una adoración especial sería muy cruel, porque Pablo acabó de establecer que ningún don es común entre los creyentes (1 Co. 12). Además, en 1 Corintios 14:12, Pablo dijo que el objetivo y la función de todos los dones es la "edificación de la iglesia". El primer mandamiento con respecto a los dones es "Hágase todo para edificación" (14:26). Por tanto, toda manifestación de los dones tiene que ser para edificación … de otros. Tal edificación puede provocar adoración, pero no es directamente el objetivo de la función de los dones.

En el argumento, Pablo muestra que incluso aun la oración puede cumplir el objetivo de edificar, pero no así si está en una lengua. "¿Cómo dirá el Amén a tu acción de gracias? Pues no sabe lo que has dicho. Porque tú, a la verdad, bien das gracias; pero el otro no es edificado" (14:16b-17). Pablo declara que la persona misma "queda sin fruto" (14:14) y "el otro no es edificado" (14:17). Es claro, por tanto, que hablar en una lengua no es útil en la oración, adoración o las alabanzas.

c. Inferior, como medio de Evangelismo

En 1 Corintios 14:23 vemos que una manifestación de lenguas, aun en una situación hipotética exagerada tal como si "todos hablasen en lenguas", traería como resultado el rechazo del mensaje. Si el don fuera eficaz en evangelismo, se podría pensar que mientras más se practicara, se tendría el mejor resultado, pero no es así.

Lo importante que debemos reconocer es que el énfasis no está en la naturaleza inteligible de la lengua, sino en la falta del entendimiento del oyente (si no es interpretada). El uso del término "glossa" siempre es un lenguaje humano o dialecto, como en Hechos 2. Aquí, Pablo presenta el caso exagerado de una manifestación universal de lenguas con el resultado al ministrarlo al incrédulo: pensaría que todos están "locos".

En Hechos 2 hay una división entre la multitud, con respecto a su respuesta al escuchar las lenguas. Algunos quedaron maravillados al escuchar a los discípulos de Galilea hablando en lenguas remotas que les habría sido imposible conocer. Otros pensaron que los mismos discípulos estaban "llenos de mosto" (Hc. 2:13) y se burlaban de ellos. La diferencia probablemente era que un grupo entendió lo que hablaban y el otro grupo no entendió ninguna de las lenguas. Por no entender, el milagro fue rechazado. Lo cual nos indica que solamente por ver un milagro nadie se convence. Es la interpretación del mensaje o el entendimiento de tal mensaje, lo que convence al incrédulo. El incrédulo se convierte por oír y entender el mensaje de Dios. Pedro dice, "Siendo renacidos … por la palabra de Dios que vive y permanece para siempre" (1 P. 1:23).

Como ya hemos dicho, el don de lenguas era una señal para el incrédulo. Si algún judío hubiera escuchado su lengua natal hablada por alguien que no la hubiera conocido, se habría convencido, pues habría entendido su significado ya que era una señal especialmente dirigida a ellos, que les anunciaba un juicio venidero como en Isaías 28, juicio que vino sobre Israel en el año 70 D.C. En cambio, un gentil no habría visto su propósito y habría rechazado tal manifestación calificando a los poseedores de la misma como "locos". Así que, en general, no es eficaz en evangelismo si la persona no entiende el mensaje de la lengua en su propio dialecto.

En el mismo contexto, Pablo presenta el otro extremo de la exageración con el don de profecía, al decir que si todos profetizaran (una imposibilidad, conforme a 12:29), el incrédulo estaría bajo convicción y se convertiría. La profecía es mucho más eficaz en evangelismo que una manifestación de lenguas. Por esto se debe enfatizar la profecía y no las lenguas.

CAPITULO
— 15 —
Las Lenguas y el Canon

III. Las Lenguas en relación con la confirmación del Canon

En capítulo 13, el apóstol Pablo está mostrando que los dones del Espíritu tienen que ser ejercitados con la actitud del amor, buscando el beneficio de otros. El argumento continúa mostrando que ningún don es algo en sí mismo, porque no produce ningún beneficio al que lo ejercita si no es usado en amor. Además no son lo más importante porque no son permanentes. Los resultados de estos tres dones (posiblemente ilustraciones de otros dones también) terminarían en algún tiempo. ¿Qué indicaciones hay de este tiempo y por qué terminarían?

Factor 7: El don de lenguas terminaría antes de la venida de "lo perfecto" (1 Co. 13:10)

Todos los exégetas están de acuerdo con la interpretación de que las lenguas, las profecías y la ciencia no son para siempre. La diferencia de opinión entra cuando definimos el tiempo de la venida de "lo perfecto". ¿Qué es "lo perfecto"? ¿Hay una manera para determinar su significado?

El texto principal del tema es 1 Corintios 13:8-13. Abajo tenemos un diagrama de la estructura gramatical del pasaje, con ciertos énfasis del autor.

Razón para la Prioridad	:8	El amor nunca deja de ser;

Contraste de la falsa prioridad	:8	PERO las profecías se acabarán,
		   y cesarán las lenguas,
		   y la ciencia acabará.

Principio del Reemplazo	:9	PORQUE en parte conocemos, y en parte profetizamos;
	:10	MAS CUANDO venga LO PERFECTO, ENTONCES lo que es en parte se acabará.

Ilustración del Principio 1	:11	CUANDO yo era niño, hablaba como niño,
		   pensaba como niño,
		   juzgaba como niño,
		MAS CUANDO ya fui hombre,
		   dejé lo que era de niño.

Ilustración del Principio 2	:12	AHORA vemos por espejo, oscuramente;
		   Mas ENTONCES veremos cara a cara.
		AHORA conozco en parte;
		   Pero ENTONCES conoceré como fui conocido.

Prioridad Ampliada	:13	Y AHORA permanecen la fe,
		   la esperanza
		   y el amor,
		PERO el mayor de ellos es el amor.

Pablo dijo que las "profecías" y la "ciencia" se acabarían en algún tiempo en el futuro. El verbo "se acabarán" es el futuro pasivo de katargeo, "poner al lado, reemplazar, substituir", también puede significar "hacer inactivo, inoperante; abolir, invalidar o abrogar".[19] La forma pasiva indica que alguien (Dios) actuaría sobre la Iglesia cortando o terminado aquel don. La traducción en castellano marca una distinción entre las profecías y la ciencia y las lenguas. El verbo "cesarán", pausontai ("se pararán por sí mismas") usado para las lenguas, indica que las lenguas no serían reemplazadas, sino que desaparecerían completamente sin dejar remanente. La forma media del verbo usado para las lenguas, indica que iban a dejar de existir "bajo su propio poder" o "de sí mismo". Es como que no iba a ser necesario que Dios lo hiciera, sino que cesarían por sí mismas. Una vez que estos dones cumplieran sus propósitos iban a cesar en la Iglesia.

La naturaleza de los dones de profecía y ciencia, al momento que Pablo escribía, era algo "en parte", pues iban revelando progresivamente la Palabra de Dios en su totalidad. Esta limitación es la razón por la cual son substituidos luego por algo mejor. El resto del capítulo 13 enfatiza estos dos dones de profecía y ciencia, mientras que ignora el don de lenguas. La insinuación es que cuando uno de los tres dones desapareciera, los tres terminarían simultáneamente.

Otra observación importante del texto es el énfasis en el producto o contenido de los dones y no en los dones mismos. Habla de "profecías" (no del don de profecía), de "lenguas" (no del don de lenguas) y de "ciencia" (no de Palabra de Ciencia, 12:8). Pablo estaba diciendo que llegaría un momento cuando no iban a ser necesarias más profecías, lenguas o ciencias porque "lo perfecto" las haría innecesarias. En el tiempo de los apóstoles y profetas, cada uno de ellos solamente podía producir una parte de toda la Palabra de Dios que El iba a revelar. El día llegaría cuando les iban a reemplazar con algo completo. Pablo marcó aquel momento como: "cuando venga lo perfecto" (13:10). Esta es la base de su argumento: todos los dones son temporales, pero el amor es permanente, superando aun el tiempo presente y futuro.

Lo que es notable en el pasaje es que no hay referencia alguna a que el don de lenguas duraría hasta que viniera "lo perfecto". La falta de una referencia de tiempo con respecto a las lenguas en relación a lo perfecto, tiene que indicar una de dos cosas: (1) el don de lenguas cesó antes, y por tanto no es afectado directamente por la venida de "lo perfecto"; (2) o el don de lenguas durará perpetuamente sin ser afectado por la venida de "lo perfecto". La historia indicará si esta opción es válida o no. Evidentemente, este don no continuó más allá del primer siglo en la historia de la Iglesia, aunque hubo algunas erupciones de manifestaciones de lenguas, pero siempre en grupos ajenos a los biblicistas. De las dos opciones, la primera tiene más evidencia bíblica e histórica.

La pregunta continúa … ¿Qué es "lo perfecto"? Pues, hay varias interpretaciones:
(1) La terminación del canon.
(2) La segunda venida de Cristo.
(3) El estado eterno.

Las últimas dos interpretaciones toman la frase "lo perfecto" como algo absoluto, o sea "la perfección" o "el perfecto", Cristo. Pero adoptar estas interpretaciones obligaría la continuación de la profecía y la ciencia y, por asociación, de las lenguas hasta la venida de Cristo o el estado eterno. Sin embargo, hay ciertos problemas con estas dos posiciones, los cuales merecen nuestro estudio.

Problema 1: Pablo no usaba la palabra "perfecto", en el sentido absoluto o de perfección.

La palabra "perfecto" es teleios, que quiere decir originalmente "meta, fin del desarrollo, el cumplimiento de un proceso". En la LXX es usada 30 veces para traducir "la terminación de un proceso," como en Esdras 9:1, "acabar". En el N.T., la palabra significa "maduro, adulto". Seis veces teleo, el verbo de teleios, significa "terminar, o ser terminado".

El sentido relativo es evidente en Filipenses 3:15, donde Pablo se incluyó a sí mismo en el dicho, "Así que, todos lo que somos **perfectos** . . ", pues poco antes había dicho que "no que lo haya alcanzado ya, ni que ya sea **perfecto** (en el sentido absoluto); sino que prosigo …" (Fil. 3:12). Pablo dijo que era perfecto (relativamente), pero no había llegado a la perfección absoluta. En Efesios 4:13 Pablo escribió, "Hasta que todos lleguemos a la unidad de la fe y del conocimiento del Hijo de Dios, a un varón **perfecto**, a la medida de la estatura de la plenitud de Cristo." El "varón perfecto" está contrastado con "niños fluctuantes"(4:14), para mostrar el énfasis de madurez en el contexto. Otra vez la manera en que Pablo usó el término era relativa, es decir, la idea de terminar un proceso o alcanzar una meta. Otros usos del término para indicar una madurez o perfección relativa estarían en Mateo 5:48; 19:21; 1 Corintios 2:6; 14:20; Colosenses 1:28; 4:12; Hebreos 5:14; Santiago 1:4; 3:2; 1 Juan 4:18.

Si el sentido de teleios es relativo, entonces la interpretación calza mejor con la primera, aquella que interpreta la venida de "lo perfecto" como la culminación de un proceso de revelación gradual hasta que todo fuera revelado.

Problema 2: "Lo perfecto" es el cumplimiento de "lo que es en parte" (v.9)

En el contexto de 1 Corintios 13, "lo perfecto" es el complemento, antítesis, o meta de "lo que es en parte" (13:9-10). Cualquier profeta estaba limitado en todo el tiempo de su revelación, porque podía revelar solamente una "parte" de la totalidad de la Palabra de Dios. Ningún profeta, ni siquiera un apóstol, tenía la capacidad de revelar todas las Escrituras. Así que la frase "en parte" fue una limitación a los dones de revelación o personas dotadas por un tiempo hasta que viniera "lo perfecto".

La palabra "perfecto" significa la terminación de un proceso o de un desarrollo. La interpretación natural es que los profetas estaban dando la Palabra "en parte", poco a poco. Pero en un momento dado, todo lo que Dios quería revelar a la Iglesia sería completado y "lo perfecto" sería realizado. Al contrario, si tomamos "lo perfecto" como la segunda venida o el estado eterno, no tiene relación directa con lo que es "en parte", que habla de profecías y ciencia: ¡nada que ver!

El apóstol Pablo estaba consciente de su rol en la madurez y desarrollo de la Iglesia, esto es, como uno de los autores de las Escrituras del Nuevo Testamento. Pablo indicó que sus epístolas tenían autoridad escritural (1 Co. 2:13; 14:36-37; 1 Ts. 2:13; 5:27). Y Pedro, unos diez años antes, había observado que Pablo había escrito libros inspirados (2 P. 3:15-16); así que, no hay ninguna razón para decir que Pablo no lo sabía. El sabía también que las Escrituras no continuarían revelándose indefinidamente. Si Cristo no volvía durante su vida, un día Dios dejaría de revelar más de Su Palabra, como lo hizo en la terminación del Antiguo Testamento. El A.T. fue un canon completo en el tiempo de Pablo. El Cuerpo de Cristo iba a continuar creciendo, recibiendo revelaciones por profecías y la palabra de ciencia, hasta que un total de la revelación resultaría. Por supuesto, en el tiempo de Pablo nadie imaginaba cuántos libros estarían involucrados, pero una vez terminado, el producto sería un paso indispensable para la madurez de la Iglesia.

Si "lo que es en parte" produjo, o resultó en "lo perfecto" y la palabra "perfecto" es la culminación de un proceso, la interpretación más natural es que los profetas y los que tenían el don de palabra de ciencia contribuyeron poco a poco para completar la perfecta Palabra. La segunda venida no es el fin de un proceso que los profetas y los creyentes dotados con palabra de ciencia estaban desarrollando "en parte".

Problema 3: Si "lo perfecto" se refiere a la segunda venida, el resultado es una forzada interpretación del versículo 13.

La frase "Y ahora" del versículo 13 es en griego nuni de. La conjunción de indica la introducción de un contraste de lo anterior, así que sería mejor traducido, "pero ahora". La palabra nuni enfatiza "el tiempo presente." Es el lapso entre dos puntos de referencia temporales que dan la idea de "época". Lo que Pablo está enfatizando es que después de desaparecer la profecía, lenguas y ciencia, iban a permanecer la fe, la esperanza y el amor. El último trío es garantizado a permanecer. Las palabras griegas traducidas "ahora" en versículo 12 y 13 son diferentes. En versículo 12 es la palabra arti, que quiere decir "ahora mismo". Es el sentido de algo que está ocurriendo en el momento. La palabra latina artus, significa "apretado, íntimo". Vea nuni en Romanos 3:31; 6:22; 7:6, 17; 1 Corintios 15:20; Efesios 2:13; Hebreos 9:26. Vea arti en Mateo 9:18; 23:39; 26:29; Juan 2:10; 13:7; 13:37; 14:7; 16:12; 1 Corintios 4:11, 13; Gálatas 4:20; 2 Tesalonicenses 2:7; 1 Juan 2:9. Si compara las dos, verá una diferencia de tiempo. Una es inminente (arti) y la otra, (nuni) es un período de tiempo largo.

Así que "en este momento" conozco en parte… (v. 12); pero (al contrario) "en esta época" permanecen la fe, la esperanza y el amor …" (v. 13).

Este trío de atributos cristianos ocurren frecuentemente en el N.T. (Ro. 5:2-5; Gá. 5:5-6; Col. 1:4-5; 1 Ts. 1:3; 5:8; He. 6:10-12; 10:22-24; 1 P. 1:21-22). Parece que fueron un resumen de la vida cristiana primitiva. Por supuesto, la "fe" en versículo 13 no debe ser confundida con la "fe" en 12:9 y 13:2. Aquí es un término de confianza común para todos los creyentes y debe ser el principio que gobierne su vida (2 Co. 1:24). La esperanza es la anticipación con confianza que capacita al creyente para sufrir persecución (1 Ts. 1:3) a la luz de una libertad en la venida de Cristo. El amor ha sido tratado en otros capítulos, pero es indispensable para la vida del cuerpo de Cristo y la manifestación de los dones y ministerios de toda la Iglesia.

Al contrario de estos tres atributos, los dones que proveyeron al Cuerpo de las revelaciones iníciales y la confirmación al mundo, no son permanentes. Ellos eran indispensables para el desarrollo de la Iglesia primitiva en la provisión de las Escrituras. Su contribución ha sido hecha y ahora la Iglesia sigue creciendo en base de lo que proveyeron.

Aun entre el último grupo hay una distinción. De estos tres (fe, esperanza y amor), el amor es "mayor" porque "nunca deja de ser" (v. 8). La distinción está en su relación al tiempo. El tiempo es el énfasis de todo el párrafo desde el versículo 8. La fe, la esperanza y el amor son superiores a profecía, lenguas y ciencia porque permanecen después de desaparecer estos dones. Ahora la implicación es que el amor es superior a los otros dos, porque inclusive la fe y la esperanza no son permanentes. La fe y la esperanza tendrán que ser innecesarias en algún momento específico; posiblemente la segunda venida de Cristo. Pero solamente el amor continuará después.

Problema 4: Si "lo perfecto" se refiere a la segunda venida, es necesario redefinir "fe" y "esperanza".

Si los dones de profecía, lenguas y ciencia junto con la fe, la esperanza y el amor, durasen hasta la segunda venida de Cristo, la fe, la esperanza y el amor permanecerían después de Su venida porque estas tres virtudes tienen que reemplazar a los tres dones temporales. Entonces la fe y la esperanza tendrían que cumplir alguna función después del regreso del Señor. Pero la Biblia habla de la fe y la esperanza para esta época — es decir, antes de la venida de Cristo — y no después.

La fe está anticipando el retorno de Cristo. Segunda Corintios 5:6-8 dice:" Así que vivimos confiando siempre y sabiendo que entre tanto que estamos en el cuerpo, estamos ausentes del Señor (porque por fe andamos, **no por vista**); pero confiamos y más quisiéramos estar ausentes del cuerpo y presentes al Señor." Pero la mejor definición de la fe está en Hebreos 11:1, "Es, pues, la fe la certeza de **lo que se espera**, la convicción de lo que **no se ve**." Cuando la Iglesia esté en la presencia del Señor, no será necesario andar por fe, porque todo será por vista. No habrá nada para anticipar. Todo estará realizado. Después de Su venida no hay necesidad de la fe.

Lo mismo ocurre con la esperanza. En Romanos 8:24-25, leemos "Porque en esperanza fuimos salvos; pero **la esperanza que se ve, no es esperanza**; porque lo que alguno ve, ¿a qué esperarlo? Pero si esperamos lo que no vemos, con paciencia lo aguardamos." El versículo anterior hace referencia a esperar "la adopción, la redención de nuestro cuerpo". El tiempo de este evento es obviamente la segunda venida de Cristo. Cuando veamos con nuestros propios ojos la venida de Cristo, Su reino y el estado eterno, no habrá esperanza, porque veremos todo lo que esperábamos.

En el siguiente gráfico se puede observar los períodos de funcionamiento y el tiempo de desaparición o cesación de los dones y virtudes en 1 Corintios 13.

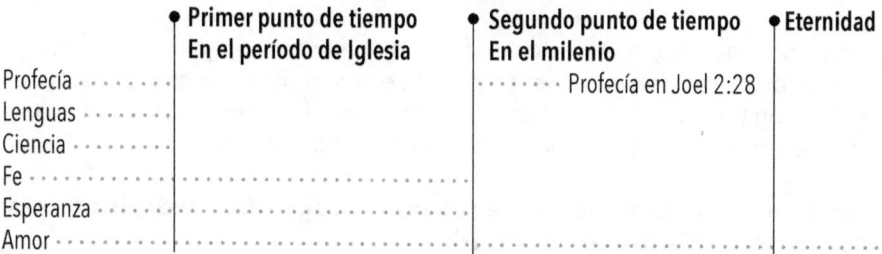

	• Primer punto de tiempo **En el período de Iglesia**	**• Segundo punto de tiempo** **En el milenio**	**• Eternidad**
Profecía · · · · · · · · ·		· · · · · · · Profecía en Joel 2:28	
Lenguas · · · · · · · · ·			
Ciencia · · · · · · · ·			
Fe · · · · · · · · · · · · · · · · ·			
Esperanza · · · · · · · ·			
Amor · · · · · · · · · · · · · ·			

Parece que hay dos elementos de tiempo definidos en capítulo 13. Al pasar el primero (versículo 8), los dones de profecía, lenguas y ciencia, acabarían. Si substituimos el Primer Punto de tiempo arriba por la Segunda Venida de Cristo, tendríamos la fe, la esperanza y el amor vigentes durante el milenio. Si así fuera , que la fe y la esperanza existieran durante el milenio, habría que redefinir el significado de las dos. En el milenio, ¿qué más se estaría esperando? Si la fe demanda que no se vea, ¿qué será lo que no se verá cuando todo esté presente? Además, ¿cuál sería el punto en el futuro cuando la fe y la esperanza fueran superadas por el amor?

¡Qué diferente es cuando substituimos el Segundo Punto de Tiempo por la Segunda Venida de Cristo! Pues tenemos la fe, la esperanza y el amor como los mayores atributos durante el período de la Iglesia, exactamente como Pablo enfatizó. La pregunta lógica sería entonces, ¿cuál es el Primer Punto de tiempo? ¿Será que el Primer Punto de Tiempo es el cumplimiento de "lo perfecto"? Pues si "lo perfecto" es la terminación del canon del Nuevo Testamento como toda la revelación de Dios para esta época, todo el pasaje tiene sentido y sus partes armonizan sin conflictos.

Problema 5: Cuando Cristo venga, la profecía volverá a ser vigente.

En la profecía de Joel 2:28, vemos que cuando Cristo venga, las profecías serán otra vez algo común. "**Y después de esto** derramaré mi Espíritu sobre **toda** carne y *profetizarán* vuestros hijos y vuestras hijas …" La indicación es que inmediatamente antes de la segunda venida de Cristo, no habrá manifestaciones de la profecía, sino a partir de este momento.

Además, en el contexto de 1 Corintios 13 es claro que "las profecías se acabarán". Es, pues, necesario que haya un tiempo indefinido entre el cese de las profecías y el comienzo de un nuevo período de profecías en el milenio. Si la venida de "lo perfecto"– evento que termina con la profecía según 1 Corintios 13:8-13– fuera la segunda venida de Cristo, ¿cómo es que las profecías van a comenzar de nuevo en la segunda venida de Cristo? Esto no tiene sentido. El pasaje se explica claramente si se considera la existencia de un tiempo indefinido antes de la venida de Cristo cuando no hay profecía y el inicio de un nuevo período de profecías cuando Cristo venga.

Esto indica que hay dos puntos de tiempo en el contexto: uno que acaba con las profecías del fundamento de la Iglesia y el otro que comienza de nuevo con las profecías al principio del milenio. El Primer Punto de tiempo concuerda más con el tiempo de la venida de "lo perfecto".

Problema 6: Si "lo perfecto" se refiere a la segunda venida, los dones de profecía y ciencia son necesarios.

La posición de que "lo perfecto" es una referencia a la segunda venida exige que los dones de profecía y ciencia (y lenguas también, por estar asociados con ellos) continúen hasta Su venida. Pero la Biblia indica que la revelación directa, o sea las profecías, cesaron al terminar el Nuevo Testamento, pues en Apocalipsis 22:18-19 leemos, "Yo testifico a todo aquel que oye las palabras de la profecía de este libro: Si alguno añadiere a estas cosas, Dios traerá sobre él las plagas que están escritas en este libro. Y si alguno quitare de las palabras del libro de esta profecía, Dios quitará su parte del libro de la vida y de la santa ciudad y de las cosas que están escritas en este libro". Con estas palabras de advertencia contra la pretensión de recibir más profecías, terminó el Nuevo Testamento. Decir que las profecías iban a continuar hasta la segunda venida de Cristo, es una contradicción grave de este pasaje.

El uso de "profetizar" era el de revelar algo que no podía conocerse por medios naturales. En Mateo 26:68, durante el juicio y los puñetazos dados a Jesús le decían "Profetízanos, Cristo, quién es el que te golpeó." Naturalmente sería imposible saberlo, así que habría sido necesario profetizar para ello. Otros pasajes de la Escritura nos muestran que a veces, los profetas no alcanzaban a entender todo lo que profetizaban, pues Pedro escribió: "Los profetas que profetizaron de la gracia destinada a vosotros, inquirieron y diligentemente indagaron acerca de esta salvación" (1 P. 1:10). Mejor dicho, la profecía no es algo aprendido, sino revelado directamente por Dios.

Es cierto que hoy en día animamos a los creyentes (1 Co. 14:3) a dar al incrédulo la convicción de pecado (1 Co. 14:24-25) por la predicación de la profecía, pero ahora no recibimos la revelación, sino utilizamos la que ha sido escrita por los profetas de otras épocas. Hoy, cuando se predican las profecías ya escritas en la Biblia, se logra la edificación, exhortación y consolación necesarias para la Iglesia, pero no hay más profecías dadas a los hombres directamente por Dios.

Para los que quieren que la profecía esté vigente, les es necesario redefinirla. La interpretan como el don de predicar o actuar como un profeta, con su denuedo y convicción. Pero esta definición de predicación o denuedo puede ser un aspecto del don de enseñanza o exhortación. No tenemos precedentes para poder reinterpretar el don de profecía. Inventar un tipo de profecía que se relacione con el predicador de hoy, para mantener vigente el don de profecía sin profecías, no tiene base bíblica. Es mejor aceptar la evidencia de que este don terminó con la prohibición de agregar más profecías.

Si las profecías terminaron, es necesario también que simultáneamente la ciencia haya terminado. Si ambos dones terminaron, entonces las lenguas también, pues están asociadas con ellos en el contexto del cese de los dones temporales.

Conclusión:

La interpretación más natural en el contexto es que el Primer Punto de Tiempo corresponde a la terminación ("lo perfecto") del canon del Nuevo Testamento y/o la madurez de la Iglesia en la cual cesaron los tres dones (y unos más); mientras que la fe, la esperanza y el amor continúan durante la época de la Iglesia. "Lo perfecto" llegó a ser parte del fundamento de la

Iglesia, sobre el cual ella ha ido creciendo. La venida de Cristo es el Segundo Punto de Tiempo en el cual la fe y la esperanza dejarán de existir, mientras que el amor, que es el mejor de todos, nunca dejará de ser.

Factor 8: Cristo y los Apóstoles terminaron 1.500 años de revelación especial y señales

Preguntas importantísimas del día de hoy son: ¿Aún se comunica Dios con los hombres a través de la revelación especial? ¿Está dando Dios más revelaciones especiales, aparte de lo que ya reveló a los apóstoles y profetas? La Biblia indica en cuatro versículos que más revelaciones no son posibles, e incluso afirma que cuando Cristo y los apóstoles terminaron de escribir, todo el proceso de la revelación especial junto con sus señales terminaron inmediatamente. ¿Puede ud. imaginar que alguien declarara hoy que sus escritos fueron dados por revelación divina? La verdad es que muchos están proclamando esto con sus escritos y es la base de los errores de los Católicos Romanos, Mormones, Adventistas, Testigos de Jehová, Moonies, Ciencia Cristiana y, en un grado limitado, de algunos carismáticos. Sus falsas doctrinas surgen de enseñar que la revelación divina continúa en la misma manera que ocurría en el tiempo de los apóstoles.

La diferencia entre los católicos y los evangélicos radica principalmente en el asunto de la revelación especial. Los evangélicos creen que la revelación especial terminó con el canon, pero los católicos creen que ha continuado a través de la tradición de la Iglesia Católica Romana. El católico-romano francés George Tavard dijo: "La tradición, entonces, fue el desbordamiento de la Palabra fuera de la Sagrada Escritura. No fue ni separada de la Sagrada Escritura ni idéntica a ella. Su contenido fue la 'otra escritura' mediante la cual el Verbo se dió a conocer a Sí mismo".[22]

Así, la enseñanza doctrinal católico-romana no tiene límites, pues siempre es posible añadir algo más, con igual autoridad que las Escrituras. En el Concilio de Trento en 1546, la Iglesia Católica Romana hizo una declaración para contradecir la doctrina de Martín Lutero quien dijo que "sólo la Biblia" es la revelación divina. El Concilio declaró:

> La "pureza del evangelio de Dios" prometido por los profetas fue promulgado por Cristo. Fue predicado por los apóstoles como la "regla de toda verdad salvífica y de toda disciplina moral." Esta "verdad" está contenida parcialmente (partim) en libros escritos, parcialmente (partim) en tradiciones no escritas.

> Estas tradiciones son atribuidas a Cristo mismo o a los apóstoles, a quienes las dictó el Espíritu Santo. Ellas han "llegado hasta nosotros transmitidas como por mano." El Concilio por lo tanto reconoce los libros

del Antiguo y Nuevo Testamento y estas tradiciones "como dictadas oralmente por Cristo mismo o el Espíritu Santo y mantenidas en la Iglesia Católica en sucesión continua." El Concilio las recibe como "sagradas y crónicas." Las usará a ambas, para constituir dogmas y restaurar la moral en la Iglesia.[23]

La base de la enseñanza de la infalibilidad del Papa es la continuación de la revelación apostólica. Un ejemplo de la puesta en práctica de esta doctrina sería lo que pasó en 1854 cuando el Papa Pío IX declaró el dogma de la Inmaculada Concepción, la doctrina de que María, la madre de Jesús, nació sin pecado original. El dijo: "Esta es una doctrina revelada por Dios y por consiguiente debe ser creída firme y constantemente por todos los fieles."[20]

Otro ejemplo similar ocurrió en 1950, cuando el Papa Pío XII proclamó el dogma de la Asunción de María, que María fue llevada corporalmente al cielo y por tanto nunca murió. La autoridad de esta declaración radica en que se considera una revelación divina: "Por lo tanto, si cualquiera, Dios no lo quiera, se atreviera a negar o poner en duda intencionalmente lo que nosotros hemos definido, que el tal sepa que ha apostatado completamente de la divina fe Católica".[21]

Casi todos los católicos están condicionados para aceptar cualquier cosa que la Iglesia Católica Romana declare, aún cuando contradiga plenamente la Biblia. Es como si las revelaciones nuevas fueran más válidas. Este concepto abre la puerta a cualquier doctrina falsa, sin ninguna manera de evaluarla, pues no hay absolutos en un mundo de revelaciones continuas. Dios no va a dejar que Su Iglesia verdadera tenga que aceptar a cualquiera que diga haber recibido una nueva revelación. El nos dejó Su revelación completa, terminada, la Palabra de Dios, la cual es absoluta, la única guía para nuestra fe y práctica.

Hay cuatro áreas de evidencia que demuestran la falsedad del concepto de una revelación divina continua:

Evidencia 1: La acción de hablar por inspiración está completa, terminada, una vez y para siempre (Hebreos 1:1-2)

Al igual como en los tiempos del Antiguo Testamento, Dios se reveló a la humanidad, pero esta vez por Jesucristo, cuando estaba en la Tierra:"Dios, habiendo hablado muchas veces y de muchas maneras en otro tiempo a los padres por los profetas, en estos postreros días nos ha hablado por el Hijo a quien constituyó heredero de todo y por quien asimismo hizo el universo" (He. 1:1-2). Podemos incluir a los apóstoles en este dicho porque ellos nos revelaron lo que Jesús les enseñaba.

El pasaje nos habla de varias cosas:

(1) La única voz que se debe escuchar es la voz de Dios.

(2) El respeto que el lector tiene por el Antiguo Testamento ahora debe tenerlo para con las palabras del Nuevo Testamento revelado por Jesús y Sus apóstoles. La autoridad apostólica es declarada en Hebreos 2:3-4, porque ellos son "los que oyeron" directamente del Señor.

(3) En el tiempo anterior, Dios usó muchas maneras para comunicar Su Palabra, pero ahora Su manera de comunicarse está limitada a la Persona de Jesús. La insinuación es que aquellos métodos ya no son utilizados para comunicar Su revelación. Estos métodos eran para "otro tiempo." La única manera en que ahora el Hijo nos habla es a través de Su Palabra, la cual nos ha sido entregada.

Cuando Cristo comunicó Su enseñanza, terminó Su objetivo número uno en venir. En Juan 17, Jesús oró al Padre, "Yo te he glorificado en la tierra; **he acabado la obra** que me diste que hiciese … Ahora han conocido que todas las cosas que me has dado, proceden de ti; porque **las palabras que me diste, les he dado**; y ellos las recibieron y han conocido verdaderamente que salí de ti y han creído que tú me enviaste … Mas no ruego solamente por éstos, sino también por los que han de creer en mí por **la palabra de ellos**" (17:4,7-8,20). Cristo vino para comunicar las Palabras de Dios a Sus discípulos, para que ellos nos las comunicaran después. Ambas obras, pues, fueron cumplidas; y Dios está todavía comunicándose con nosotros a través de las palabras de Jesús y de los apóstoles, pero por medio de nadie más.

Hebreos 2:3-4 nos indica que la revelación de la Palabra de Dios estuvo limitada a un grupo especial que estuvo presente con Jesús. El último que Dios permitió en este grupo fue Pablo. 1 Corintios 15:8 dice, "al **último** de todos … me apareció a mí." La última persona a quien Cristo se manifestó fue Pablo. No hubo más y no hay más hoy. Si alguien dice que Cristo se le apareció, es un falso, porque El nos habla hoy a través de Sus Palabras y las de Sus apóstoles, aprendidas directamente de El y escritas en la Biblia.

Así que tales revelaciones terminaron con la muerte de los apóstoles, dado que las lenguas eran una forma de hablar por revelación y al estar asociadas con la profecía y la ciencia (1 Co. 13:8) – que eran los medios de comunicar las revelaciones–, cuando uno terminó, todos terminaron.

Evidencia 2: El mensaje de Cristo fue entregado "una vez...a los santos" (Judas 3)

Parece que siempre hubo la tendencia de añadir a lo que ya ha sido revelado. Judas estaba enfrentando un problema muy serio en la Iglesia primitiva. Algunos se habían infiltrado en la Iglesia y comenzaron a añadir a lo que se había aceptado como la revelación completa hecha por los apóstoles. La frase de Judas 3: "la fe una vez dada a los santos", es una referencia al cuerpo de verdades enseñadas por los apóstoles. Los que añadían a aquellas enseñanzas eran falsos maestros. Y sus nuevas revelaciones obligaron a la Iglesia a contender (epagonizesthai, "agonizar sinceramente") "ardientemente por la fe".

En el griego, el adjetivo de la fe es enfatizado. Literalmente es: "la una vez dada a los santos fe". El énfasis está en la frase "una vez dada". Es decir, no hay más revelaciones dadas. Fueron dadas una vez.

En el tiempo de la Reforma, los líderes trataron de rescatar a la Iglesia de los errores extra bíblicos con el grito de "Sola Escritura" (La Escritura Solamente). Parece que los carismáticos vienen ahora diciendo: "¡La Escritura y algo más — expresiones proféticas, nuevas revelaciones de Dios, nuevas lenguas!" Tenemos que volver a enfatizar lo que Dios enfatiza, Su Palabra "una vez dada" y no lo que algunos pretenden que Dios está revelando hoy.

Evidencia 3: Fue prohibido añadir a las profecías de Cristo y los apóstoles (Ap. 22:18)

Las últimas frases del N.T., nos prohíben el añadir más palabras, dadas por revelación o profecía. Si Dios no está dando más profecías es porque El quiso "acabar" con ellas (1 Co. 13:8). El libro de Apocalipsis, el último libro del N.T., fue escrito en 96 D.C. Así que desde esa fecha no ha habido más profecía dada por Dios.

Si las profecías fueron acabadas por Dios en esa fecha, es implícito que la ciencia también se acabó porque también es parte de la revelación de Dios, al igual que las profecías. Por deducción, entendemos que todo lo que estaba asociado con la revelación de Dios también terminó en este tiempo. La historia testifica que así fue.

Evidencia 4: Jesús enseñó que toda la verdad sería enseñada por el Espíritu Santo y por Sus apóstoles (Jn. 14:26; 16:13)

Antes de Su crucifixión, Jesús aseguró a los apóstoles que iban a poder recordar toda la verdad y así poder escribirla para futuras generaciones. Juan 14:26 dice, "Pero el Consolador, el Espíritu Santo, a quien el Padre enviará en mi nombre, El os enseñará todas las cosas y os recordará todo lo que os he dicho."

El contexto de Juan 12-17 representa una noche típica con Jesús. Después de tres años de tanta enseñanza es probable que los discípulos estuvieran preocupados porque iban a olvidar todo lo que El había dicho. Pero como una base de seguridad para ellos y para todos nosotros, Jesús les prometió que iban a poder recordar todo lo que El había enseñado. En realidad, ésto llegó a ser la base de la autoridad apostólica y la confianza en todo aquello que los apóstoles estaban enseñando.

En Juan 16:13 leemos, "Pero cuando El, (el Espíritu de verdad) venga, os guiará a toda la verdad, porque no hablará por su propia cuenta, sino que hablará todo lo que oiga; y os hará saber lo que habrá de venir." Otra vez, tenemos una promesa específicamente dada a los apóstoles, para establecer su autoridad en la Iglesia para siempre. Las dos promesas no son separables ni aplicables a todo el mundo: (1) "os guiará a toda la verdad" y (2) "os hará saber lo que habrá de venir." Hoy en día, el Espíritu nos enseña por medio de lo que los apóstoles escribieron. El ministerio del Espíritu hoy no es revelación, como se promete aquí, sino iluminación o entendimiento de lo que El previamente reveló a los apóstoles.

Si alguien pretende hoy haber recibido una nueva revelación por el Espíritu, debe ser tomado como imaginación o como engaño de otros espíritus (1 Ti. 4:1; 1 Jn. 4:1).

¡Gracias a Dios que los apóstoles pudieron recordar todo lo que Jesús enseñó, que fueron guiados a toda la verdad y que pudieron escribirla para nosotros! La base de nuestra confianza en la enseñanza apostólica es la autoridad con que ellos enseñaron lo que Jesús les enseñó.
No hay ninguna manera de que estas promesas pudieran continuar, porque nadie que haya sido enseñado por Jesús personalmente está vivo. Nosotros tenemos que aprender de los escritos de los apóstoles y profetas del N.T. Pues el Espíritu ilumina el texto, pero no revela el texto bíblico. El no revela más.

Dado que las lenguas también fueron una manera de comunicar esta verdad, cuando eran interpretadas, no habría ninguna razón para la continuación de las lenguas una vez que toda la verdad hubiera sido revelada a los apóstoles. Si no hay razón para la continuación de algo, Dios acaba con ello.
John MacArthur cita una carta de un joven carismático que muestra las tendencias hacia el misticismo, subjetivismo y desvío de muchos dentro del movimiento:

La más grande experiencia en amor que yo he tenido jamás fue al pie de la cruz a medida que la sangre de Jesucristo era vertida sobre mí. El me llenó de Su Espíritu. Me trajo a través del velo a la ciudad de Jerusalén hasta el lugar Santísimo. Allí me contemplé a mí mismo en El y El en mí. Recibí el bautismo como por fuego y desde entonces Su amor mora en mí. Por esto tengo comunión diariamente.

No siento necesidad de estudiar las Escrituras, porque conozco a Jesús como El se ha revelado a Sí mismo en mi interior; y mientras El mora en mí, allí está la Palabra.

Me dirijo a la Escritura — y la Escritura es vital y necesaria — , pero no es central ni crucial, porque yo lo tengo a El — más bien, El me tiene a mí. Las Escrituras son una fuente secundaria.

Mediante el bautismo del Espíritu Santo, el Verbo en mí (el cuerpo mismo de Jesucristo) es lo principal — digo esto como una experiencia viva de lo que El me ha dado para que diga."[24]

Factor 9: Las lenguas son mencionadas solamente en los libros más tempranos.

El don de lenguas aparece en el libro de Hechos, donde está mencionado en tres ocasiones. La manera en que está escrito indica que fue muy raro aún en aquel entonces. Aparte de Hechos, la única referencia a las lenguas se hace en 1 Corintios.

En otras listas de los dones del Espíritu, no se menciona al don de lenguas, tal como vemos en Romanos 12:4-8, Efesios 4:8-12, o 1 Pedro 4:10-11. En las listas posteriores, los dones de señales, especialmente lenguas e interpretación de lenguas, se encuentran ausentes.

Debe notarse que la palabra "prodigio" (teras) ocurre nueve veces en Hechos, pero no ocurre después de 5:12 y aún este pasaje se refiere a una ocasión previa. La palabra "señal" (semeion) aparece trece veces, pero no ocurre después de 15:12, donde también se refiere a un ministerio previo. La palabra "milagro" (dynamis) aparece diez veces, pero no después de 19:11. Casi todas las veces que se usan estas palabras, aparecen en la primera mitad del libro de Hechos. De las treinta y dos manifestaciones de señales milagrosas en Hechos, solamente seis ocurrieron después de Hechos 8. De la evidencia bíblica se puede concluir que el ministerio de milagros declinó después de los días primitivos de la Iglesia. La frecuencia de milagros declinó durante la vida de los apóstoles en la Biblia.

Solamente los libros de Santiago, 1 y 2 de Tesalonicenses se escribieron antes de 1 Corintios, la cual fue escrita aproximadamente en 55 D.C., es decir 22-25 años después de Pentecostés. En este tiempo los apóstoles y profetas estaban muy activos todavía, recibiendo y compartiendo nueva revelaciones y también confirmando el mensaje de Jesús. Durante aquella época, hombres con los dones de profecía, ciencia y lenguas estaban comunicando a las iglesias la nueva revelación de Dios. En los primeros años de la Iglesia aquellos dones eran muy importantes, pero cuando cumplieron su propósito de entregar al Cuerpo de Cristo todo lo que Jesús había enseñado, no hubo más necesidad de ellos y terminaron.

CAPITULO
— 16 —
Lenguas en Relación con Cristo y los Apóstoles

Fue muy importante en el principio de la Iglesia, que Cristo estableciera la autoridad de los apóstoles. Jesús personalmente pasó muy poco tiempo en la tierra y solamente tres años enseñando el mensaje del Padre. El futuro de Su mensaje dependía de las personas que iban a comunicarlo a los demás. Es muy importante entender el propósito de los milagros y señales en la Biblia y poder contestar a los que insisten en que necesitamos milagros hoy como en los días de los apóstoles.

Al examinar la evidencia del N.T. descubrimos que el poder de hacer milagros no fue algo en general para todo creyente, sino algo exclusivo y con muy pocas excepciones. Tales milagros nunca fueron para toda la Iglesia. Factor 10: Los dones de lenguas y milagros no son necesarios ahora.

Si el mensaje de Cristo iba a ser creído, era necesario que Su mensaje y Sus mensajeros fueran autenticados o confirmados. ¿Cómo se iba a discernir un mensaje falso de uno verdadero? ¿Cómo se podía aceptar el mensaje de un individuo que dijera que Dios le había hablado? Si alguien podía probar que tenía poderes milagrosos, sin lugar a dudas habría razón de aceptar su mensaje.

En el Antiguo Testamento, en varias ocasiones los "dones de confirmación" fueron usados para demostrar la autoridad divina del mensajero. A Moisés le fueron dadas tres señales para convencer a Israel de que él era su libertador: la mano leprosa, la vara que se transformó en serpiente y el poder de cambiar agua en sangre. En Éxodo 4:8-9 vemos el propósito de estos dones milagrosos:

> "Si aconteciere que no te creyeren ni obedecieren a la voz de la primera señal, creerán a la voz de la postrera. Y si aún no creyeren a estas dos señales, ni oyeren tu voz, tomarás de las aguas del río y se harán sangre en la tierra."

En el mismo capítulo 4, versículo 1, Moisés expresó las dudas que motivaron las promesas de las señales, "¿Y si no me creen, ni escuchan mi voz? Porque quizá digan: 'No se te ha aparecido el Señor.'" El propósito de los milagros fue específico: convencer a Israel que él era el mensajero de Dios. Lo que es significativo en la narración es que Moisés tenía que usar los milagros una sola vez:

> "y Aarón habló todas las palabras que Dios había hablado a Moisés. Este hizo entonces las señales en presencia del pueblo y el pueblo creyó. Y al oír que el Señor había visitado a los hijos de Israel y había visto su aflicción, se postraron y adoraron." (4:30-31)

Dos de las tres fueron usadas delante de Faraón, pero nunca más ante el Pueblo de Israel. No había necesidad de usar la señal otra vez. Ellos creyeron a la primera vez y una repetición de ellas habría sido para entretenerles con sus poderes, como quiso hacer Herodes con Jesús (Lc. 23:8).

Este principio se ve también con respecto al maná. Por cuarenta años Dios milagrosamente lo proveyó para Israel en el desierto, pero al llegar a la tierra prometida cesó de repente. En Josué 5:11-12 leemos que cuando "comieron del producto de la tierra ... el maná cesó el día después ... y lo hijos de Israel no tuvieron más maná". Parece que se ve un principio en estas acciones: cuando algo ya no es necesario, cesa. Si es así, se puede anticipar que los dones milagrosos iban a terminar cuando sus propósitos fueran cumplidos. ¿Cuáles son los propósitos de los dones milagrosos, que incluyen al don de lenguas?

Cuatro propósitos de las señales milagrosas:

Cuando analizamos los pasajes que se relacionan con los términos: milagro (dynamis), señal (semeion) o prodigio (teras) , ciertos principios se hacen claros o evidentes. Hoy en día cuando se habla de milagros, es muy común escuchar referencias a sanidades en vez de milagros, olvidando que en la Biblia son dos conceptos distintos. Sin embargo, es raro que un milagro ocurra sin relación a una sanidad.

(1) Los Milagros fueron usados para introducir un nuevo período de revelación.

En la narración bíblica no se encuentran períodos de milagros en torno a personajes importantes como Job, Abraham, o Samuel. Aunque ellos recibieron ciertas revelaciones, su tiempo no fue un período de la revelación bíblica. Sus revelaciones eran principalmente para ellos, personales. No eran revelaciones de la Palabra de Dios para todas las generaciones.

Cuando Dios comenzó a revelar Su Palabra con Moisés y Josué en el nuevo período de la ley, luego con Elías y Eliseo en el período de los profetas y finalmente con Jesús y Sus apóstoles en el período de la Iglesia, los milagros ocurrieron en abundancia. Pero solamente en el comienzo de los períodos. La Biblia muestra que estas tres épocas de milagros también son el comienzo de tres períodos de revelación especial, lo cual no puede ser coincidencia. En Éxodo 33, cuando Dios dio la ley a Moisés, lo autenticó con Su presencia visible en una columna de nube sobre el Tabernáculo (vs. 9-10). Tal manifestación no continuó, sino ocurrió una sola vez.

Las lenguas, las sanidades y los milagros, todos sirvieron como señales para autentificar una era de nueva revelación. A medida que la era de revelación llegó a su fin, las señales también cesaron. El teólogo B.B. Warfield escribió:

Los milagros no aparecen en las páginas de las Escrituras esporádicamente, aquí y allá y en otra parte indiferentemente, sin razón asignable. Pertenecen a períodos de revelación y aparecen sólo cuando Dios está hablando a Su pueblo a través de mensajeros acreditados, que declaran Sus magnánimos propósitos. Su abundante despliegue en la Iglesia Apostólica es la señal de la riqueza de la era apostólica en cuanto a revelación; y cuando ese período de revelación se cerró, el período de las obras milagrosas también concluyó, como una mera cosa natural.[25]

En Hechos 7, Esteban mencionó las señales maravillosas que hizo Moisés y que "recibió palabras de vida que darnos" (vv. 36-38). Los milagros de Moisés están ligados a las "palabras de vida", es decir, la revelación de la Palabra de Dios. En cualquier tiempo Dios siempre pone de manifiesto que Su mensajero es el portador de una nueva revelación. Su manera de verificarlo es con maravillas y señales.

(2) Los Milagros fueron usados para autenticar los mensajeros del nuevo período de revelación.

Cuando Moisés comprobó su autenticidad como el vocero y mensajero de Dios en Éxodo 4, con las señales de la mano leprosa, la vara que se volvió serpiente y el agua que convirtió en sangre, no volvió a usar estas señales para convencer a los hebreos. Pues ya no fue necesario una vez que el pueblo lo aceptó (Ex. 4:5-9)

Cuando Elías levantó de la muerte al niño de la viuda (1 R. 17:17-23), la mujer le aceptó como "varón de Dios," y le dijo: la palabra de Jehová es verdad en tu boca" (17:24). No había necesidad de volver a confirmar su autenticidad.

En el Evangelio de Juan el autor escogió precisamente siete milagros de la vida de Jesús para comprobar Su deidad, que es el propósito declarado del libro (Jn. 20:31). El podría haber escrito sobre muchas otras señales (Jn. 20:30), pero esas siete eran suficientes para su propósito.

(3) Los Milagros fueron usados para autenticar el nuevo mensaje

Cuando Dios inauguró de nuevo la revelación de Su Palabra, la acompañó con señales y prodigios. Dios autenticó Su mensaje con señales en Hechos 14:3, cuando los apóstoles estaban "hablando con denuedo, confiados en el Señor, el cual **daba testimonio a la palabra** de su gracia, concediendo que se hiciesen **por las manos de ellos** señales y prodigios." Tal confirmación no fue algo general dado a todos los creyentes, sino especial para aquellos que llevaban el mensaje directamente de Jesús.

El mensaje era tan importante que requirió una confirmación especial de Dios después de la ascensión de Jesús. Por esto dice en Hebreos 2:3-4, "testificando Dios juntamente con ellos". Joseph Dillow hace el siguiente comentario:

Fíjese que este hombre (el autor de Hebreos) estaba escribiendo al grupo de la segunda generación de creyentes, tratando de animarles a seguir creciendo en su fe. La base de su apelación es el testimonio confirmado (por medio de los dones milagrosos del Espíritu: lenguas, milagros, etc.) de la primera generación de creyentes. Dado que él está basando toda su apelación sobre la confirmación del testimonio de los creyentes de la primera generación por medio de los dones de señales del Espíritu, sería increíble pensar que no se refiriera a algunas manifestaciones milagrosas de la segunda generación, si hubiera sabido de ellas. Si hubiera podido citar algunas manifestaciones milagrosas que continuaran en la segunda generación, habría fortalecido aún más su argumento. Sin embargo, él tuvo que depender de las manifestaciones de la primera generación. Parece que este apóstol no estaba consciente de la presencia continua de los dones de señales, tan inusuales en el 70 D.C. cuando escribió la epístola a los Hebreos. Posiblemente las lenguas ya habían "cesado" por sí mismas (1 Co. 13:8).[26]

En cada caso en el Nuevo Testamento las señales fueron usadas por muy pocas personas y principalmente por los apóstoles. Solamente hubo tres excepciones: Felipe (Hc. 9:6-7), Esteban (Hc. 6:8) y Ananías (Hch.9:10-18) una sola vez. Por su íntima asociación con los apóstoles y su ministerio en la Iglesia primitiva de confirmar el inicio del mensaje a los judíos (Esteban) y a los Samaritanos (Felipe), es completamente comprensible. Pero no hubo más personas involucradas y aún Felipe aparentemente no continuó con su ministerio de confirmación. Tal confirmación llegó a ser tan exclusiva que se llamó "señales de apóstol" (2 Co. 12:12).

(4) Los Milagros fueron usados para dar a los espectadores instrucción

Los milagros de Moisés fueron dirigidos contra dioses específicos de los egipcios. La arqueología ha identificado estos dioses como: el Nilo, sapos, peces, langostas, serpientes, etc. Los hebreos aprendieron que Jehová era más fuerte que cualquier dios de los egipcios y los milagros fueron tan convincentes que aún muchos egipcios los acompañaron cuando salieron.

Cuando Elías convocó a los sacerdotes de Baal a la "competencia" del Mt. Carmelo, cayó fuego del cielo para consumir el altar en respuesta a su palabra. Israel aprendió no solamente que Dios estaba con Elías, sino además que Jehová era más fuerte que Baal. Luego, por la palabra de Elías, llovió después de tres años de sequía y otra vez aprendieron que solamente Dios podía suplir sus necesidades y que Baal no tenía ningún poder.

Muchos de los milagros de Jesús también tuvieron el propósito de enseñar alguna lección especial. Muchos milagros fueron hechos por compasión, pero algunos enseñaron algo especial. En Lucas 5:17-25 Jesús quería enseñar que es más fácil sanar que perdonar. En primer lugar, solamente Dios podía perdonar y El era Dios. En segundo lugar, era más difícil perdonar que sanar porque aquello le iba a costar Su vida y sangre. El precio era mucho más alto. Jesús aprovechó la oportunidad de una sanidad para comunicar esta verdad.

Dios ha dejado autenticados a Sus mensajeros, a Su mensaje (el Nuevo Testamento) y al nuevo período de la Iglesia. Dejó confirmado con certeza que son de Dios por las señales y los milagros que los acompañaron en su comienzo. Como siempre en la Biblia, cuando el propósito de los dones milagrosos terminó, los dones cesaron.

Hoy en día, la Palabra de Dios nos exige confiar en el testimonio de los escritores de la Biblia y en el testimonio del Espíritu. En Juan 20:29 Jesús afirmó claramente que es más bienaventurado creer sin haber visto señales y en 2 Corintios 5:7 somos exhortados a vivir por fe, confiando en lo que está escrito en la Palabra, no por vista. Si alguien dice que los milagros son necesarios hoy:

La primera respuesta es: **Los milagros fueron usados para una necesidad específica.** ¿Qué nueva época de revelación especial está siendo introducida hoy? ¿Qué nuevas revelaciones o profecías están siendo añadidas a las profecías del libro de Apocalipsis? Si la adición de nuevas profecías está prohibida (Ap. 22:18), entonces no hay necesidad de más confirmación para una supuesta nueva revelación.

Aparentemente habrá más revelaciones en el comienzo del milenio, cuando habrá más profecías y señales de nuevo, pero no estamos viviendo en aquellos tiempos. Si los milagros hubieran continuado durante toda la época de la Iglesia, el propósito de las señales habría sido diferente y habría existido una contradicción al propósito de señales encontrado en la Biblia.

La segunda respuesta es: **Los milagros no son una norma para toda la edad de la Iglesia.** Jesús y Pablo nos enseñaron que no debemos depender de señales y milagros para nuestra fe (Jn. 20:29; 2 Co. 5:7). Un solo período de señales milagrosas y prodigios, bien autenticado y confirmado, fue suficiente para establecer el origen divino del mensaje de Dios. Nunca es necesario tener una serie infinita de testigos para confirmar una declaración como la verdad. En la Biblia la norma se establece por la boca de dos o tres testigos (Dt. 17:6; Mt. 18:16). No es necesario seguir comprobando algo. Insistir ahora en más confirmación implica que la confirmación del primer siglo no fue suficiente o válida.

El énfasis que se da a la fe en el Nuevo Testamento (239 referencias) indica que en la actualidad debemos aceptar las evidencias escriturales de que los apóstoles CONFIRMARON el Mensaje de Jesús en el primer siglo, de tal manera que hoy no hubiera necesidad de más confirmación. Este fue el propósito del autor de Hebreos en 2:3-4. El mensaje ya había sido confirmado cuando él escribió su epístola.

Factor 11: Los dones de señales fueron usados solamente por los apóstoles

Algunos líderes carismáticos insisten en que "necesitamos un milagro por día". Así la gente va buscando milagros, pero cuando nada milagroso ocurre, la culpa y la duda aumentan hasta el punto en que harían cualquier cosa para tener experiencias sobrenaturales a diario. Otros declaran: "Dios tiene un milagro especial sólo para usted."

La verdad es que no hay razón en las Escrituras para afirmar que las cosas milagrosas que ocurrieron en la época de los apóstoles deben ocurrir en las edades subsiguientes. Además, en ninguna de sus cartas Pablo dijo a los creyentes que buscaran la manifestación de señales y prodigios del Espíritu.

La Biblia claramente indica que el período de la revelación del N.T. y la era apostólica estaban íntimamente conectados. "Me he hecho un necio al gloriarme; vosotros me obligasteis a ello, pues yo debía ser alabado por vosotros; porque en nada he sido menos que aquellos grandes apóstoles, aunque nada soy. Con todo, las señales de apóstol han sido hechas entre vosotros en toda paciencia, por señales, prodigios y milagros" (2 Co. 12:11-12).

En síntesis, el argumento de Pablo para probar su apostolado es que él hacía milagros y nadie más podía hacerlos. Fue lo mismo que ocurrió ante Faraón: Moisés tuvo que probar su autenticidad por sus señales. Algunas señales fueron imitadas por los encantadores y adivinos egipcios, pero no las últimas. Así que, si todos hubieran hecho señales, no habría habido nada especial en cuanto a los apóstoles. Fue imperativo que ellos hicieran cosas que nadie más podía hacer. El don de milagros aparentemente fue limitado a los apóstoles. Algún tiempo antes del derramamiento del Espíritu y Sus dones en el día de Pentecostés, Jesús dio a los 70 discípulos autoridad para sanar y echar fuera demonios (Lc. 10:9,17), pero fue un poder otorgado por tiempo limitado. Después solamente los apóstoles y algunos cercanos a ellos, o comisionados por un apóstol para compartir en su ministerio (tal como Felipe; ver Hc. 8:6-7) manifestaron este poder. Dondequiera que ocurran señales y prodigios en las Escrituras después de Pentecostés, siempre están directamente relacionados con los apóstoles (Hc. 4:30; 5:12; 14:3; Ro. 15:18-19).

Tres observaciones:

1. No hay evidencia de que los dones de señales fueran recibidos aparte del ministerio de un apóstol.

Los eventos en Hechos 6:1-7 indicaban que había un problema entre los "griegos" (Helenistas) y judíos de la Iglesia primitiva. Las viudas griegas eran judías probablemente nacidas fuera de Judá en las colonias de los romanos o griegos, así que hablaban griego y habían adaptado mucho de las costumbres y filosofías griegas. Aparentemente la diferencia era notable y causó discriminación dentro de la Iglesia primitiva. Algunos piensan que las viudas judías habían vuelto a Jerusalén en su vejez, para morir en la Ciudad Santa, pero que no tenían familiares en Jerusalén, ni sostén. Quizás muchas se habían convertido al cristianismo lo cual les aisló más de familiares o amigos, si los tenían.

A fin de solucionar el problema, Pedro y los once apóstoles guiaron a la congregación a seleccionar a siete hombres para ser responsables de este sector de la iglesia en Jerusalén. Supuestamente los apóstoles iban a seguir cuidando de las viudas hebreas y por tanto delegaron la responsabilidad de cuidar las viudas griegas a los siete. En el versículo 5 se nota que todos los nombres son griegos, no judaicos. Así los líderes de la iglesia griega judaica eran todos griegos también.

Muchas veces los siete son llamados "diáconos," porque el sustantivo "servicio" (diaconia) es usado dos veces y el verbo "servir" (diakonein) una vez. Sin embargo, la palabra diaconia puede referirse al apostolado (Hc. 1:17, 25), o al ministerio en general (Hch.12:25; 20:24; 21:19; 1 Co. 16:15; 2 Co. 5:18; Ef. 4:12; Col. 4:17; 2 Ti. 4:5). El nombre "ministro" es diakonos y es usado con referencia a apóstoles y pastores (Ro. 13:4; 1 Co. 3:5; 2 Co. 3:6; 6:4; 11:23; Ef. 3:7; 6:21; Col. 1:7, 23, 25; 4:7; 1 Ts. 3:2; 1 Ti. 4:6). Solamente en Filipenses 1:1 y 1 Timoteo 3:8, 12 se hace referencia al oficio de diácono. Probablemente en Hechos 6 los siete hombres eran reconocidos por su fidelidad y servicio a los demás y por esto, fueron constituidos como ministros o líderes junto con los apóstoles a fin de cuidar de la grey de Dios.

Por la imposición de las manos de los apóstoles (Hc. 6:6) les delegaron la autoridad de liderar y aparentemente el poder de hacer milagros y prodigios (6:8). Ellos inmediatamente empezaron a manifestar poderes apostólicos. En los capítulos 6-8 se relata brevemente la historia de dos de los siete: Esteban y Felipe. Parece que ellos recibieron su poder en forma directa de los apóstoles. En Hechos 8:4 leemos que los creyentes "iban por todas partes anunciando el evangelio", pero no hay ninguna referencia a milagros hasta que llegó Felipe (8:5-8). Inmediatamente hubo señales, exorcismos y sanidades. Nadie más en todo el Nuevo Testamento manifestó tales poderes.

CAPITULO
— 17 —
Las lenguas en relación con la evidencia de la historia de la iglesia

En la quinta categoría de la evidencia de los dones milagrosos consideramos la historia de la Iglesia. La Biblia dice que las lenguas "cesarían". Y el contexto indica que otros dones también. Una implicación justa es que las lenguas iban a cesar en armonía con los demás dones. Si algunos de los dones no son permanentes, entonces estos dones temporales desaparecieron simultáneamente.

Al leer el libro de Hechos es notable la diferencia en relación a los dones milagrosos entre el comienzo del libro y el fin, pues al parecer éstos van desapareciendo. Esta apreciación tiene sentido si entendemos que el tiempo de la confirmación del mensaje y de los mensajeros había terminado. La época apostólica fue extraordinaria y única, pero llegó a su fin. Lo que sucedió después no debía ser la norma para las subsiguientes generaciones de creyentes. Lo normal para cada creyente es estudiar y obedecer la Palabra de Dios, la cual puede hacerlo sabio y maduro. Lo normal ahora es vivir por fe en lo que Dios ha revelado y confirmado, no por vista.

Algunos no pueden aceptar un cristianismo sin milagros apostólicos. Pretenden intimidar a los demás con dichos como estos: "¿Quién querría un Dios a quien se le ha acabado la energía? ¿Podría Dios hacer algo en un siglo y no en el otro? … ¿Ha perdido Dios todo Su poder?"

Otros infieren que cualquiera que niegue la vigencia de los milagros al estilo apostólico en la actualidad tiene una "fe que no da lugar a un Jesucristo que es el mismo ayer y hoy y por los siglos. Están perfectamente cómodos con un Dios distante que no ha hecho nada significativo en 2.000 años." Con tales acusaciones uno se queda con la duda de si ellos quieren más el poder o la persona de Jesús. Sin embargo, la Biblia presenta a la época apostólica como algo especial y único; no como la norma de la época de la Iglesia donde cualquiera puede manifestar las "señales de apóstol".

En estas dos categorías veremos la evidencia histórica tanto en la Biblia como en la historia secular. Si encontramos evidencia del cese de los dones de señales se puede llegar a una de dos conclusiones: El pecado y falta de fe apagaron los dones de señales, o estos cumplieron sus propósitos en el plan de Dios y no hubo más necesidad de ellos. Los carismáticos optan por la primera, mientras que los fundamentalistas ven la segunda como la correcta conclusión de la evidencia.

Factor 13: El cese de otros dones sugiere que las lenguas también cesaron.

Hubo siete señales y dones existentes en la Iglesia Primitiva que terminaron en el primer siglo. Cinco de los siete están en relación con el don de lenguas (e interpretación de lenguas) y al terminar uno de ellos entonces se puede

anticipar que los demás terminarían también. Los cinco dones o señales son:
1. Milagros
2. Sanidades
3. Profecía
4. Apostolado
5. Juicio repentino

El primero es el don de milagros. La palabra "milagro" es dynamis o "poder". Aparece 120 veces en el N.T. como sustantivo y otras 100 veces como verbo. Así que es el don de "poderes". Tal poder es especialmente manifestado en los Evangelios para combatir el reino de Satanás (Mt. 8, 9, 12; Mr. 5, 6, 7; Lc. 9). El don de "poderes" es la capacidad de echar fuera demonios principalmente. Es lo que hicieron los apóstoles (Hc. 13:10; 19:12) y Felipe (Hc. 8:6-7) en la época inicial del anuncio del evangelio de Jesús. Aparte de estas personas no hay evidencias de que fuera un don distribuido más ampliamente dentro de la Iglesia. Decir que hoy necesitamos personas que puedan hacer milagros como los apóstoles es poner el énfasis fuera del propósito de Dios para tales dones.

Para las generaciones que siguieron a los apóstoles y que tenían que luchar contra espíritus malignos también, las Escrituras nos indican cómo actuar (2 Co. 2:10-11; Ef. 4:27; 6:11-18; 2 Ti. 2:25-26; Stg. 4:7; 1 P. 5:7-9). Todos estos versículos nos dan instrucciones personales con respecto a cómo triunfar sobre Satanás.

La asociación del don de milagros con las señales especiales de los apóstoles, la necesidad de él suplida en instrucciones bíblicas de cómo tratar con demonios y la evidencia que luego veremos en relación a su desaparición después del primer siglo, nos lleva a la conclusión de que el don de milagros cesó con los apóstoles. A menudo el don de milagros está estrechamente relacionado con la sanidad puesto que Satanás puede producir enfermedades.

El segundo es el don de sanidades. La necesidad más grave que sufre la humanidad es la enfermedad. Los gastos enormes que ocasionan la investigación para nuevas curas y los procedimientos modernos para sanar a los enfermos indican la importancia que representa para la sociedad. Uno normalmente no piensa mucho en su salud hasta que comienza a deteriorarse. La gente ya sea educada o ignorante, se inclinaría hacia cualquier práctica o religión que prometiera una sanidad. La frase actual que representa la búsqueda de la gente es "Una verdad que sana."

Hay cinco diferentes ramas de sanidad no convencional o química en la actualidad: (1) Grupos cristianos: especialmente de las clases media y baja que tratan de imitar las sanidades de Jesús y los apóstoles mientras que las mezclan con ciertos elementos de religiosidad medieval. (2) Grupos metafísicos: son filosóficos en su práctica como los de la Ciencia Cristiana y Unidad. Tienen muchas creencias en común con los grupos psíquicos u ocultos, sanando por medio de telepatía. Ellos se organizan como una denominación cristiana en iglesias. (3) Grupos de Practicionistas: son especialistas en ciertas prácticas como shiatsu, iridología, acupuntura y reflexología. En este grupo está la homeopatía, naturopatía y otras formas de medicina natural. (4) Grupos de Meditación Oriental y Potencial Humano: practican yoga, síntesis psicológica, ESP y reencarnación. Meditación Trascendental de las disciplinas del Hinduismo y Budismo. (5) Grupos Ocultos y Psíquicos: Es el grupo más diverso y difícil de categorizar porque incluye toda clase de sanidades psíquicas y curanderos psíquicos. Ellos enfatizan el potencial del individuo para ganar poder y controlar sus vidas. Tal potencial es posible solamente por medio de un conocimiento oculto especial que ellos comparten a sus fieles.

Las distinciones de las cinco ramas de sanidad son más fáciles de identificar en su teoría que en las prácticas actuales, que tienden a cruzar las líneas de distinción formando una síntesis de sanidad. Así, en los grupos cristianos se pueden observar prácticas de síquicos o de orientales y viceversa. El crecimiento de la filosofía de la Nueva Era, misticismo y filosofía orientales, combinan diferentes elementos de sanidad. Estos grupos están creciendo rápidamente en popularidad en todo el mundo y todos prometen sanidades similares, desde cirugía sin derramar sangre hasta emplomaduras de dientes.

Satanás ha podido dominar a las masas por medio de las sanidades falsifica-das. Un ex médium espiritista que se convirtió a Cristo dijo, "Actualmente hay muchísimos espiritistas que están dotados de este extraordinario poder dado por Satanás; y yo mismo, habiendo sido usado de esta manera, puedo testificar de haber visto curaciones milagrosas que se realizan en 'reuniones de sanidad' en el Espiritismo."

En el mundo Pentecostal hay mucho énfasis en la pretensión de poder para sanar. Muchas de las afirmaciones no pueden ser probadas, pero las historias son repetidas y a veces exagerando el acontecimiento original.

Dios ciertamente sana en respuesta a oraciones a fin de revelar Su gloria (Stg. 5:16). La medicina, natural o convencional, sana también. La cuestión es si existe el don de sanidad en la actualidad como lo vemos en la Biblia durante los tiempos apostólicos.

Hay una gran diferencia de lo que se ve hoy y las sanidades realizadas por Jesús y Sus discípulos. Se pueden comparar las sanidades obradas por Jesús con las de Sus apóstoles y ver que son idénticas:

Los Apóstoles	Jesús
Sanaba con una palabra o toque	Sanaban con una palabra y con un toque
Mt. 8:6-8, 13; Mr 5:25-34	Hch. 9:32-35; 28:8
Sanaba instantáneamente	Sanaban instantáneamente
Mt. 8:13; Mr. 5:29; Lu17:14	Hch. 3:2-8
Sanaba totalmente	Sanaban totalmente
Lc. 4:39	Hch. 9:34
Sanaba a todas las personas a quienes intentaban	Sanaban a todas las personas a quienes intentaba
Lc. 9:11	Hch. 5:12-16; 28:9
Sanaba las enfermedades orgánicas	Sanaban enfermedades orgánicas
Mt. 9:20; Jn.9:2-7	Hch.3:6-9
Resucitaba muertos	Resucitaban muertos
Mr. 5:22-24, 35-43; Jn 20:30-31	Hc 9:36-42; 20:9-12

No hay duda de que Dios sana hoy, pero tenemos que entender que en la Biblia hay tres clases de sanidades. Cuando hablamos de sanidades debemos identificar qué tipo de sanidad bíblica. Aunque Dios no está dando el don de sanidad en la actualidad, todavía hay sanidades. Las tres clases de sanidades son:

1. Sanidad por creación
2. Sanidad por exorcismo de demonios
3. Sanidad por oración

Primer tipo de sanidad, vamos a llamarlo "sanidad por creación". Esto es, el poder de "crear" por mandato nuevas partes del cuerpo físico en forma instantánea. En Marcos 2:3-12 el paralítico tenía sus músculos degenerados y deteriorados de tal manera que no tenía control sobre su cuerpo. El tiempo necesario para esta sanidad se menciona en versículo 12: "en seguida". Fue inmediatamente. La sanidad resultó no solo en nuevos músculos, nervios y piel que fueron creados instantáneamente, sino además la coordinación necesaria para utilizar los nuevos miembros.

Los apóstoles tuvieron la misma capacidad de crear nuevos miembros en una persona. En Hechos 3:1-8 vemos el tiempo: "al momento" y el resultado: "se le afirmaron los pies y tobillos". Es imposible explicar este tipo de sanidad en términos de problemas psicosomáticos o psicológicos o de autosugestión.

Sanidades de esta naturaleza se hacen evidentes por ejemplo en la sanidad de Naamán en 2 Reyes 5:14. La piel leprosa fue transformada inmediatamente "como la carne de un niño y quedó limpio." Esto es, nueva piel que no existía antes. Estaba deteriorada por la lepra, sin embargo, se transformó en piel nueva, recién creada.

Este tipo de sanidad era lo más común en el tiempo de Jesús y los apóstoles, pero no se ve así hoy.

El segundo tipo de sanidad es "por exorcismo de demonios". En Lucas 13:10-17 nos encontramos con una mujer que estaba "encorvada y en ninguna manera se podía enderezar". El versículo 11 dice que "tenía espíritu de enfermedad" lo cual queda clarificado en versículo 16 al decir que había sido "atada" por Satanás. Jesús diagnosticó su problema como algo satánico en vez de meramente físico. Al echar fuera el demonio, la mujer se sanó inmediatamente.

El tercer tipo de sanidad es "la sanidad por oración". Fíjese que los primeros dos tipos de sanidad no eran oraciones, sino mandatos u órdenes. Eran la voz de autoridad: "Sé sanado"; "Levántate y Camina." Pero este tercer tipo de sanidad no se basa en autoridad, es decir, no en la voluntad del que tiene el don de sanidad, sino en la voluntad de Dios.

Aparte de las manifestaciones de los dones milagrosos Dios puede responder a la oración del individuo.

Las oraciones tienen dos formas:
(1) Oración de los mismos enfermos
(2) Oración de los ancianos

El primer ejemplo de oración es aquella en que el individuo mismo pide por su propia sanidad. No es una oración de autoridad, sino una petición sujeta a la voluntad de Dios. En 2 Corintios 12:7-9, Pablo rogó a Dios por sanidad de una aflicción no definida en el texto. Tres veces oró. En este caso Dios negó su petición de sanidad, porque El tenía un propósito mayor que la sanidad. Sin embargo, es un ejemplo de cómo el individuo puede orar a Dios por su propia sanidad.

El segundo ejemplo de oración es aquella en la que los ancianos oran por la sanidad de algún miembro de su congregación. En Santiago 5:14-16 vemos el ministerio de orar por los enfermos de una iglesia, el cual será considerado en forma más amplia luego. Pero ahora es importante notar que este tipo de sanidad no es una señal de confirmación o autenticación de un mensajero o mensaje, sino simplemente un ministerio dentro de la iglesia local.

Cuando el don de sanidad era ejercitado (los primeros dos tipos de sanidad), pasajes como Hechos 5:16 nos dicen que "todos eran sanados".
Es evidente que el don de sanidad estaba pasando en la Iglesia, incluso durante la vida de los apóstoles:

En 35 D.C. todo el mundo fue sanado (Hc. 5:14-16).
En 56 D.C. Pablo no pudo sanarse a sí mismo (2 Co. 12:7-12).
En 60 D.C. Pablo no pudo sanar a Epafrodito (Fil. 2:25-28).
En 67 D.C. Pablo no pudo sanar a Trófimo, sino que lo de "enfermo en

Mileto" (2 Ti. 4:20).

Notemos que Epafrodito y Trófimo eran llenos del Espíritu y fe, pero Pablo no pudo sanarlos. No se puede echar la culpa a su pecado o falta de fe, sino que Pablo ya no tenía la autoridad para sanar 25-30 años después de la Ascensión del Señor.

Es evidente que Dios no está sanando con la frecuencia que lo hizo en la Iglesia Primitiva. Por un corto tiempo los Apóstoles sanaron a todo el mundo de cualquier enfermedad. Pero parece que al final de sus vidas ni los apóstoles podían hacer lo que los curanderos y sanadores declaran que pueden hacer ahora. Si el don de sanidad como una señal de apóstol ha pasado de la Iglesia, lo que queda es la sanidad por la oración de los mismos enfermos o de los ancianos-pastores.

El tercer don es Profecía. El profeta del N.T. es muy similar al profeta del A.T., pues es un instrumento de revelación divina. Los únicos ejemplos del ministerio de los profetas son predicciones del futuro por revelación. El don tenía alta prioridad y estaba frecuentemente unido a un apóstol. Dado que el don era parte del fundamento de la Iglesia (junto con el apostolado), no pudo continuar durante la construcción del edificio. El resultado del ejercicio del don de profecía fue el de consolar, exhortar y animar, aunque no privativo de éste, pues también es el resultado de los dones de enseñanza y exhortación. En la Iglesia primitiva, los profetas eran escasos. Agabo, las hijas de Felipe y algunos en la iglesia de Antioquía fueron llamados profetas. Los versículos Efesios 2:20 y 3:5 implican que ni apóstoles, ni profetas estaban presentes en la congregación en Éfeso.

Si el don de profecía terminó en la Iglesia Primitiva con la clausura del libro de Apocalipsis, el cual prohibió que más profecía fuera agregada a la del último libro del Nuevo Testamento, entonces los dones asociados con los profetas también tuvieron que desaparecer.

El cuarto don es Apóstol. Con todos los requisitos para ser apóstol sería imposible insistir en que el don de apóstol continúa hasta hoy. Los intentos de ampliar el círculo de apóstoles más allá de los doce y Pablo, se basan en interpretaciones muy dudosas. Su capacidad de hacer "señales de apóstol" marcó un rasgo que los distinguió de todos los demás creyentes. Casi nadie en la historia de la Iglesia ha declarado tener esta autoridad y a nadie le ha sido verificada. Nadie pretende hoy hacer milagros como ellos los hacían en el Nuevo Testamento. Todas las indicaciones de las Escrituras nos muestran que los apóstoles fueron solamente para la Iglesia en su comienzo. El don de apóstol fue dado a ciertos individuos en el comienzo de la Iglesia y nunca más desde aquel entonces.

El quinto es el juicio repentino. Leyendo el Nuevo Testamento, uno encuentra que Dios juzgó el pecado entre los creyentes frecuentemente con la muerte y en forma repentina. Al final del primer siglo se nota que Dios ya no estaba tratando con los hombres en forma tan drástica e inmediata.

En 32 D.C. Ananías y Safira mintieron al Espíritu y fueron muertos inmediatamente (Hc. 5:1-11).

En 44 D.C. Herodes aceptó la aclamación como si fuera un dios y fue muerto (Hc. 12:20-25).

En 56 D.C. Pablo entrega un creyente para ser matado por tener relaciones sexuales con su madrastra (1 Co. 5:1, 5).

El pecado no fue una cosa leve en la Iglesia primitiva. Dios controló la moralidad de ella mediante juicios repentinos. Sin embargo, en los siguientes quince años (55-70 D.C.) parece que este juicio disminuyó hasta que fue raro que ocurriera.

En 64 D.C. Alejandro, un blasfemo, fue entregado a Satanás para ser muerto (1 Ti. 1:19-20).

En 67 D.C. Alejandro todavía no había recibido su recompensa por lo que hizo a Pablo (2 Ti. 4:14-15).

Esto puede indicar, como ahora es evidente, que Dios no está tratando con los hombres al final de la vida de Pablo, como en el comienzo de la Iglesia. En 1 Corintios 6:2-5 vemos el énfasis en la disciplina de la iglesia. En vez de una disciplina severa y fatal de parte de Dios, ahora la responsabilidad de la disciplina reposa sobre las iglesias.

Era importante que Dios usara este medio de tratar a la Iglesia para demostrar a los judíos que el Dios del Antiguo Testamento estaba comenzando una nueva era. Como hemos visto antes, ¿para quién son las señales? A Israel le fueron prometidas señales (1 Co. 14:21).

La era de la ley en el Antiguo Testamento fue inaugurada de la misma manera. En Levítico 10:1-2, el juicio de Dios cayó inmediatamente sobre dos de los cuatro hijos de Aarón, Nadab y Abiú, por su desobediencia a las instrucciones de Dios. Luego en la historia de Israel hubo dos sacerdotes más, hijos del sumo sacerdote Elí, Hofni y Finees (1 S. 2:12-17, 22), que llevaron a Israel a pecar y despreciar las ofrendas. Pasaron más de veinte años hasta que el juicio de Dios cayera sobre ellos después de ser anunciado.

En el Antiguo Testamento el juicio repentino sobre el pecado cesó mientras el sistema judicial y sacerdotal de Israel tomó el lugar que Dios le había asignado. De la misma forma, en el Nuevo Testamento ocurrió la misma transición. La disciplina estricta y severa del comienzo es poco a poco reemplazada. En los dos casos (tanto en el A.T. como en el N.T.) la disciplina se cumple por Israel o la Iglesia juzgándose a sí mismas. En la Iglesia cada creyente es exhortado a examinarse (1 Co. 11:28; 2 Co. 13:5) y probarse (2 Co.13:5; Gá.6:4); y además en casos difíciles de pleitos y disciplina, la Iglesia misma tenía que juzgar y disciplinarse (1 Co. 6:1-11; 5:7-8).

Tal cambio era el resultado de la madurez relativa de la Iglesia, para poder juzgarse a sí misma por medio de la Palabra revelada. Como los dones de lenguas e interpretación de lenguas están relacionados con los dones de milagros, sanidades, profecía, apostolado y el juicio repentino, todos los cuales desaparecieron en el primer siglo, se puede entender cómo las lenguas también cesaron exactamente como Pablo dijo en 1 Corintios 13:8. Cuando las cosas temporales empezaron a terminar, todos terminaron.

Factor 14: Históricamente las lenguas cesaron por completo.

La evidencia de los primeros trece factores pertenece a la Biblia. Ahora la historia secular de la Iglesia también indica que los dones milagrosos terminaron con el fin del primer siglo. Aunque esta evidencia no es netamente bíblica, es la confirmación de la profecía en 1 Corintios 13:8, que dice: "El amor nunca deja de ser; pero las profecías se acabarán y cesarán las lenguas y la ciencia acabará." Debe enfatizarse el hecho de que no existe ninguna indicación en las Escrituras con respecto a que las lenguas cesarían y volverían a aparecer. Al contrario, una vez que desaparecieran de la Iglesia, jamás volverían a aparecer.

Si el don de lenguas fuera el don principal entre los creyentes, tendríamos que observar al don creciendo después de los apóstoles con el transcurrir del tiempo, en vez de disminuir como la Historia indica. Pero esto no es una sorpresa a los que conocen la Biblia, porque es claro que iban a cesar. Un investigador de los "Padres Post-apostólicos" (los líderes de las iglesias en los primeros 300 años de la Iglesia) dijo: "Es significativo que en ninguna parte se haga alusión a las lenguas, o se dé algún indicio de las mismas y ni siquiera se encuentren en ninguno de los escritos de los Padres Post-apostólicos."

Bajo este factor hay cinco Observaciones que comprenden el conjunto de la evidencia histórica que muestra que las lenguas cesaron.

Observación 1: Históricamente no hay referencias a las lenguas después de Crisóstomo en 380 D.C.

Los grandes teólogos de la antigua Iglesia –Clemente de Roma, Justino Mártir, Orígenes, Crisóstomo y Agustín–consideraron las lenguas una práctica remota, que ocurrió en los primerísimos días de la Iglesia. Al fin de esta lección encontrará exactamente lo que la Historia revela. El historiador contemporáneo Philip Schaff dijo que un fenómeno similar, pero inferior, a la manifestación neotestamentaria, apareció de vez en cuando durante períodos de emoción religiosa. Pero Agustín dijo en 407 D.C. que no había ningún caso auténtico de lenguas porque habían cesado.

En su comentario sobre 1 Corintios, Crisóstomo (345-407 D.C.) escribió: "Toda esta área es muy oscura, pero la oscuridad es producida por nuestra ignorancia de los hechos referidos y por el cese, dado que ocurría, pero ya no ocurre más" (Homilías sobre Primera a Corintios, Hom. 29.1). Este gran líder de la Iglesia Griega declaró que no sabía nada del don de lenguas en su día.

La única posible referencia a lenguas en los primeros 400 años de la Iglesia es por Montano (160 D.C.) y aún esto no es claro. Schaff describe a Montano y las dos mujeres que le seguían, así:

Todos los tres salieron como profetas y reformadores de la vida cristiana y proclamaron la venida inminente del Espíritu Santo y del reino del milenio en Pepuza, un pueblo chico de Frigia, sobre el cual bajaría la nueva Jerusalén.

Eusebio describió a Montano como un profeta falso con las siguientes características: se declaró como el Paracleto o el Espíritu Santo, fue legalista; muchos creyentes sinceros le seguían; su movimiento estaba afuera de la mayoría de los creyentes y se caracterizó por éxtasis en un abandono de sí, perdiendo control de sí mismo en las reuniones como locos, hablando y balbuceando cosas extrañas; proclamándose en contra de la Iglesia contemporánea. Montano era un profeta falso, puesto que sus profecías no se cumplieron y por tanto sus experiencias no pueden ser usadas como un testimonio fiel, digno del don genuino de lenguas.

El obispo de Hipona en Africa, Agustín (354-430 D.C.), declaró: –"En los tiempos primitivos 'el Espíritu cayó sobre los que creyeron y hablaron en lenguas.' Estas eran señales adaptadas al tiempo. Parece que hubo aquel poder del Espíritu en todas lenguas, para mostrar que el evangelio de Dios tenía que correr a través de todas las lenguas sobre toda la tierra. Aquella cosa fue hecha como una señal y cesó … Si, entonces, el testimonio de la presencia del Espíritu Santo no está dado por medio de milagros, ¿por medio de qué se puede llegar a saber si uno ha recibido el Espíritu?"

Así que en los 300 años que siguieron a los apóstoles, no existe ninguna evidencia de algún creyente genuino que tuviera el don de lenguas o que hablara en lenguas. Toda la evidencia muestra que el don cesó. Si la Biblia dice que las lenguas iban a cesar y en efecto cesaron, se puede sospechar que cualquier manifestación de lenguas después sería una falsa manifestación y no un don bíblico.

Observación 2: No hay evidencia de que el tipo de "lengua" que apareció fuera genuino, sino la falsa lengua de la cual Pablo nos previno en 1 Corintios 14.

En el mundo de hoy hay varias manifestaciones de "lenguas" o "lenguaje místico" que practican los paganos y lo mismo pasó en el mundo antiguo. Thomas Edgar cita a Virgilio, quien hizo referencia a profetisas que "hablaron en lenguas". Tales prácticas de las religiones griegas (la Tracian Dionisios y el Delfico Frigia y las Sibilas) hasta el animismo de las religiones primitivas actuales tienen las mismas características de lo que sucede en muchas de las iglesias pentecostales de hoy. Existe entre grupos religiosos de hoy una norma de prácticas universales en relación a la glossolalia que no tiene nada que ver con el Espíritu Santo. Algunas de ellas son:

El orador está en un trance o estado extático.

La forma y entonación de la voz no es normal.

El orador es dominado o poseído por una fuerza extraña.

La expresión normalmente es inteligible, aunque algunos pretenden haber hablado en un idioma real.

El orador llega a un clímax de alegría y emoción, es decir a un "vuelo" durante la experiencia, que frecuentemente es seguido por un bajón emocional.

El orador normalmente no tiene conciencia de sus propios dichos y acciones.

Puede ser que otras manifestaciones físicas acompañen la experiencia, tales como respiración acelerada, distensión y a veces espuma por la boca y convulsiones.

Normalmente hay un procedimiento para provocar la experiencia. La primera experiencia es generalmente la más difícil o crucial y las demás experiencias son más fáciles de iniciar.

Otro factor que indica que no son genuinas es el análisis de la lengua hablada. En cualquier idioma hay ciertas características únicas, que son vocales o consonantes especiales pertenecientes a aquel lenguaje. Para hablar en tal lengua uno tiene que adaptar su propia fonética a la de la nueva lengua. Ninguna lengua usa la misma fonética o pronunciación de vocales y consonantes que otra lengua.

Hay siete pruebas lingüísticas que muestran una falsa lengua:

Prueba 1:— Mucha repetición de sílabas de casi el mismo sonido: "ha, bah, beta, bata" etc.. En una lengua real hay mucha variedad de sonidos y es muy difícil notar la repetición de la misma sílaba. Si se oyen sonidos que tienen mucha variedad y no se nota la repetición de casi ninguna sílaba, puede ser real.

Prueba 2:—Siempre hay una similitud entre la lengua hablada y la lengua del que habla. Sabemos por la lingüística que en los idiomas terrenales hay 350 sonidos distintos. En una sola lengua habría de 30 a 50 diferentes sonidos. Cada lengua tiene sus distinciones. Hay sonidos en inglés que no aparecen en castellano y viceversa. Si uno habla en "lenguas", pero solamente usa los sonidos de su lengua natural, no es otro idioma, sino una confusión de sonidos de su propia lengua.

Prueba 3:—El uso excesivo de una o dos vocales. Las lenguas normalmente tienen de 8 a 20 vocales. El autor conoce una lengua en Brasil que tiene 26 vocales. ¿No es raro que la manifestación de "lenguas" casi siempre sea limitada en vocales? No hay ninguna lengua en el mundo que tenga tan pocas vocales. En casi cualquier grupo de 10 palabras de un idioma se encuentran por lo general de 4 a 5 vocales como mínimo. Ahora bien, es cierto que uno puede inventar una frase con una o dos vocales, pero sería imposible hablar así y comunicar lo que se quiere.

Prueba 4:—La falta de estructura gramatical de cualquier tipo. La manifestación del don de lenguas en muchos países ha sido examinada por expertos muchas veces y hasta ahora ¡no se ha hallado el primer caso de una "lengua milagrosa" que contuviera una estructura gramatical! Se puede ir a cualquier país, grabar cualquier lengua primitiva o cultural y siempre se encuentra una gramática bien definida, aunque quizá elemental. Si no tiene una estructura gramatical, no es una lengua. Aún la lengua de la tribu más primitiva, tiene una estructura gramatical bien definida.

Prueba 5:—Se nota normalmente que la interpretación es mucho más larga que el mensaje en la "lengua". Ahora bien, es cierto que una traducción es muy difícil palabra por palabra, pero cuando la "lengua" contiene de 15 a 20 grupos de sonidos (como palabras) y su interpretación es de 50 a 100, algo raro ocurre. Si pasa más del 20% de palabras, el intérprete está inventando o añadiendo sus propias ideas. Si la diferencia es exagerada, como normalmente ocurre en las iglesias carismáticas, es pura imaginación del intérprete.

Prueba 6:— Hay mucha inconsistencia en la interpretación de la misma frase o cláusula de la "lengua." Un sólo grupo de sonidos (morfemas), cuando es comparado con las interpretaciones que se le da, puede notarse que es interpretado de 2 a 5 maneras diferentes, dependiendo de la extensión de la "interpretación". Es cierto que una palabra puede tener varios sentidos, pero todos similares. Lo que arroja la comparación de las interpretaciones, son diferencias incompatibles. Si el problema no está en la lengua, está en la interpretación. Casi siempre hay error en alguna parte.

Prueba 7:— La interpretación siempre suena como si fuera una cita bíblica, especialmente de los Salmos. A veces es una repetición de versículos de la Biblia ya memorizados con algunas palabras añadidas. El uso de "vosotros" y palabras que no se usan normalmente, pero que pertenecen a la Biblia, frecuentemente entran en la interpretación. Ahora, es bueno que el corazón del intérprete esté tan lleno de la Biblia que fluya de su boca tan libremente, pero es raro que la interpretación no sea más natural y en un lenguaje normal. Si la interpretación sonara más como se habla naturalmente habría más razón de aceptarla, porque Dios siempre revela Su mensaje en una manera fácil de entender.

Nótese que en los casos de lenguas en la Biblia no hubo ningún problema con las pruebas anteriores porque siempre eran lenguas literales. Si no es una lengua literal que se habla en la tierra, es pura imaginación o ruidos sin sentido.

Una evidencia final de que las lenguas no son genuinas, son las instrucciones que se dan para entrar en la "experiencia". Son completamente contrarias a la Biblia. Un autor dio las siguientes instrucciones para inducir el hablar en una "lengua":

Para recibir el Bautismo del Espíritu, levante manos y ojos hacia el cielo y empiece a hablar palabras, sonidos o simples sílabas; hágalo rápido, más rápido, más rápido y ¡ocurrirá! Ha recibido el Bautismo del Espíritu. Dennis Bennett, padre del movimiento carismático, en su libro, El Espíritu Santo y Tú, dio las siguientes instrucciones:

Empiece dando alabanzas al Señor como "¡Gloria!" "¡Aleluya!", hasta que sea difícil decir, "Gloria". Tal vez no lo realice, pero la dificultad es el Espíritu. Está empujando su mente al contrario. El conflicto entre su voluntad y el Espíritu causa tartamudeos.

Como es imposible hablar dos lenguas a la vez, hay que decidir que no se va a hablar ni una palabra en la lengua natural. Los labios están libres para que el Espíritu los mueva. Cuando los sonidos empiecen, levante la voz sin inhibiciones. Confíe en Dios para el resultado — ¡eso es fe!

Hay que disciplinarse para no hablar ni una palabra en su propia lengua. Ud. puede mirar hacia Dios y abrir su boca y respirar profundo y por fe, beber del interior el poder del Espíritu. Abrir su boca y respirar, constituye un paso de fe que Dios honra. Si hace eso, puedo asegurarle que el Espíritu empezará a moverle en muy poco tiempo. Si empieza a seguir los impulsos cuando aparecen, abriendo y cerrando su boca, va a ver la guía muy evidente. Luego, si levanta su voz, empiece a hablar palabras que estén formadas por sus labios por la guía del Espíritu sin inhibiciones, hablando lo que viene, sin pensar en cómo suena; recibirá una lengua clara.

Satanás tratará de hacerle creer que Ud. está fabricando las palabras, o que está imitando a alguien más, o tal vez dirá: "Ahora está poniéndose en la carne y es peligroso". No preste ninguna atención de tales sugerencias de Satanás."

Lo que se manifiesta en el movimiento carismático es una imitación del genuino don de lenguas, engañando a miles de personas, llevándolas a pensar que están experimentando un "milagro," mientras la verdad de la Biblia es ignorada y hecha de menor importancia. Aún cuando el Espíritu trata de aclarar la verdad de su falsa experiencia, su voz es rechazada como la voz de Satanás. La experiencia es todo lo que vale.

Observación 3: No hay evidencia de que la erupción ocasional de "dones" produjera un avivamiento o movimientos en la historia.

No hay ninguna evidencia de que hubiera en el pasado personas que manifestaron dones especiales y que fueran responsables de un avivamiento o incluso un movimiento que perdurara a través de la historia de la Iglesia. Además, tales grupos nunca fueron aceptados ni por los Católicos Romanos, ni por las iglesias de la Reforma, sino rechazados por sus herejías. Nunca fueron rechazados por las "señales" que afirmaban tener, sino por su doctrina.

Solamente en el siglo XIX y XX tales manifestaciones han sido aceptadas dentro de las comunidades evangélicas. Sin embargo, es claro el hecho de que por 1900 años tales manifestaciones han estado FUERA del cristianismo evangélico. Ahora, la lógica lo lleva a uno a pensar: ¿Será que nadie conoció a Dios íntimamente como algunos declaran hoy? ¿Será que Dios guardó el cumplimiento de la promesa de Su Espíritu por 1900 años? Estas conclusiones parecen muy al extremo y fuera de la realidad.

No hay ninguna evidencia de que la experiencia de lenguas jamás produjera un avivamiento o movimiento antes de 1901. Todas las evidencias indican que estaban asociadas con falsa doctrina.

El argumento de que ahora el movimiento está cumpliendo la profecía de Joel 2 en cuanto a las "lluvias tardías" no tienen base bíblica. Esta es una profecía del reino del milenio venidero en los tiempos del fin y no puede referirse a ninguna cosa antes. En el capítulo 2 de Joel es obviamente lluvia, es decir agua, lo que el profeta estaba profetizando. Las zonas áridas de Israel se volverán fértiles por la abundancia de la lluvia prometida.

Si no hay argumentos bíblicos para la existencia de los carismáticos y todos los antecedentes históricos de tal experiencia están relacionados con grupos no evangélicos y en toda la historia las "lenguas" no han provocado un avivamiento, hay razón para dudar de la genuinidad del movimiento actual.

Observación 4: Ningún predicador, teólogo, evangelista o misionero jamás tuvo a las lenguas como parte de su vida espiritual.

La implicación ilógica de la enseñanza pentecostal es que obliga a condenar a miles y miles de hombres de Dios a través de la historia de la Iglesia a un nivel inferior de espiritualidad y poder del Espíritu. Si hablar en lenguas es LA señal del "bautismo del Espíritu" entonces todos los demás no han experimentado el cumplimiento del poder del Espíritu. La única otra conclusión es que el Espíritu no estaba llenando a los hombres durante la historia de la Iglesia. ¿Será que la llenura del Espíritu es solamente para los últimos días? Algo está mal con tal enseñanza.

Al contrario, líderes y muchos otros más han sido llenos del Espíritu (lo que los carismáticos llaman "bautizados con el Espíritu") en maneras maravillosas, pero no han hablado en lenguas, porque no era necesario.

Juan Wesley habló de su experiencia de la segunda obra de gracia en Aldersgate.

Charles Finney habló de llenuras del Espíritu, llamándolas "bautismos del Espíritu", que vinieron sobre él como olas del mar sobre su alma. Sin embargo, ninguno de los dos jamás sugirió que hablara en lenguas, ¡ni una vez!

El evangelista D. L. Moody describió sus llenuras maravillosas, pero NUNCA indicó que hablara en una lengua.

R. A. Torrey en su libro "Bautismo del Espíritu", dejó muy en claro que nunca habló en lenguas, aunque estaba convencido de que había recibido el bautismo del Espíritu.

Todos ellos y muchos más, manifestaron una de las señales principales de la llenura del Espíritu que es mencionada en Hechos 4:31: "todos fueron llenos del Espíritu Santo y hablaban la palabra de Dios con denuedo."

Es terriblemente inconsistente y deshonesto el que los escritores carismáticos citen todos los cuatro hombres mencionados arriba para probar su doctrina de hablar en "lenguas", como si ellos las hubieran hablado. Peor todavía es decir, como Bennet declaró, que ¡nadie en toda la historia de la Iglesia ha sido lleno del Espíritu sin hablar en lenguas! Sin embargo, dice Bennet, ellos no lo revelaron a nadie por dos razones: (1) Miedo de lo que otros dirían, o (2) ¡ellos no sabían que habían hablado en una lengua! ¡Qué ridículo! ¿¡Cómo es posible que alguien pueda hablar en una lengua y no saberlo!? Todo el propósito de las lenguas, según los carismáticos, es para saber que uno ha sido "bautizado" con el Espíritu. ¿De qué serviría si la persona no se diera cuenta de que habló? Si hay una experiencia genuina, tiene que ser evidente al orador o no será real. ¡Qué distorsión de la realidad!

La verdad es que nadie desde el primer siglo ha hablado en lenguas. Lo que está manifestándose ahora no tiene nada que ver con el don genuino de lenguas.

Observación 5: La única evidencia de la continuación de las lenguas viene de grupos heréticos en la historia de la Iglesia.

Las pocas manifestaciones de "dones" milagrosos provinieron constantemente de grupos no evangélicos: místicos católicos, aríanos (negaron la deidad de Cristo) y sectas fanáticas devotas a María. Tales manifestaciones son demasiado idénticas a las que se manifiestan dentro del movimiento carismático. Una ilustración es Montano. Dijo que él era el "Paracleto" (término griego traducido como "Consolador" en Jn. 14:26). Por medio de él, el Espíritu hablaba a las iglesias. Sus revelaciones eran más nuevas y así, aún con más autoridad que las Escrituras mismas. El dijo que Cristo iba a volver pronto y establecer Su reino en Frigia (Asia Menor) entre 200 a 300 D.C. y Montano y sus seguidores tendrían un lugar prominente en aquel reino. El nombre Montano aparece muchas veces en libros carismáticos como evidencia de la continuación del don de lenguas. Un resumen de la lista de tales grupos sería:

Montano—un profeta falso que dijo que era el Paracleto encarnado. No declaró haber hablado en lenguas pero sí experimentar otras manifestaciones.

Ireneo—hizo referencia a diferentes lenguas habladas, pero nunca al don de lenguas. El no dejó ninguna evidencia de que las lenguas estuvieran vigentes en su día.

Santos de la Iglesia Católica Romana en las Edades Medias—Muchos de aquellos alegatos sobre el hablar en lenguas siempre son referentes a lenguas actuales y no tienen nada que ver con las lenguas ininteligibles, glossolalia, de hoy.

Sacerdotes cevenoles—Hablaron de sonidos del cielo, profecías de niños y otras cosas raras. El fracaso de sus profecías con respecto a la segunda venida de Cristo demuestra que no eran del Espíritu y la militancia de los mismos no era vista con aprobación.

Los Anabaptistas Radicales—Su poligamia, experiencias extáticas y excesos provocaron su rechazo por parte de los reformistas en el siglo XVI y sus profecías incumplidas indican que no eran guiados por el Espíritu Santo. Algunos "balbuceaban en sonidos extraños".

Shakers—No es un grupo cristiano. Su fundadora dijo que era el equivalente femenino de Jesucristo. Dijo que recibía revelación de Dios con respecto a que la relación sexual era corrupta aún dentro del matrimonio. A fin de "mortificar la carne" y para ayudar a que sus seguidores aprendieran cómo resistir las tentaciones sexuales, instituyó la práctica de que los hombres y las mujeres bailaran desnudos mientras hablaban en "lenguas".

Irvinguitas—El espíritu que motivó a este grupo le guió a la doctrina falsa, declarando que sus revelaciones eran superiores a las de la Biblia. Fueron el origen de la Iglesia Nueva Apostólica que aún depende de profetas en Europa. Sus doctrinas indican que el espíritu que les motivaba a su hablar en lenguas y su pretensión de curaciones no era el Espíritu Santo.

Wesley—En sus avivamientos hubo gente que manifestó convulsiones, pero no eran personas salvas. Casi todos declaraban que necesitaban la salvación. Las experiencias eran parecidas a las de la posesión demoníaca. Wesley no creía que caer en trances inconscientes o convulsiones era del Espíritu. No había ninguna evidencia de glossolalia en sus reuniones.

Un historiador muestra que el origen del Pentecostalismo son los Mormones y los Shakers.

Así que cuando el grupo de creyentes en 1901 en el estado de Kansas, Estados Unidos, comenzó a hablar en una "lengua", fue la primera vez que los evangélicos aceptaron tal práctica entre ellos. La denominación Pentecostal resultó de aquella experiencia de hablar en una lengua como la señal del Bautismo del Espíritu. Los antecedentes históricos de la experiencia de hablar en lenguas representa un grave problema para justificar legítimamente la existencia del movimiento carismático actual.

CAPITULO
— 18 —
Lenguas devocionales

En la práctica de los carismáticos actuales alguien puede ejercitar "su lengua" en privado o en la iglesia, pero es más común que lo haga en privado o en sus devocionales. Nadie puede saber la cantidad de personas que buscan y encuentran alguna experiencia de hablar en "lenguas" en la privacidad de sus devocionales.

Según la enseñanza carismática, su lengua es un don para adorar a Dios en forma sobrenatural. Para estar seguro, dicen ellos, que se está comunicando directamente con Dios y nadie más, tiene que hablar en una lengua sobrenatural. Es el medio más íntimo para acercarse a Dios. Con todas nuestras debilidades humanas sería imposible acercarse a Dios en nuestra naturaleza. Se dice que una lengua sobrenatural permite una intimidad con Dios imposible de alcanzar en una lengua humana.

Además afirman que todo cuanto la Biblia dice en relación a las lenguas tiene que ver con su uso en la congregación o iglesia. Así que cuando se practican en privado, no es necesario aplicar las reglas o prioridades de Primera Corintios 14. Piensan que pueden hacer lo que quieren en la privacidad de sus devociones, ya que solamente su experiencia es lo que les guía. El uso en privado puede mantenerse en secreto y no tiene que ser revelado. Muchos pueden estar manteniéndolo sin decirlo. Así penetran en muchas iglesias no-pentecostales, sin declarar su práctica privada.

1. La evidencia bíblica de lenguas devocionales es solamente una inferencia, no una declaración.

El Nuevo Testamento no dice que las lenguas sean para el uso devocional. ¿Por qué los apóstoles las utilizaron de otra manera? ¿Por qué los únicos ejemplos dados corresponden a su uso en público? ¿Por qué todas las reglas pertenecen al uso en público, sin ninguna regla para el uso privado? Si el don es para el uso en privado, ¿por qué permite su uso con limitaciones en público? Si la evidencia del Nuevo Testamento tiene valor, entonces las lenguas deben ser utilizadas únicamente en las iglesias y nunca en privado.

2. Las lenguas devocionales son contrarias al propósito de los dones espirituales.

Si existiera tal don para un uso devocional en privado, estaría en una categoría que lo constituiría como el único don egoísta. Los dones son capacidades para ministrar a otros, como sus mismos nombres lo indican — repartir, ayudas, exhortación, enseñanza, etc.

Por otro lado, si aquello fuera verdad, significaría que un pequeño grupo de creyentes tendría ventaja en la oración y comunión con Dios por medio de su don especial. Ningún don es otorgado al creyente para una mejor o más íntima relación con Dios. Este énfasis equivocado es totalmente egoísta, pues beneficia solamente al dotado.

Además sería lógico pensar que tal don debería ser dado a todos, pero esto estaría en contradicción con 1 Corintios12:30. No es el plan de Dios que todos hablen en lenguas. Es el plan de Dios que todos oren, que todos sean edificados, etc., pero la Biblia declara inequívocamente que todos no van a recibir un mismo don — en este caso el don de lenguas.

Los dones ejercitados en amor buscan el beneficio de otros (1Co.13:1-7). Amar no es una emoción, sino la actitud de beneficiar a otros. Los mandamientos en el contexto de 1Corintios 12-14 significan que algunos ejercitaban sus dones sin amor o egoístamente, lo cual anulaba lo que hacían. Pablo hizo claro que no hay ningún provecho para el poseedor de un don si este no está ejercitado en amor (13:1; 14:1); si se ejercita en amor, el dotado es recompensado con galardones y gozo en servir a otros.

Si se habla en lenguas sin amor, éso es solamente ruido sin provecho (13:1). Si son ejercitadas en amor, entonces no serán para uso personal o egoísta, sino que beneficiarán a otros. Es imposible ejercitar un don como un ministerio de amor a otros cuando se usa en privado, pues para ejercer un don en amor, otros tienen que ser beneficiados.

Si las lenguas devocionales no benefician a otros (pues nadie esta presente), no son ejercitadas en amor, entonces son sin valor para el orador. Es imperativo que el don sea expresado en amor, beneficiando a otras personas, pero el que ministra el don nunca es el recipiente ("nada soy", 13:2; "nada me sirve", 13:3). Cuando no hay beneficio a otros, como en el caso de las lenguas devocionales, Pablo declara que el sonido es "como metal que resuena" (13:1), o sea, mero ruido. El imperativo de ejercitar los dones en amor niega la posibilidad de que las lenguas tengan alguna función en privado, pues las lenguas devocionales no pueden cumplir con este requisito y por tanto así no tienen ningún valor en privado.

3. Son contrarias al propósito de las "lenguas".

En Marcos 16:15-17, Jesús envió a los 11 con señales especiales como una "señal a incrédulos" (1 Co.14:22). La expresión "por señal" es: eis semeion. La preposición eis aquí es una expresión de propósito. La descripción más clara en el Nuevo Testamento es Hechos 2:4-11 donde las lenguas funcionaron como señal a incrédulos, y esto en público.

Las señales no tienen que ser repetidas, pues son para señalar el comienzo de una nueva era o autenticar mensajeros.

Las lenguas devocionales no pueden servir como señal. El uso en privado, en devocionales u oraciones elimina su utilidad bíblica como señal a incrédulos.

La existencia del don de interpretación implica que las lenguas no son para el uso devocional. A Dios no le hace falta un intérprete. La interpretación es para comunicar el mensaje a los hombres. Dios proveyó el don de interpretación para que la lengua fuera comunicada como señal a los hombres. Dios nunca tuvo la intención de que las lenguas fueran usadas en privado.

4. Las lenguas no son una señal para el orador.

¿Cuál es el propósito o beneficio de hablar en una lengua en privado? Dado que es imposible un ministerio a otros, quedan cuatro posibilidades:

1- Oración
2- Adoración
3- Auto edificación
4- Señal

En todos los versículos se indica que las lenguas son señales para incrédulos (Mr. 16:17; 1 Co. 14:22). Este propósito sería imposible en las lenguas devocionales.

La señal en privado sería una indicación de que Dios está tratando con él. El problema es que cualquier don prueba esto; si Dios da un don es porque el Espíritu está utilizándole. Pero no es razonable decir que Dios da un don con el propósito de mostrar que la persona tiene un don. El don no tendría un propósito de ministerio, pero otros dones que la persona pueda notar tienen el propósito de un ministerio.

5. Las lenguas no son para auto edificación (14:3-4)

La frase: "A sí mismo se edifica" comprende la razón porque las lenguas debían recibir menos énfasis que la profecía.

Esta auto edificación representa un aspecto negativo y no es el propósito de Dios para las lenguas; es más bien debilidad y por esto no sirve en la congregación.

Cuando las lenguas eran usadas correctamente, edificaban a otros.

Solamente servían de edificación cuando eran interpretadas. Lo cual muestra que la única manera en que el que oraba en una lengua podía ser edificado bíblicamente, era escuchando la interpretación de su lengua. Solamente así el orador era edificado, pero en su propia lengua.

Cuando las usaron sin intérprete, sólo para edificar egoístamente al orador, Pablo las prohibió.

Los vs.3-4 son una descripción de su mal uso en la congregación. Si su propósito consistía en ser una señal a judíos incrédulos, usarlas para beneficios personales estaba fuera de su diseño.

Algunos dirían que aunque no es el propósito de las lenguas, es sin embargo provechoso. Hay dos interpretaciones posibles de la expresión "a sí mismo se edifica". El verbo "edificar", oikodomeo en griego, significa "construir, desarrollar"; normalmente tiene un sentido beneficioso, pero en 1 Corintios 8:10 es usado en forma negativa. La conciencia puede ser "edificada," por un mal ejemplo, a seguir pecando con ídolos. Así que el sentido de la edificación (positivo o negativo) depende del contexto.

Razones del por qué la auto edificación en Primera Corintios14:4 es negativa, es decir, significa jactarse ante los ojos de otros.

1. Es una edificación o hacerse importante ante otros. El orgullo y el gloriarse en sí mismo fueron problemas en la iglesia (1:26-29; 3:3-7, 18, 21; 4:6-7). Es evidente que sus dones les llevaran a jactarse. El problema en Corinto fue una exaltación de sí mismos, lo cual va en contra de los principios de la ética cristiana.

2. El tema de 1 Corintios 14 es la imposibilidad de ser edificado por una lengua que no se entiende: v.5 la congregación no es edificada; v.6 el orador queda sin provecho, sin entendimiento. Pablo dijo que quien habla en una lengua cuando nadie lo entiende, "habla al aire" (14:9). Siempre Pablo habló que las lenguas en sí eran negativas.

3. Pablo dejó claro que sin entendimiento es imposible que haya alguna edificación positiva. Dijo que la mente del orador "queda sin fruto" (14:4). Hasta que el orador sepa lo que ha dicho en la oración, está sin edificación, "sin fruto".

Los versículos 15 y 19 indican que ni la mente estaba involucrada cuando se hablaba en una lengua. Así, por no estar involucrada, no producía ningún beneficio o resultado en el orador. El orador no entendía nada. Para ser edificado es indispensable entender la verdad y decidir creerla y obedecerla.

Pablo afirmó que la oración a Dios era sin fruto o sin edificación para el oyente y el orador si no había entendimiento. Así que orar sin entendimiento era una acción negativa y por lo tanto, Pablo está exhortándoles a no practicar tal oración.

Razonemos un momento. Si el orador es edificado por otro medio que no sea su propio entendimiento, debemos preguntarnos: "Si él es estimulado espiritualmente por escucharse hacer sonidos que no entiende ¿por qué otros no pueden ser estimulados espiritualmente al escuchar los mismos sonidos?" Pablo dijo que no sirve.

Nadie ha ofrecido una explicación de cómo una lengua puede edificar. No hay ninguna otra referencia en la Biblia que muestre al término "oikodomeo" usado para auto edificación. En Efesios 4:16, el verbo "edificándose" es reflexivo para dar la idea de que el Cuerpo de Cristo se edifica a sí mismo, pero en el sentido de que cada uno de sus miembros edifica a los demás — cada miembro edifica a otros miembros, pero nunca a sí mismo.

Es imposible conceptualizar cómo alguien puede edificarse sin entendimiento. Cuando se edifica en un área es por aprender de otros o de libros, etc. Siempre depende de la mente. Sin más conocimiento no hay edificación. La palabra significa que algo tiene que añadirse a su entendimiento.

Las sugerencias para explicar la edificación sin entendimiento no tienen fundamento a la luz de una investigación seria.

1) Algunos dicen que reciben verdades espirituales en su lengua milagrosa. Pero la necesidad de aprender verdades espirituales para ser edificados, no puede ser suplida por las lenguas porque la mente "queda sin fruto" (14:14). El orador no puede recibir verdades espirituales porque no entiende nada.

2) El tener consciencia o darse cuenta de que Dios le ha dado un don y le está utilizando es en sí mismo una bendición. En opinión de alguno, esta bendición es "edificación", pero aunque uno trate de darle un cariz diferente no deja de ser simplemente una emoción o sentimiento, tal como el autor F.L. Godel lo calificó: "como un poder en lo más profundo de su alma" (1 Corintios vol.II, P.268). Si esta "edificación" no tiene nada que ver con exhortación, consuelo, instrucción o aprendizaje (porque no hay entendimiento), la única posibilidad es que sea mera emoción.

El problema es que ésto NO ES EL PROPOSITO DEL DON DE LENGUAS. Por ejemplo, un profeta podía saber que Dios le había dado un don y estaba hablando por él. Pero el don de profecía no tenía como fin la auto edificación del dotado, producida por saber que era utilizado por Dios. Era posible que el profeta tuviera una emoción también, pero esto no era el propósito de su don, sino la edificación, consolación y exhortación de sus hermanos.

Tal conocimiento o experiencia no es "edificación" en el sentido del Nuevo Testamento. Todo los conceptos relacionados con edificar a un creyente espiritualmente dependen de la Palabra, del entendimiento o ciencia, exhortación o consuelo. El Nuevo Testamento está lleno de información de que los creyentes tienen que conocer primeramente y luego actuar sobre la base de este entendimiento.

En ninguna parte del Nuevo Testamento se observa que se nos exhorte a experimentar un sentimiento o crecer espiritualmente basados en una emoción. Sin embargo es común en el paganismo desear ser usado por fuerzas sobrenaturales y buscar la emoción que acompaña tal experiencia. Así que considerar a una emoción (bendición) — surgida como consecuencia de la actuación de un poder dentro de su ser — como "edificación", o que haya en aquella algún beneficio espiritual, no es un concepto cristiano ni bíblico.

6. Dios dio dones como apóstoles, profetas, enseñanza y exhortación para edificar a los creyentes.

Los dones de palabra de ciencia y palabra de sabiduría, ambos dependen del entendimiento para producir edificación. Sería imposible que el don de lenguas edificara sin entendimiento, pues se convertiría en un don singular; y sería muy subjetivo el pensar que Dios dé un don que edifica sin entendimiento, mientras todos los demás dones requieren del entendimiento para edificar. Dicen que es una "bendición" que reciben, o una emoción que los hace sentirse "tocados". Aunque existiera tal experiencia en la Biblia, no tendría nada que ver con la edificación. Es solamente una emoción. Las emociones no edifican bíblicamente.

7. En ningún pasaje bíblico existe una exhortación a crecer espiritualmente por medio de una auto-edificación producida por lenguas.

Si hubiera sido tan importante para la edificación se anticiparía que había por lo menos una referencia, pero no hay. En Efesios 4:11 tenemos los principales dones de edificación y las lenguas no son mencionadas.

8. Si fuera verdad que las lenguas edificaran, ésto crearía una élite de pocos creyentes dotados con la habilidad de crecer espiritualmente lo cual no sería posible para los no dotados.

Puesto que los dones son dados por un Dios Soberano, conforme a Su voluntad, aparte de cualquier decisión o participación del individuo, el supuesto de que las lenguas edificaran nos harían pensar que Dios decide dar a ciertos creyentes un poder milagroso para crecer espiritualmente, lo cual es totalmente contrario a la enseñanza del Nuevo Testamento.

Dios nunca tuvo la intención de que las lenguas fueran usadas para auto-edificación, pues no es el propósito de los dones. Las lenguas eran una señal a los incrédulos.

Así que 1Corintios 14:4 ("a sí mismo se edifica") no es el propósito de las lenguas, sino la razón de no ejercitarlas cuando no son entendidas.

Ellos estaban practicando una lengua edificándose negativamente, gozándose en una emoción, en vez de la verdad, apartándose del camino del Señor sin darse cuenta. Esto es el propósito del capítulo, sacarlos de su emocionalismo y llevarlos a fijarse en la Palabra, dejando el mal uso o abuso de las lenguas, el cual Pablo quería conseguir.

HABLAR A DIOS EN UNA LENGUA

Los dichos de 14:2 y 28

No hay ningún versículo más en la Biblia que aparentemente enseñe que hay una comunicación especial por medio de una lengua milagrosa, aparte de estos versículos. ¿Será que estos versículos están enseñando que las lenguas son para oración y alabanza "a Dios"? (14:2)

En 1Corintios 14 Pablo está escribiendo en favor de la superioridad de la profecía. Ellos tenían que ser celosos en enfatizar la profecía porque comunica edificación a los hombres, pero las lenguas eran inferiores porque con ellas se habla solamente a Dios. En la asamblea, entonces, el hablar a los hombres tiene superioridad sobre el hablar a Dios. La oración y alabanzas son importantes en la reunión. Según 1Corintios14:15-16 las oraciones son una bendición y producen edificación cuando son entendidas (vea también Ef.6:18; Fil.4:4-6; Col.4:2; Ts.5:17; I Ti. 2:1,8).

El problema en 14:2 no tiene que ver con la oración o alabanza a Dios. La segunda parte del versículo (2b) es introducida por la palabra griega gar, "pues nadie le entiende", como la razón de decir que habla "a Dios". O sea, la razón de decir que habla a Dios, no es porque esté orando, sino porque nadie le entiende. La idea de "habla a Dios" es equivalente a decir "solamente Dios puede entenderle". Obviamente estamos hablando con referencia a una lengua extranjera actual, no una glossolalia que ni Dios puede entender porque no es una lengua. Pablo prefiere la profecía porque todos pueden entenderla, pero una lengua (sin intérprete) nadie la entiende, sino Dios. Esto es lo mismo que hablar "al aire" (v.9). La frase "a Dios" no indica que la lengua esté usada en oración o alabanza, sino que solamente Dios puede entenderla cuando la lengua se expresa sin la interpretación correspondiente.

Otras razones por las que la frase "habla a Dios" no indica que el propósito de las lenguas sea la oración o la alabanza.

1. La frase "habla a Dios" no es una declaración absoluta de cómo las lenguas funcionan. Dado que el don de lenguas genuino pudo ser entendido en ciertas ocasiones, como en Pentecostés, no es absoluta la declaración de que solamente Dios puede entender. Cuando un extranjero estaba presente y su lengua era usada, él la entendía inmediatamente; 1Corintios 14:2 se cumplía solamente cuando los hombres presentes no entendían la lengua hablada, ya fuera porque no era su idioma natal o porque no lo habían aprendido.

2. La prohibición del uso de una lengua en la congregación si nadie la entendía, no tendría sentido si el propósito de las lenguas fuera oración y adoración. La congregación se reúne precisamente para orar o adorar. Sería contradictorio entonces prohibir lo que haría más efectivo su objetivo de orar y adorar. Obviamente Pablo no estaba restringiendo la oración y adoración en la congregación sino el ejercicio de una lengua que no tenía ninguna utilidad al ser expresada sola, pues la única utilidad de una lengua genuina era su interpretación.

3. El don de interpretación de lenguas no habría tenido ninguna utilidad si las lenguas hubieran sido oraciones o expresiones de adoración. Al contrario, el hecho de haber dado el don de interpretación de lenguas indica que el propósito de una lengua era hablar, no "a Dios", sino a los hombres por medio de un intérprete. La interpretación era para que los hombres entendieran. ¡Este era el propósito!

Ahora bien, en 1Corintios 14: 28 encontramos la restricción de hablar en lenguas sin intérprete.

El versículo no tiene el fin de motivar el uso de una lengua devocional, sino el de desanimar su uso en la congregación cuando no hay quién interprete. La frase "hable para sí mismo y para Dios," es paralela a la frase "calle en la iglesia." Sin intérprete, el que habla en una lengua tiene que callarse. El puede hablar a sí mismo, u orar o alabar a Dios en silencio. Pero no en una lengua, pues obviamente no se podría hablar a sí mismo si no entiende lo que está diciendo: No hay comunicación. Pablo quería que la persona no hiciera interrupciones en la congregación, sino que hablara de modo que nadie le escuchara.

Sería ridículo pensar que el don de lenguas fue dado para que la persona pudiera hablarse a sí misma, pues para esto no es necesario un don.

Además, por otro lado, si este versículo apoyara las lenguas devocionales (en oración o alabanza) también apoyaría el hablarse a sí mismo en una lengua (sin entendimiento, "sin fruto" de edificación), pues en la misma manera que se habla a Dios (supuestamente en lenguas) tiene que hablarse a sí mismo.

Por el contrario, la frase "a sí mismo" denota la idea: "para que solamente él mismo y Dios puedan escuchar".

El versículo es similar a Romanos 14:22, "¿Tienes tú fe? Tenla para contigo delante de Dios". Obviamente Pablo no dijo que uno debe dirigir su fe a sí mismo o experimentar una fe devocional, Pablo se refiere a aquel que tiene una fe que le permite comer cualquier cosa y no tener que observar días especiales, diciéndole que debía actuar motivado por lo que edifica a otros, mas no por lo que se le diera la gana.

Pablo le está diciendo que no debe demostrar su libertad en hacer estas cosas y destruir a su hermano que no puede hacerlo. Es mejor que niega su libertad y se abstenga, por el beneficio de otros. Dios sabe que el hombre maduro tiene la fe para comer con libertad, pero él no tiene que demostrar su fe en público, puede quedárselo para sí.

Así el que tiene el don de lenguas tiene que guardarlo para sí y no ejercitar su don si no hay intérprete presente. No hay requerimiento o necesidad de manifestarlo, al contrario, tiene que mantenerse callado para sí mismo y para Dios. Solamente El puede escuchar lo que pasa por su mente.

Pablo ya había indicado que hablar en una lengua era como "hablar en el aire" (14:9). Así que no hay provecho en hablar a sí mismo, como tampoco en "hablar a Dios".

En 14:14-16 Pablo declara que las lenguas son inútiles como vehículo de oración. Son útiles solamente cuando se ora con entendimiento. Por esta razón Pablo siempre oraba en espíritu y con entendimiento, es decir en una lengua que él entendiera.

Si no puede interpretar su oración, su mente queda "sin fruto" o sin ningún provecho. Cualquier "bendición" es ficticia, imaginaria o inventada; no es de Dios.

En cualquier momento que alguien hablara en una lengua, el único beneficio que podía resultar era de su interpretación.

Por esto 14:14 comienza con (gr. gar) "porque", que conecta 14:13 y 14. De ahí que sabemos que 14:14 no es un argumento para orar en una lengua sino la razón por la que debe haber una interpretación para tener algún fruto. Pablo declaró que el hablar en una lengua no produce fruto (v.14) en la mente del orador.

El oyente puede recibir fruto sólo si el mensaje es interpretado para que entienda. Así que cuando Pablo dice que oraba "con el espíritu...también con el entendimiento" (v.15), no está diciendo que oraba en una lengua y en otras ocasiones oraba con el entendimiento, pues no se refiere a dos acciones distintas.

Pablo oraba con el espíritu y simultáneamente con el entendimiento, lo cual no es posible en una lengua, así que cuando Pablo oraba no lo hacía en una lengua. El quería que su mente y su espíritu estuvieran involucrados en forma simultánea.

La introducción, "¿Qué pues?" (ti oun estin), de v.15 indica una conclusión de lo dicho anteriormente, en donde acabó de decir que la oración en una lengua no produce ningún fruto. La oración que se puede entender es preferible a la oración no comprensible. Dado que es prácticamente imposible que una oración en privado sea interpretada, la mente del orador siempre quedaría sin fruto. Así que no existe una sola razón bíblica para orar en una lengua. Simplemente porque el don de lenguas no tenía éste propósito.

Razones Adicionales:

1) La idea de una lengua que nos comunica en forma inconsciente con Dios (sin la participación de la mente) es contra la enseñanza de Jesús.
En Mateo 6:7-8 Jesús dijo: "Y orando, no uséis vanas repeticiones como los gentiles, que piensan que por su palabrería serán oídos. No os hagáis semejantes a ellos." Y luego el Maestro les dio el ejemplo de una oración inteligible para imitar o seguir.

La palabra "vanas repeticiones" es battalogeo . La palabra no aparece en la LXX y se usa solamente aquí en el Nuevo Testamento. Es definido como "balbucear, hablar sin pensar".36 El término es usado con relación a expresiones de tartamudez y o repetición de algo frecuentemente. Cualquier repetición frecuente (como "gloria", "aleluya", "gloria a Dios", etc.) es desobediencia por ir en contra de la instrucción de Jesús. Especialmente es así cuando las frases llegan a ser incoherentes, sin sentido, sílabas que no son palabras. Este es un concepto pagano que Jesús prohibió, la práctica de orar en glossalalia (dichos ininteligibles y extáticos), pues son medios paganos de comunicación con sus dioses. Jesús oraba y enseñó a hacerlo con oraciones claras e inteligibles". Jamás hizo referencia a orar en una lengua desconocida o inteligible.

2) Los gemidos del Espíritu no son una oración en glossalalia; la expresión en Romanos 8:26 no es una lengua. "… el Espíritu mismo intercede por nosotros con gemidos indecibles".

Primeramente, el pasaje se refiere a todos los creyentes Romanos 8:23: "… también nosotros mismos, que tenemos las primicias del Espíritu, nosotros también gemimos dentro de nosotros mismos, esperando la adopción, la redención de nuestro cuerpo". El contexto que sigue al versículo se refiere a la presciencia, predestinación, llamado, justificación y la permanencia del amor de Cristo. Todo el contexto se refiere al universo de los creyentes, así que el versículo 26 también se refiere a todos los creyentes, sin condición.

En segundo lugar, la frase "gemidos indecibles" (stenagmois alaletois) no significa hablar en lenguas. La palabra alaletois es algo "sin expresión, sin palabras", "lo que no se puede expresar en una lengua". Aparentemente no es una referencia a un sonido audible en ninguna forma.

3) Es el mismo gemido que el Espíritu hace entre la creación y Dios.
"Sabemos que toda la creación gime a una y a una está con dolores de parto hasta ahora" (Ro.8:22). El uso de "también" en 8:23 indica que el gemido de la creación y de todos los creyentes es igual. Así que, si el gemido es el don de lenguas entonces toda la creación tiene el don de lenguas. ¡Ridículo! Por el contrario, el gemido es el deseo o tensión entre la creación caída y su potencial de ser como Dios tuvo la intención que fuera. Esta tensión será aliviada cuando sea realizada "la redención de nuestro cuerpo"(8:23).

4) Es evidente que los gemidos son hechos por el Espíritu, no por el creyente (8:26). Sería imposible que se refiera al don de lenguas del creyente.

5) Dado que el don de lenguas es una lengua actual o real, sería difícil calificar tal lengua como "gemidos indecibles". La palabra "indecible" es alaletos, que significa inexpresable, sin palabras, no hablado. Es una comunicación inaudible. La palabra es a + laletos (no + hablado). No es una lengua de ninguna forma.

9. El concepto de un don especial para comunicarse en la oración y alabanza a Dios, viola toda la enseñanza del N.T. en cuanto a la oración.

Tenemos acceso completo a Dios por medio de Jesucristo. Tal acceso fue obtenido para el creyente por la muerte de Jesús en la cruz (Jn.14:13-14; Ef.2:18; 3:12). Jesús nos prometió este acceso al Padre (Jn.16:23, 26). Y ello nos asegura que siempre tenemos entrada al trono, "Acerquémonos, pues, confiadamente al trono de la gracia, para alcanzar misericordia y hallar gracia para el oportuno socorro" (He.4:16).

Si decimos que hay un don especial que hace a la oración más eficaz, esto implicaría que la oración común es deficiente y sin tal don no tendríamos acceso absoluto a Dios Padre. En ninguna parte de la Biblia se encuentran tales ideas. Dios nunca exige algún don especial para hablar en forma más íntima con él. Esto es sólo una invención humana.

La enseñanza de una lengua especial para comunicarse con Dios es similar a la enseñanza de intermediarios en la iglesia Católica. Los dos enseñan que el hombre es débil, sin mérito de estar en la presencia de Dios y que requiere un intermediario que le permita una comunicación con el Padre. La Iglesia Católica tiene la invención de María y los Santos, los carismáticos tienen el don de lenguas que les lleva a la presencia del Padre. El don de lenguas jamás tiene esta función en el N.T. Decir lo contrario es una perversión de la enseñanza de la oración en el N.T. Es por medio de Cristo que tenemos acceso completo, permanente, sin ningún otro intermediario.

La ayuda del Espíritu referida en Romanos 8:26 no es un don de lenguas pues todos los creyentes la tienen. Es una ayuda que no entendemos, un nivel de comunicación dentro de la Trinidad.

Si existiera una lengua en la cual Dios prefiere escuchar Sus alabanzas, debe haber alguna explicación. ¿Cómo es que sería mejor alabar a Dios en chino o alemán que en castellano? Más ilógico aún es imaginar cómo Dios podría preferir alabanzas en una lengua en la que el orador no entiende lo que él mismo está diciendo.

Un Ser inteligente quiere una comunicación inteligible, algo que sea expresado de nuestros propios sentimientos, que entendamos, que digamos intencionalmente. Dios no quiere robots, sino personas que respondan a El en pleno entendimiento.

Inclusive no hay ninguna indicación en el sentido de que las alabanzas de los ángeles sean mejores que las de los hombres (Ap.4:11-5:14), pero si los ángeles tuvieran una lengua especial — algo que la Biblia jamás enseña — las alabanzas de los hombres en sus propias lenguas y a pesar de ser hechas con todo su corazón y mente, serían inferiores.

En 1 Corintios 13:8 Pablo dijo que el don de lenguas cesaría. Si la idea tiene que ver con una lengua especial para comunicarse con Dios, ¿indicará esto que los ángeles no tendrán más esa lengua especial en el cielo? ¿Por qué habría de cesar una lengua que produce una comunicación más íntima y una alabanza más aceptable? ¿Habrán de alabar los creyentes a Dios por la eternidad en una lengua inferior? Nada de esto tiene sentido, pues todo el concepto es falso. No existe tal lengua. El don de lenguas es otra cosa, fue dado con un propósito totalmente distinto.

En Hechos 10:46, donde leemos que los judíos oyeron a Cornelio y su familia "que hablaban en lenguas y que magnificaban a Dios", no se indica necesariamente que hablaran en lenguas magnificando a Dios. Es posible que fueran dos actos: hablar en una lengua como señal a los judíos que acompañaban a Pedro y luego magnificar a Dios. ¿Cómo pudieron saber que magnificaban a Dios si les hablaban en una lengua? ¿Por la expresión en su cara? NO. Más bien fue una expresión de alabanza después de hablar en una lengua.

Sin embargo, dado el caso que hubieran alabado a Dios en una lengua, de todas maneras tendría que haber sido una lengua entendida por los judíos — tal vez hebreo que Cornelio no conoció — para que ellos supieran lo que decían.

En segundo lugar, el propósito de ser una señal podía ser cumplido ya fuera escuchando alabanzas o una predicación. Aquí fue alabanzas, pero tal alabanza no era el propósito en sí, sino la señal que la lengua constituía. De esta manera quedó claramente sentado que los gentiles habían recibido el mismo Espíritu que los judíos habían recibido unos 10 años antes.

Así que no existe ninguna base para presumir que el don de lenguas es para el uso personal o que permita un acceso más íntimo a Dios. El poseedor de cualquier don puede saber que Dios está utilizándole. No hace falta un don especial para saberlo. Ningún don, especialmente uno que iba a cesar, fue dado para orar y alabar a Dios en una forma más eficaz de lo que es posible en una lengua inteligible y conocida por el orador. Cuando se entiende que el don de lenguas se relaciona con un idioma actual, positivamente no queda ninguna razón para su uso en privado. ¿Cómo es que una lengua es mejor que otra para hablar a Dios? Esto es un concepto pagano, no bíblico. El uso de lenguas devocionales es completamente contrario a las enseñanzas del N.T., y se encuentra en oposición al propósito declarado para el don de lenguas en 1 Corintios 14:22, que es una señal a incrédulos. La enseñanza y práctica de las lenguas devocionales no es bíblica.

CAPITULO
— 19 —
Una explicación posible al fenómeno de lenguas

Con toda la evidencia escritural en contra de la actual manifestación de lenguas, entre aquellos que creemos en la Biblia se presenta la siguiente inquietud: ¿Cómo explicamos el fenómeno de lenguas hoy en día? Los miembros del movimiento carismático declaran que su experiencia es genuina y les hace sentir más cerca de Dios. Nos hablan de más poder en su vida para testificar de Cristo y vivir para El.

Hay multitudes de fenómenos que están ocurriendo en las iglesias y reuniones, pero cuando la Palabra no es obedecida el resultado no proviene de Dios. Los Pentecostales se equivocan con respecto a la naturaleza, propósito y práctica de las lenguas. Se equivocan en cuanto a quién las recibe y cómo y cuándo las recibe. Ignoran cómo la Escritura norma su práctica, pues los principios de 1 Corintios 14 son violados y desobedecidos. Distorsionan el texto para probar su punto de vista. El énfasis en mujeres que predican y hablan en lenguas es claramente contrario a la enseñanza del Nuevo Testamento. Los que no creen en la Biblia como su única autoridad de fe y práctica, están dispuestos a aceptar los fenómenos como algo divino, mientras los evangélicos, bien enseñados en la Palabra, maduros y espirituales no ven como bíblico lo que pretende ser milagroso en el movimiento. Algo está mal. Si están equivocados en todos los aspectos relacionados con el don de lenguas, están equivocados en la fuente misma de su experiencia. No es de Dios.

El movimiento carismático tiene sus raíces en el Pentecostalismo. Y éste no tuvo su origen entre fundamentalistas bien enseñados en la Palabra, sino entre aquellos que estaban desencantados con su iglesia o su propia vida espiritual. Encontraron una experiencia que les hizo sentir que tenían un contacto verdadero con Dios, a pesar de tener sólo un éxtasis que no está definido en la Biblia. Por medio de ella, tienen un "vuelo" espiritual. Pero el beneficio de tal experiencia extática debe ser repetido continuamente y aún exagerado, para alcanzar la misma satisfacción la próxima vez. Muchos terminan desilusionados y frustrados, con una experiencia vacía que no puede satisfacerlos perpetuamente.

¿Cuáles son algunas de las posibles explicaciones para entender lo que está pasando en el movimiento carismático?

Posibilidad 1: Es posible que sea de demonios

El movimiento carismático moderno no es similar a la manifestación bíblica del don de lenguas, tal como lo hemos demostrado; pero un fenómeno similar al de los carismáticos ocurrió en las descripciones bíblicas de posesión demoníaca, como vemos en Lucas 9:38-39, 42:

Y he aquí, un hombre de la multitud clamó diciendo: Maestro, te ruego que veas a mi hijo, pues es el único que tengo; y sucede que un espíritu le toma y de repente **da voces** y le **sacude con violencia** y le **hace echar espuma** y estropeándole, a duras penas se aparta de él ... Y mientras se acercaba el muchacho, el demonio le **derribó y le sacudió con violencia**; pero Jesús reprendió al espíritu inmundo y sanó al muchacho y se lo devolvió a su padre."

En Marcos 9:18-20 se agregan detalles a la actividad demoníaca: "cruje los dientes ... **cayendo en tierra se revolcaba**, echando espumarajos." Estas características son demasiado similares a lo que sucede en las reuniones carismáticas. La gente cayéndose en el suelo, sacudida en la inconsciencia por un espíritu, dando voces, etc., son típicas experiencias entre los Pentecostales. Ellos defienden sus actividades diciendo que el Espíritu de Dios les está controlando. Admiten que actividades similares son causadas por demonios, pero arguyen que son imitaciones muy parecidas a lo genuino. El problema es ¿dónde está en la Biblia el ejemplo genuino de tal experiencia dada por el Espíritu? ¡No existe! En ella, cualquier actividad así es provocada por demonios.

No hay en la Biblia ninguna indicación con respecto a que las lenguas estarían activas en los días postreros, pero hay mucha indicación de que la actividad satánica y aún milagros no obrados por el Espíritu, sería común. El pasaje de Mateo 7:22-23 se refiere a personas que en el nombre de Cristo profetizaron, echaron fuera demonios e hicieron muchos milagros. Puesto que Cristo los desconoce, su poder no puede provenir del Espíritu, sino de Satanás, para engañar a todos los simples. Ellos mismos estaban engañados pensado que su poder venía de Cristo, cuando en realidad vino de la fuente de poderes demoníacos. ¡No se dieron cuenta! Pensaron que eran creyentes por el poder que manifestaron. ¡Qué terrible error!

En 1 Timoteo 4:1 Pablo enseñó que "en los postreros tiempos" (o fin de la época de la Iglesia), sería común toparse con "espíritus engañadores" y "doctrinas de demonios". El libro de Apocalipsis declara que habrá gente que adorará a demonios y que los demonios harán milagros (Ap. 9:20; 16:14). Pablo advirtió que el diablo y sus demonios pueden disfrazarse como un "ángel de luz" o como "ministros de justicia" (2 Co. 11:14-15). Con el bien que aparentemente hacen, engañan a los simples. Otros versículos que tratan el tema de la actividad demoníaca en la religión son Levítico 17:7; Deuteronomio 32:17; 2 Crónicas 11:15; Salmos 106:37; 1 Corintios 10:20-21. En el tiempo del Nuevo Testamento hubo varias manifestaciones falsas de los dones (1 Co. 12:1-3; 2 Ts. 2:9; 2 P. 2; Ap.2:20), pero los creyentes tenían la responsabilidad de discernir si la persona estaba hablando por otro espíritu. Nunca podían aceptar un fenómeno como divino, solamente porque era sobrenatural.

Las religiones falsas se conocen por las experiencias eufóricas de hablar en lenguas, es decir balbuceos extáticos. El fundador de los Mormones, José Smith, dijo: "Póngase de pie, hable o haga algún sonido, continúe haciendo sonidos de alguna clase y el Señor hará una lengua de ellos". Estas son prácticamente las mismas instrucciones que los carismáticos dan a los que buscan el hablar en lenguas. También se encuentran las lenguas entre los Musulmanes, Testigos de Jehová, Esquimales y entre los ocultistas y los místicos. Los espiritistas de Brasil a menudo caen inconscientes, balbuceando sonidos que se dice son la lengua de los espíritus. El autor ha visto a los brujos de las tribus amazónicas que mostraban sus poderes al hablar en una lengua mística. Son idénticas al tipo de lengua que se practica en el movimiento carismático.

Cualquiera que está dispuesto a depender de sus experiencias y someterse a cualquier poder o espíritu que viene sobre él, está abierto a la influencia satánica. Es el mismo método por el que los brujos, espiritistas y shamánes se someten a los espíritus inmundos. Es irresponsable, absurdo y peligroso permitir que su mente y espíritu estén tan abiertos a las potestades del aire. Muchos son ignorantes espiritualmente porque no han sido enseñados claramente de la Biblia y así se han sometido a fuerzas más allá de su comprensión y control. Tales potestades son sutiles y engañadoras. Tratan de imitar lo genuino y engañar con manifestaciones sobrenaturales, en vez de la verdad de la Palabra.

No quiero decir que todos los que están en el movimiento carismático están controlados por demonios, pero es algo que todo carismático debería considerar seriamente. Los demonios no vienen con banderas anunciando su presencia, sino que, fingiendo lo espiritual, engañan aún al creyente para que ignore y desobedezca la Palabra.

Posibilidad 2: Es un comportamiento aprendido

Si la experiencia actual de hablar en una lengua no es bíblica, entonces no es producida por el Espíritu y no es un milagro de Dios. Si no es producida por demonios (posibilidad 1), es posible que la persona lo aprenda consciente o inconscientemente. Nos gustaría creer que ésta es la explicación más común para el movimiento contemporáneo.

John Kildhal es un psicólogo clínico y su socio, Paul Qualben, un psiquiatra, fueron comisionados por la Iglesia Luterana Americana y el Instituto Nacional de Salud Mental para investigar la causa de la manifestación de las lenguas en las iglesias carismáticas. Después de su larga y extensa investigación llegaron a la conclusión de que "no era nada más que un comportamiento aprendido."

Los que están involucrados en el movimiento soportan una presión gigantesca para que participen de la experiencia común: hablar en una lengua. Cuando hay problemas en su vida, la primera pregunta es, "¿Ha practicado su lengua hoy?" Para ellos es el secreto de toda la vida cristiana. Hasta que haya hablado en una lengua va a tener problemas insuperables, se dice.

Cuando la persona sincera se somete a la presión y balbucea algo, pero luego reconoce que no hay nada sobrenatural en la experiencia, sufre una gran desilusión. Kildhal y Qualben descubrieron que cuanto más sincera era la persona cuando empezaba a hablar en lenguas, más grande era la desilusión que podía experimentar cuando dejaba de hacerlo.

Muchos se involucran en el movimiento por razones carnales, buscando algo que les hace falta. El deseo de tener una "espiritualidad instantánea" se satisface al hablar en lenguas. La mayoría son personas simples que jamás han examinado la Biblia para ver si es verdad o no.

Posibilidad 3: Es posible que sea algo psicológico

Los psicólogos han estado estudiando el fenómeno de glossolalia por varios años y han sugerido la posible existencia de CAPACIDADES en la psicología humana que podrían producir la glossolalia o hablar extático. Si la experiencia no es del Espíritu, ni de los demonios, ni algo aprendido, es probable que algún mecanismo psicológico pueda producir la experiencia.

En la estructura psicológica del hombre existe una condición que se presenta cuando en el interior del individuo ocurre una separación radical de él en relación con el medio ambiente que le rodea del cual es habitualmente consciente, la cual le produce una pérdida momentánea del control de sí mismo. Un autor explicó la experiencia psicológica como algo similar a la experiencia que muchos jóvenes tienen en un concierto de música "rock".

En la excitación y la emoción, el fervor y el ruido, literalmente abandonan el control voluntario de sus cuerdas vocales y sus músculos. Se desploman al piso o al suelo y comienzan a sacudirse.

Casi todas las personas, en un momento dado, experimentan momentos en que se sienten un poco disociadas, un poquito flotando y un poquito desvanecidas. Dada la combinación correcta de condiciones, particularmente donde hay involucrado mucho fervor y emoción, como a veces sucede en las reuniones Carismáticas, una persona puede fácilmente ser el resultado.

La preparación mental, que es parte de la enseñanza carismática y que prepara a la persona psicológicamente, consiste en dichos como "Ignore sus inhibiciones", "No resista a sus impulsos", "Suelte su alma", o "Abandone el control de su voz." La persona tiene que someterse a una "renunciación pasiva mediante el control intencional". No debe pensar acerca de lo que está diciendo, abandonando el control de sí mismo.

Capacidad psicológica 1: éxtasis

La persona se encuentra en un estado de cargada emoción, no está consciente de sus acciones y a veces produce sonidos apasionados y desconocidos. Puede llegar a este punto en un atmósfera de música emocional, movimientos del cuerpo con la música y en la concentración de algo fuera de sí mismo, ya sea ritmo, luces, o una persona con carisma. De repente, uno está casi en un trance y luego ¡ni recuerda lo que hizo! Este tipo de experiencias no proviene de Dios, porque 1 Corintios 14:32 dice que "los espíritus de los profetas (o cualquier persona dominada por el Espíritu) están sujetos a los profetas", o sea siempre están en control de sí mismo.

Algunos testimonios de los carismáticos indican que su espíritu salió de su cuerpo y viajó a otra parte, e inclusive que vio visiones estando en esa condición. Es interesante que casi todos los brujos de las tribus amazónicas que el autor conoce, ¡tengan la misma experiencia! A veces, su cuerpo está inmóvil por días, mientras que su espíritu viaja, o éste se cambia por el espíritu del jaguar, mientras su cuerpo tiembla, da vueltas de aquí para allá sin control, etc. La manifestación de los indígenas es similar en muchos aspectos a lo que el autor ha visto entre algunos carismáticos. El solo hecho de haber tenido una experiencia rara, no es evidencia para decir que el fenómeno es del Espíritu.

Capacidad psicológica 2: auto hipnosis

El resultado de la auto hipnosis es muy similar al del éxtasis, aunque la auto hipnosis es más controlada por la voluntad del individuo.

El éxtasis puede ser resultado de drogas o de una atmósfera cargada de emoción, pero la auto hipnosis resulta cuando la voluntad de la persona está persuadida de buscar una experiencia específica como la de hablar extáticamente. Puede estar en un ambiente de emoción o no. Kildhal y Qualben concluyeron que la "posibilidad de ser el hipnosis constituye el sine qua non de la experiencia de la glossolalia.".

Aunque sería imposible analizar a cada persona que habla en lenguas y describir sus síntomas, es posible comparar lo que la psicología ha aprendido y compararlo con las experiencias de los carismáticos.

Hay cuatro pasos que se combinan para producir el auto hipnosis:

(1) El sentido de frustración y conflicto interior. Cuando la vida del creyente no alcanza a ser como la Biblia indica, se produce frustración. El pecado no perdonado, la falta de milagros y manifestaciones en su vida, todo le hace pensar que algo falta en su vida cristiana. La persona está psicológicamente preparada para cualquier promesa de alivio para su frustración.

(2) Esta frustración motiva una búsqueda secreta de la vida "abundante". La meta de las lenguas es prometida como el fin de la frustración; entonces, inconscientemente empieza a buscarlas. La voluntad está persuadida de que algún día alcanzará la meta de hablar en lenguas. Sin embargo los impedimentos a la vida "abundante" no son la falta de experiencias, sino algún concepto falso, pecado escondido, o rehusar obedecer en algún área de su vida espiritual. Una experiencia emocional meramente cubriría el problema, pero no lo erradicaría.

(3) Las lenguas están presentadas como el premio más alto en la vida cristiana. Dicen que traerán prestigio, el sentido de aceptación del grupo y de Dios.

(4) Todos les aseguran que las lenguas son la solución de sus problemas. En algunas personas, estas sugerencias tienen mucho efecto. De repente, están hablando extáticamente. Una vez que llegan al paso cuatro, su voluntad está tan convencida, que algunos pueden tener la experiencia cuando quieren. Están tan convencidos que no se puede hablar racionalmente con muchos de ellos porque están cerrados y no quieren analizar su experiencia a la luz de las Escrituras.

La diferencia entre la éxtasis y la auto hipnosis es principalmente la voluntad del individuo. No todos los que hablan en lenguas pueden ser categorizados así, pero muchos de ellos sí. Se someten al poder de la sugestión y hacen cualquier cosa que se les sugiera. Cuando las emociones aumentan y la presión sube, el resultado se manifiesta en el hablar en lenguas.

Observación 1: Las personas que aceptan la enseñanza de lenguas carismáticas son completamente normales y aman al Señor.

La idea de que ellos son más emotivos o enfermos mentales, o más sugestionables, es evidencia de prejuicio. Es cierto que en algunos casos puede haber temporalmente un desequilibrio emocional, pero la gran mayoría son completamente normales y sinceros.

Observación 2: La mayoría de los que hablan en lenguas piensan que están hablando en una lengua literal.

Un análisis ha probado que el 73% de los carismáticos piensan que han hablado en una lengua conocida aquí en la tierra. Hasta ahora, no hay evidencia concreta de alguien que hable en una lengua extranjera. No tienen razón para su convicción, sino sólo un auto convencimiento. Solamente el hecho de creer en algo, no hace a su creencia verdadera.

Parece que los que hablan en lenguas creen "por fe" que lo que están hablando es una lengua extranjera y que todo el mundo va a creerlo así también. "Si lo cree, es así", parece ser su lema. Como uno de ellos dijo: "cualquier sonido puede y debe ser aceptado por fe como el don de lenguas". En Hebreos11:1 la palabra "certeza" en el original es "evidencia". La fe verdadera no se basa en creencias, sino en evidencias. La fe no es creer algo que no es y hacerlo como si fuera.

A veces, el reporte de lenguas extranjeras es un poco exagerado y su obje-tividad dudosa. Hablar varias sílabas o producir algo que se parece a algún sonido, o tal vez a una palabra (de uno o dos sonidos) de alguna lengua extranjera, no es hablar en tal lengua. Alguien que escuche estos sonidos podría decir que esto suena como algún idioma, e interpretarlos como si en realidad lo fuera. Pero aunque es posible que haga ciertos sonidos (sílabas) que por casualidad suenan como otra lengua, esto no implica que sea real.

Todavía estamos esperando evidencias para aceptar sus declaraciones. En conclusión, vemos que el fenómeno de lenguas que aparece hoy, no tiene mucha relación con el don de lenguas de la Escritura. El fenómeno actual de lenguas es una experiencia psicológica con sonidos desconocidos, mientras lo que ocurrió en el primer siglo fue la expresión de lenguas o idiomas extranjeros hablados aquí en la tierra. Lo que se manifiesta en nuestros días es una imitación.

Es posible hoy que ocurra una lengua literal, pero ésa no es la norma del movimiento carismático. Universalmente encontramos que las "lenguas" habladas actualmente son algo extático, sin sentido de lo dicho. No hay paralelismo en el Nuevo Testamento. Cuando Pablo usó el término en 1 Corintios 14:10, él quiso decir "idiomas hay seguramente en el mundo".

Si las "lenguas" de los carismáticos fueran idiomas terrenales, entonces deberíamos poder analizarlas lingüísticamente. La glossolalia actual falla a cualquier examen cuando está escrita y analizada, al compararla con la interpretación si alguna aparece. Debemos poner mucho cuidado en exami-nar a cualquiera que reclame tener señales de apóstoles y profetas para ver si son falsos o verdaderos. En 1 Juan 4:1 somos exhortados a examinar los espíritus que motivan a los oradores.

Las instrucciones de abandonar el control de lo que se está diciendo es un clásico "modelo estereotipado de comportamiento vocal controlado inconscientemente que aparece bajo condiciones emocionales específicas."

En su libro, *Las Lenguas en la Perspectiva Bíblica*, Charles Smith, del Grace Theological Seminary, sugiere que las lenguas pueden ser producidas por "automatismo motor", "purificación emocional psíquica", "psiquis colectiva", "excitación mental", etc.

Hay muchas explicaciones para el fenómeno de hablar en lenguas.

.

CAPITULO
—— 20 ——
Una última palabra sobre los carismáticos

Si las conclusiones que hemos presentado son correctas tenemos un problema serio entre la cristiandad evangélica. ¿Será que la iglesia de Corinto está repitiéndose otra vez hoy en el movimiento carismático? En la misma carta a los Corintios Pablo trató el tema de la inmadurez con la corrección de los abusos de los dones. Sería una hipótesis para investigar: ¿será que donde haya abuso de los dones, habrá inmadurez?

Corinto fue una ciudad de mucho lujo y tráfico, siendo el centro comercial de Acaya o Grecia. En la sierra de la Aerópolis, en el templo de Afrodita, diosa del amor y la fertilidad, hubo más de mil sacerdotisas prostituyéndose en los ritos religiosos. Hubo muchos afeminados con el pelo largo, lo que provocó que Pablo lo condenara en la iglesia (1 Co. 11:14). Pablo se quedó en Corinto dos años y luego fue a Éfeso por otros tres. Mientras estaba en Éfeso, recibió cartas de Corinto explicando y preguntando sobre sus problemas, especialmente sobre los disturbios del don de lenguas en las reuniones. La carta de 1Corintios era su respuesta.

La iglesia en Corinto fue fundada bien pero luego se degeneró. ¿Por qué? Al parecer confundieron los dones espirituales con la espiritualidad, o aceptaron cualquier fenómeno sobrenatural como evidencia de la espiritualidad del individuo que lo manifestó. En 1 Corintios 1:7, "De tal manera que nada os falta en ningún don …", Pablo declaró que ellos tenían todos los dones. Sin embargo, en 1 Corintios 3:1 dijo, "De manera que yo, hermanos, no pude hablaros como a espirituales, sino como a carnales, como a niños en Cristo." A pesar de haber recibido todos los dones, esto no produjo ninguna madurez espiritual. Pretendían ser maduros y espirituales por la manifestación de sus dones, pero sus vidas manifestaban las características de la inmadurez.

Cuatro áreas de comparación con la Iglesia en Corinto:

Síntomas de inmadurez

No es que les faltara más enseñanza (habían tenido al apóstol Pablo, Pedro, Apolos y otros maestros de la enseñanza), ni que les faltara la manifestación de milagros (Pablo mostró todas las señales de apóstol, 2 Co. 12:12), ni que les faltara la manifestación de los dones entre los miembros. Su carnalidad fue por su inmadurez. Es evidente que la experiencia de manifestar un don no hace de alguien un creyente maduro. ¡Carnales, aunque tenían todos los dones! Su niñez fue particularmente en el ejercicio de los dones. En 1 Corintios 14:20 Pablo les advirtió, "Hermanos, no seáis niños en el modo de pensar, sino sed niños en la malicia, pero maduros en el modo de pensar." Todo los capítulos 12-14 son para comunicar cómo pensar acerca de los dones. No estaban pensando correctamente. ¡La madurez no radica en cómo actuamos, sino en cómo pensamos! Si no estamos pensando bíblicamente con respecto a los dones, aunque tengamos todos los dones, no somos maduros, sino niños.

Los síntomas básicos del problema en Corinto fueron identificados por Pablo y se manifestaron en diferentes conflictos. La raíz del problema siempre es un problema de pensar, desear o creer. Es indispensable que el creyente descubra cómo pensar bíblicamente y por disciplina pensar, desear y creer lo que es bíblico. En 2 Corintios 10:5 dice: "Derribando argumentos y toda altivez que se levanta contra el conocimiento de Dios y llevando cautivo todo pensamiento a la obediencia a Cristo." Si se piensa, desea o cree algo que no es bíblico, es inevitable que haya como resultado en la vida inmadurez y acciones contrarias a la Biblia. Las acciones son síntomas, no causas del problema. En 1 Corintios tenemos cuatro síntomas de la inmadurez.

(1) Busqueda de su propio bien

Este problema de egoísmo se manifestó en varias formas. Por ofensas personales, llevaban a los hermanos a las cortes ante jueces incrédulos (6:48). Estaban aprovechándose de su libertad en Cristo ofendiendo a hermanos más débiles (8:9, 11, 13), y en la comunión de la Cena del Señor estaban llenando su estómago y embriagándose, sin pensar en los hermanos presentes que padecían hambre por falta de comida (11:20-22). Cuando el egoísmo crece, el Espíritu es apagado y la carne domina.

Pablo advirtió que el amor "nunca busca lo suyo" (13:5), a fin de combatir esta inmadurez en el área de los dones espirituales. El propósito de los dones y el amor nunca es buscar su propio bien, sino el de los demás.

(2) División por simpatías personales

En los primeros cuatro capítulos de 1 Corintios se trata el problema de divisiones dentro de la iglesia en torno a personalidades destacadas. Fulano era más poderoso, sultana era más espiritual, pero Mengano tenía el don más popular. ¡Quién sabe la razón de la división! Lo cierto es que los personajes mencionados en 1 Corintios 1:10-17 eran grandes líderes, pero ellos no provocaron las divisiones, sino los que quisieron aprovecharse de su enseñanza o popularidad para parecer importantes o populares como ellos.

Es interesante que Clemente de Roma escribió una carta a los corintios en el año 97 D.C. con respecto al mismo problema. ¡Treintiocho años después!

Nótese que hay razones para separarse de "hermanos" en casos de inmoralidad (1 Co. 5:11) y falsa doctrina. Pero nunca debe haber división en base a simpatías personales. Seguir a personas populares para imitar o aprovecharse de su popularidad es actuar como niño.

(3) Crítica de otros

Por su experiencia con fenómenos sobrenaturales pensaban que no necesitaban a Pablo. Sus dones les hacían pensar de sí mismos como mucho más superiores que un apóstol. En 1 Corintios 4:3,5,6 su crítica no afectó a Pablo, ni su amor hacia ellos: "Yo en muy poco tengo el ser juzgado por vosotros ... Así que, no juzguéis nada antes de tiempo, hasta que venga el Señor ... Pero esto, hermanos, lo he presentado como ejemplo en mí y en Apolos por amor de vosotros, para que en nosotros aprendáis a no pensar más de lo que está escrito, no sea que por causa de uno, os envanezcáis unos contra otros."

La manifestación de sus fenómenos, no bíblicos, ¡les hizo superiores al apóstol Pablo! Es decir, superiores en su propia opinión. Pero Pablo les escribió "por amor", no por venganza, ni para herirles. La raíz del problema fue que ellos estaban pensado "más de lo que está escrito". Sus revelaciones eran "mejores" que las de Pablo. ¡Qué peligro el de menospreciar el mismo texto bíblico! No hace falta el texto de la Biblia si hay nuevas revelaciones.

La consecuencia de este mal pensamiento, fue que se envanecieron en su falsa espiritualidad contra otras personas. Pensando que eran más espirituales por sus experiencias, se jactaron, hasta parecer que aún despreciaban al apóstol Pablo. Esta reacción no es muy diferente de lo que pasa con los carismáticos.

(4) Tolerancia al pecado en la iglesia

¿Cómo podían aceptar en la iglesia a alguien que estaba en fornicación con la mujer de su padre? ¡Pablo no podía creerlo! (1 Co. 5:1). Se peleaban y emborrachaban durante las reuniones (11:16, 18, 21), pero nadie levantó una voz para parar tal iniquidad. Además estaban enseñando que la resurrección ya había pasado o que no había resurrección (vea 1 Co. 15:12). La falsa doctrina es una forma de pecado, pero nadie le hacía frente. Permitieron tales enseñanzas por alguna razón, aún cuando contradecían al apóstol Pablo.

Su sensibilidad estaba muerta. Lo que una vez rechazaron y los ofendía, ya no les afectaba. Sospechamos que estaban tan enamorados de las manifestaciones de los dones, especialmente las lenguas, que pensaban que eran más espirituales que las otras iglesias. Pablo insistió en una sola medida para determinar la espiritualidad de los creyentes en 1 Co. 14:37, "Si alguno se cree profeta, o espiritual, reconozca que lo que os escribo son mandamientos del Señor." La espiritualidad se mide por la obediencia a la Palabra, no por grandes experiencias o manifestaciones.

Sus prioridades les engañaban: Cuando se acepta la idea de que una "revelación", una lengua, profecía, o milagro, solamente pueden manifestarse por el Espíritu a través de una persona espiritual, se tiende a pasar por alto los pecados del individuo y disfrutar de sus dones o manifestaciones. De la misma manera, aunque tal vez en un grado menor, cuando alguien está dispuesto a desobedecer los mandamientos de Pablo con respecto a los dones, especialmente lenguas, tiene la misma actitud de tolerancia al error o iniquidad, por algo superior a la Biblia: la manifestación de un fenómeno.

Cuando se sabe que un pastor o líder está en pecado, pero se permite que siga en el pastoreado, aunque no cumpla con 1 Timoteo 3:1-8 ("irreprensible … buen testimonio, etc"), ocurre la misma circunstancia que en Corinto: Querer más sus dones y su popularidad que la obediencia a la Palabra. Esto no es espiritualidad, sino inmadurez.

Es cierto que algunos aspectos de estos problemas aparecen entre el movimiento carismático hoy, pero no es por los problemas que crece el movimiento. Es obvio pues, que el movimiento tiene algo que satisface las necesidades de mucha gente. También indica que hay hambre espiritual profunda entre el cristianismo de hoy. De alguna manera el movimiento ha descubierto una manera de llenar la sed espiritual de mucha gente.

Grupos que conforman el movimiento carismático

¿De dónde viene el gran porcentaje de las personas del movimiento carismático? ¿Tienen estas personas un transfundo de enseñanza bíblica para evaluar los acontecimientos y enseñanzas de los carismáticos, a fin de distinguir si son bíblicos o no? La siguiente es una lista de los diferentes grupos que conforman el movimiento.

El clásico pentecostalismo. El movimiento pentecostal comenzó en 1901. Varias denominaciones Pentecostales han crecido hasta ser mayoría frente a todos los fundamentalistas evangélicos. Sin embargo los clásicos pente- costales son una minoría dentro del movimiento carismático y mayormente constan de los nacidos en la denominación Pentecostal, Asambleas u otros grupos pentecostales.

Iglesias liberales. Las filosofías humanas y la negación de verdades bíblicas, nunca pueden satisfacer el hambre espiritual del alma. En el mundo hay una gran transición filosófica desde el humanismo ateo hacia el humanismo místico. Esto indica que el ateísmo no satisface las necesidades reales de la humanidad, sino que se hace imperativo para el hombre algún contacto con lo transcendental o sobrenatural. De la misma manera el naturalismo de las iglesias liberales no ha satisfecho las necesidades de sus miembros, por lo que están buscando un contacto con lo sobrenatural que les confirme Su realidad.

Una vez que la experiencia espiritual es advertida como posible y respetable, no hay restricciones intelectuales en aquellos que desean algo más que acción social, algo que sea real en su propia experiencia religiosa.

Católicos carismáticos. El Papa Juan XXIII permitió la experiencia carismática como algo fresco que Dios estaba haciendo. Los carismáticos aceptan a los católicos como "hermanos" solamente por su experiencia; ¡Pero que decir de su doctrina! También, aburridos de su sacramentalismo y su incapacidad de participar personalmente en las cosas sagradas, los católicos gozan de la nueva experiencia.

No ha sido necesario que los católicos carismáticos salgan de la Iglesia Católica puesto que la experiencia no se relaciona con la doctrina correcta. Ellos siguen con las mismas falsas doctrinas del Romanismo manifestando la "plenitud" del Espíritu. Es como si Dios estuviera respaldando la falsa doctrina.

Iglesias evangélicas. En muchas iglesias evangélicas se predica la Biblia sin el poder del Espíritu en la vida de los líderes y el creyente no recibe bendición ni algo personal. No se ven convertidos; no hay transformación de vidas; no crecen. Al contrario, se pelean, discuten sobre temas insignifi-cantes, los líderes son más políticos antes que hombres de Dios, hipócritas que pretenden ser algo que no son, etc. Todo ésto crea un ambiente de desconfianza y rechazo.

Entonces, creyendo que hay algo más en la cristiandad, van hacia los carismáticos. ¡El mundo evangélico agoniza por ver un cristianismo genuino!

La juventud. La juventud que ha rechazado a la Iglesia formal, ya sea católica o evangélica, como algo cargado de ritualismo, formalismo y super-ficialidad, sin corazón ni sentimientos, están buscando algo que se sienta. Muchos han probado drogas y sexo sin una satisfacción que perdure; ahora están yendo hacia los carismáticos para otro tipo de "viaje". Encuentran entre los carismáticos aceptación y más o menos la experiencia que busca-ban. ¡Qué lástima que los demás creyentes no sean notorios por su gozo y entusiasmo en servir al Señor!

Todos tienen algo en común: "Quieren conocer, sentir o tener" la realidad de una experiencia. En una reunión grande, un líder del movimiento cerró su Biblia y dijo: "No vamos a estar de acuerdo en la interpretación, así que déjenme contarles de mi propia experiencia para tener una base sólida". La experiencia verdadera se encuentra exactamente de la manera opuesta: primeramente es conocer la verdad y después practicarla en una experiencia de gozo y paz.

Tres resultados del énfasis de las lenguas en la Iglesia de Corinto

Cada énfasis o doctrina tiene su propia consecuencia y en la iglesia de

Corinto el énfasis en las lenguas y los dones sobrenaturales tuvieron sus consecuencias también. Es interesante ver la comparación con el Movimiento Carismático moderno en el sentido de las mismas consecuencias. El problema nunca fue la existencia de tales dones, sino el énfasis desordenado de ellos.

(1) El énfasis en el éxtasis. En 1 Corintios 12:2 "… se os extraviaba lleván- doos" es la idea de un éxtasis sin control, especialmente en la demostración de la presencia de un poder sobrenatural. En las religiones místicas, esta práctica era la norma. Pablo dijo que era común "cuando erais gentiles".

Los historiadores nos dicen que en las religiones de los griegos, los devotos empezaban a temblar en un éxtasis y caían al suelo, hablando extáticamente. Platón, el filósofo y Virgilio, el poeta, describieron tales experiencias. Pablo estaba diciendo que esta clase de manifestación no era señal de espirituali- dad, sino algo propio de gentiles o paganos.

El Espíritu no produce un trance o éxtasis donde la persona no sabe lo que está pasando, ni tiene control de sí misma. Los versículos siguientes muestran que el éxtasis no es el resultado de la llenura del Espíritu: en 1 Corintios 14:32, "Los espíritus de los profetas están sujetos a los profetas," y en 1 Corintios 14:40, "Hágase todo decentemente y con orden".

(2) El énfasis exagerado en el hablar en lenguas. Parece que éste es el blanco que Pablo se propuso derribar en 1 Corintios 12:4-11. Pablo siempre enfatizó la variedad de los dones en vez de uno solo. La falsa enseñanza del bautismo del Espíritu para lograr poder en su vida y la mala aplicación del don de lenguas como la señal de aquel bautismo han producido el abuso del énfasis de las lenguas. En ningún versículo se encuentra el ejemplo o mandamiento de orar, rogar, llorar o ayunar para recibir un don en particular. Al contrario, estos versículos indican que los dones son distribuidos por la gracia de Dios cuando el Espíritu viene a morar en nosotros.

Nuestra responsabilidad es solamente el descubrir nuestro(s) don(es), desarrollarlos(s) y usarlos(s) en las iglesias para la edificación de los demás, para la gloria del Señor. El énfasis en un solo don es una perversión, al igual que si un cuerpo humano tuviera un solo miembro. Primera Corintios 12:12-14 nos presenta una perversión porque no es el plan de Dios. Su plan es unidad en la diversidad de dones, no unidad en el énfasis ni en una experiencia común en torno a alguno de ellos. Además, es una perversión porque cuando cualquier doctrina o práctica toma el lugar central de Cristo, ¡algo se ha pervertido! Es fácil hacerlo, especialmente cuando hay cosas sensacionales, pero no hay excusas. El énfasis tiene que estar en la preeminencia de Cristo (Col. 1:18-19). Uno debe preguntarse: ¿Quién tiene la preeminencia cuando en todas las iglesias, sobre las ventanas de coches, en libros, etc., hay dibujos de una Paloma? ¡El Espíritu! Jesús no dijo que el

Espíritu se exaltaría a Sí mismo, sino que lo exaltaría a El.

¡Cuántas excusas se oyen hoy, cuando los carismáticos quieren negar las doctrinas de Pablo con respecto a la práctica de lenguas en las iglesias! Histeria, confusión, dichos místicos, comportamientos inapropiados, mujeres hablando y tomando la dirección de las iglesias e individuos buscando su propia edificación, cuando Pablo dijo que no debe ser así.

(3) El énfasis en señales y revelaciones como evidencia de la realidad espiritual. Había falsos maestros en Corinto que trataron de enseñar que Pablo no tenía autoridad porque no hacía muchos milagros y señales, tal vez como ellos podían hacer. Pablo les declaró: "miráis las cosas según la apariencia" (2 Co. 10:7), y "buscáis una prueba de que habla Cristo en mí" (2 Co. 13:3). Ellos querían una prueba visible.

Estos maestros estaban completamente envueltos en las cosas externas (o visibles) y místicas (o aparentemente espirituales). Estas los hicieron aparecer como si fueran más espirituales. Dejaron a los corintios con una idea falsa de lo que constituye la espiritualidad. La preocupación por las señales espirituales y prodigios, resultó en la negación de la autoridad de la enseñanza de Pablo. Es evidente que los corintios no querían obedecer por completo la primera epístola porque ya no se impresionaban con Pablo. En 2 Corintios Pablo escribió cuatro capítulos (2 Co. 10-13) defendiendo su autoridad como apóstol. Aparentemente los falsos maestros les habían convencido con sus milagros y señales.

Nótese la actitud del apóstol Pablo cuando relató sus experiencias en 2 Corintios 12:1-5. A Pablo no le gustó hacerlo, pero fue necesario: "Ciertamente no me conviene gloriarme..." No hay elaboración, exageración, ni quiso referirse a sí mismo. En su testimonio hizo referencia a sí mismo diciendo "conozco a un hombre en Cristo ..." (12:1).

Dios es tan sensible a las personas que buscan la gloria orgullosamente, que le dió a Pablo un "aguijón" en la carne para humillarle y para que dependiera de Su gracia (12:7), en vez de depender de su experiencia. Sería una nueva doctrina decir que uno recibe un aguijón en la carne cuando recibe una revelación grande.

Los corintios estaban vanagloriándose de sus experiencias espirituales como prueba de que poseían poderes. Fijémonos que Pablo prefería gozarse en sus debilidades para hacer más evidente el poder del Espíritu. Lo que Dios quería enseñar a Pablo era "Bástate mi gracia" (12:9). El "amor de Cristo" (12:10) era la causa de su gozo "en afrentas, en necesidades, en persecuciones, en angustias". El no se deleitaba en sus experiencias, sino en el amor de Dios prometido en la Palabra y su reposo en ello.

Entonces vemos que buscar y confiar en experiencias espirituales especiales es una motivación equivocada, falsa. Del error del pasaje es evidente que no debe ser necesario gloriarse en las experiencias para probar la espiritualidad. Ellos querían una prueba "según la apariencia" (12:7), es decir algo visible para aceptar la espiritualidad del apóstol Pablo. Pero ésto sólo evidenció su inmadurez, porque la falsa doctrina les llevaba a aceptar un concepto que no era bíblico.

Seis consecuencias sospechosas del Movimiento Carismático

Los argumentos que hemos presentado en este libro no son opiniones personales, sino estudios bíblicos y doctrinas que se derivan del texto sagrado. Cada uno tiene que resolver este problema delante del Señor a la luz de la Escritura. Existe suficiente evidencia para considerar el movimiento y ver si en verdad es de Dios como dicen. Todas la evidencias que se presentan como fundamento para las doctrinas del movimiento son falsas y sin un buen fundamento, bíblicamente sólido, no habrá buenos resultados.

El Movimiento Pentecostal comenzó en 1901 y el Carismático unos 60 años después. Las tendencias del movimiento están llegando a ser cada vez más y más evidentes. Cuando Wesley dijo que la única manera de estar seguro de su salvación era con la segunda obra de gracia para lograr la santificación, no sabía que las consecuencias serían una nueva definición del pecado y un énfasis exagerado en obras para la salvación. De la misma manera el Movimiento Carismático tiene ciertas tendencias que son más y más evidentes con el tiempo. Es cierto que son observaciones u opiniones, pero vale la pena evaluarlas a la luz de la experiencia de miles que han caído en el lazo de los Carismáticos. También es cierto que algunas "buenas" consecuencias han ocurrido (muchos han sido convertidos y sanados), pero al costo de estas malas, lo cual nos mueve a preguntarnos si no se podría conseguir las buenas consecuencias en otra forma y así evitar las malas. La respuesta es que la fidelidad a las Escrituras produce hermosas consecuencias.

Consecuencia 1: Vivir por la experiencia, en vez de vivir por la Palabra

El énfasis en una experiencia después de la salvación, ha hecho que muchos basen sus pensamientos y doctrinas en sentimientos, en vez de las promesas claras de las Escrituras. Uno debe preguntarse: "¿Cómo sé dónde está depositada mi confianza?" Si quita su experiencia y aún la posibilidad de otra, no debe afectar su confianza o su relación con Dios. Si puede decir: "En nada me afecta porque estoy confiando en la Palabra, no en mi experiencia", dice bien; pero si dice: "Lo necesito para mi confianza y certeza del bautismo del Espíritu, para mi sentido de poder, etc.," su base es la experiencia, no la Palabra.

Cuando una experiencia personal (sea tan emocional como sea) reemplaza la dirección de la Palabra o el estudio en serio de la Biblia, es el principio del error en la vida. La enseñanza de olvidar las inhibiciones para alcanzar tal experiencia, puede ser peligrosa, pero es cierto que produce toda clase de experiencia, euforia, excitación, un sentido de liberación de sí mismo. Tal experiencia es misticismo, no necesariamente bíblico.

Un pastor carismático, que dejó el movimiento, dijo: "Dime un grupo de personas que hagan lo que les digo: canten, tranquilícense y hagan las emociones … en poco tiempo, algunos van a hablar extáticamente". Cuando se les pregunta por qué no sujetan su experiencia a los diez requisitos de las lenguas verdaderas del Nuevo Testamento, no es raro que prefieran sus experiencias a la Verdad. Cuando alguien piensa así, la base de su vida cristiana es su experiencia, no la Palabra. Melvin Hodges, autor Pentecostal, en su libro Spiritual Gifts (Dones Espirituales) exhorta así:

No debemos perder de vista el hecho de que en el Nuevo Testamento, el bautismo del Espíritu (con lenguas) es considerado un requisito esencial y primordial para una vida y ministerio espirituales totalmente desarrollados. [44]

Consecuencia 2: Divisiones entre las iglesias

En cualquier parte del mundo se encuentra el mismo testimonio: "Los pentecostales están destruyendo la obra" o "La iglesia se dividió por causa de los carismáticos". No es unión lo que producen, sino división porque alguien se olvida o ignora lo que entiende de la Palabra y acepta ciegamente lo que le proponen. Pablo fue muy fuerte contra los que causan divisiones en Romanos 16:17, "Mas os ruego, hermanos, que os fijéis en los que **causan divisiones** y tropiezos en contra de la doctrina que vosotros habéis aprendido y que **os apartéis de ellos**". Los hermanos que van a causar divisiones en la iglesia deben ser separados de la congregación.

Literalmente miles de iglesias han sido divididas por causa de los carismáticos. Se infiltran en la membrecía, sin decir que son carismáticos, pero poco a poco comienzan a comunicar sus doctrinas a otros sin decirlo a los líderes. Cuando una confrontación es inevitable ya una parte de la congregación ha sido subyugada por las ideas carismáticas y se van.

La iglesia o denominación que no toma una posición firme y pública, será eventualmente infiltrada y dividida. Aún con una posición firme es necesario que los líderes tengan una vida de victoria y que enseñen las verdades para victoria en la vida cristiana. Los carismáticos no son una tentación para los que viven en victoria y gozo en el Señor.

Consecuencia 3: Un testimonio débil para los que no conocen a Cristo

En la mente de muchos incrédulos, el pentecostalismo se identifica con las experiencias fanáticas de ignorancia religiosa. Era lo mismo en el tiempo de Pablo; por éso él dijo que no iba a usar lenguas en las iglesias. En 1 Corintios 14:23 la opinión de los incrédulos que entraban en una iglesia donde estaban hablando en lenguas: "¿No dirán que estáis locos?" Ese era un testimonio débil.

Es difícil identificar a Cristo con un movimiento que produce caídas, convulsiones, un hablar incoherente, balbuceos y excesos emocionales. Es cierto que hay muchos sinceros entre ellos, pero por lo general, el movimiento tiene un testimonio extraño. Al contrario en 1 Corintios 14:24, si el incrédulo entrara en la congregación y escuchara la predicación de profecía entendería y estaría bajo convicción.

Consecuencia 4: Genera orgullo

Se ve entre los carismáticos el orgullo de ejecución. Cuando las lenguas están puestas como la meta de la vida cristiana, ésto es casi inevitable. Ellos tienen algo que los demás cristianos no tienen. Ellos piensan de los no carismáticos: "Oh, pobrecitos, miren lo que les hace falta". El orgullo se mueve entre los creyentes porque usan las lenguas como señal para probar que ya tienen el bautismo o plenitud del Espíritu. Pero, el propósito de las lenguas era una señal a incrédulos, no al creyente y mucho menos para marcar su espiritualidad.

El orgullo es muy sutil y puede verse también en alguien no carismático. Pero entre los no carismáticos no existe una experiencia o doctrina que los haga inmediatamente "espirituales", maduros, o llenos del Espíritu. La idea de que una persona logra un segundo nivel de espiritualidad, o recibe un ungimiento de poder extraordinario por medio de una experiencia de hablar en lenguas inevitablemente producirá orgullo en los que la alcanzan.

Si el don es para los incrédulos, debe ser usado con ellos. Justamente lo que Pablo dijo: él no lo usaba en las iglesias, ni en sus oraciones privadas, ni en su adoración privada en cánticos, sino con los incrédulos, aparentemente en las sinagogas.

Consecuencia 5: Es un concepto pagano entre las iglesias

Nunca, desde la creación, ha utilizado Dios un método especial para que el hombre se comunique con El. No es necesario. Pero las tribus paganas y religiones falsas, por todo el mundo han estado hablando en lenguas idénticas a las de los carismáticos durante siglos. Pablo advirtió a la iglesia en Corinto que los dones espirituales eran completamente diferentes a las manifestaciones paganas (1 Co. 12:2), pero los carismáticos están introduciendo otra vez el éxtasis y el lenguaje místico de los paganos en las iglesias. Las lenguas genuinas eran idiomas terrenales. El don de lenguas no es ningún beneficio, en lo absoluto, para comunicarse con Dios. Al contrario, sería un estorbo, porque la persona no sabe lo que está diciendo.

Consecuencia 6: Conduce a la superstición

No son pocas las personas en el movimiento, que viven teniendo visiones y revelaciones directas de Dios. Cada sueño es una visión. Cada circunstancia, cada minuto de la vida, se ve como la mano de Dios o la de Satanás en acción. Frecuentemente el extremo adonde este camino conduce es ver demonios en todos lados. La persona puede llegar a la paranoia por tantas visiones, al punto de tener que vivir echando demonios de sí mismo y de otros todo el día para tener victoria.

La superstición pagana es evidente cuando las personas piensan que tendrán "buena suerte" en el día cuando hayan hablado en su lengua. Por haber tenido este encuentro místico se sienten seguros de que todo marchará bien aquel día. Las bendiciones son aseguradas, piensan ellos, para los que hablan en una lengua.

Si la persona piensa que estos encuentros místicos son genuinos, las instrucciones que recibe son tomadas como inspiradas, como de Dios. La necesidad de escuchar la Palabra de Dios merma y la necesidad de más visiones, encuentros o lenguas, aumenta.

En realidad, no pueden hacer nada hasta que haya una visión. El problema principal es que la Biblia pierde su posición central en su vida. Está reemplazada con experiencias emocionales o impulsos "espirituales", visiones y revelaciones. Hay libros de los carismáticos que ya hacen profecías acerca del fin del tiempo, añadiendo a la profecía de Apocalipsis detalles de nueva revelación justamente lo que está prohibido en Apocalipsis 22:18. No hay manera de que estas visiones sean de Dios, en violación a Su propia Palabra.

Hay un cuento que tristemente es muy real. Había un perro con un hueso en la boca que mientras cruzaba un puente vio su reflejo en el agua. El hueso en su reflejo le pareció más bonito que el que tenía en la boca y entonces, ¡dejó caer en el agua el que tenía para buscar la ilusión de la realidad! Si el creyente ya tiene el bautismo del Espíritu y la plenitud del Espíritu morando en su ser desde la salvación, como la Escritura lo afirma, ¿por qué arrojará algo real para lograr una ilusión de algo más sensacional o impresionante? ¡Qué error!

CUATRO PELIGROS DEL MOVIMIENTO CARISMÁTICO

1. Causa Confusión

La expresión en el contexto de 1 Corintios 14, "Dios no es Dios de confusión" (14:33), indica que el abuso de las lenguas produce confusión, no paz. La palabra "confusión" es akatastasia, "inestabilidad" (a = negativo + kata = "abajo" + stasis = "parado") indica un estado de desorden, disturbios, "perturbación" (Stg. 3:16), "sediciones" (Lc.21:9), y "desórdenes" (2 Co. 12:20).

Cuando se ve el resultado de una exposición al momento carismático y la confusión que produce en el creyente y en las mismas reuniones, se nota que Dios no está motivándoles. Recién en Argentina un nuevo don ha sido promovido, el de correr sin cansarse, tomado de Isaías 40:31. Los que reciben el don comienzan a correr alrededor del salón de reunión durante el culto. El mismo pastor predica mientras que corre. ¡Una confusión ridícula! El mismo versículo en Isaías dice que "levantarán alas como las águilas" ¡Esto sí sería interesante ver!

La gente está acostumbrada a creer cualquier cosa sin discernimiento. Otro don que está ganando popularidad es el de llegar a ser un bebé. Las Escrituras dicen que "si no volvéis y os hacéis como niños, no entraréis en el reino de los cielos" (Mt.18:3). Con este "don" las personas comienzan a babearse, balbucear y aun abandonar el control de sus necesidades biológicas cual si fueran niños. Es el don de humillación (18:4).

Según ellos todo esto debe manifestarse en las reuniones ¡Qué confusión! Algunos corriendo, otros imitando a bebés y otros hablando en lenguas, mientras que alguien trata de predicar. ¿A dónde vamos?

2. Cierra las personas a las Declaraciones de las Escrituras

Los que han tenido la experiencia de hablar en lenguas no están abiertos a la enseñanza de las Escrituras, como lo estuvieron antes de ella. Ahora tienen una experiencia "divina" y ningún versículo les va a quitar la realidad de esa experiencia. Si una persona encuentra que la Biblia no enseña el bautismo del Espíritu como una segunda obra de gracia, ni el hablar en lenguas, pero ha tenido la experiencia de hablar en lenguas extáticas, ¿qué va a creer? Se vería obligado a formar una interpretación que permita y respalde su experiencia. Es raro que alguien con tal experiencia acepte que ésta no pertenece a la Escritura.

No son pocos los que han desobedecido la enseñanza del apóstol Pablo, como por ejemplo las reglas de practicar el hablar en lenguas, ¡diciendo que el Espíritu Santo los dirigió al hacerlo! Cuando una mujer habla en lenguas en una iglesia, diciendo que es el Espíritu Santo que le dirige, está cerrada a las Escrituras, porque la Biblia habla en contra de tal práctica (1 Co. 14:34).

3. Pervierte la vida cristiana

Para muchos, la vida cristiana no es más que la búsqueda de la experiencia mística de hablar en lenguas u otro milagro y ver estas cosas repetidas una y otra vez en sus vidas. En vez de tener su concentración en Cristo, el centro de su expectación es un milagro u otra experiencia.

Si el Espíritu no se manifiesta de tal manera, el creyente está insatisfecho, desilusionado y frustrado. Para asegurar tales milagros, se introduce un sistema de prohibiciones y el miedo a perder su salvación si no cumple con él. De repente, todo depende del creyente y poco de Dios. La tranquilidad que uno puede sentir en tal sistema es la de haber cumplido con sus requisitos para alcanzar la espiritualidad y los milagros. Se convence de la genuinidad del milagro y ésto le califica como un creyente espiritual.

4. Exalta al Espíritu, en vez de a Cristo

En reuniones carismáticas es común ver el énfasis dirigido sobre el Espíritu Santo en vez de Jesús, pero el Señor dijo que el Espíritu, "no hablará por su propia cuenta … El me glorificará" (Jn. 16:13-14). El Espíritu nunca dirige la exaltación sobre Sí mismo, sino que apunta toda su atención a Cristo. Es cierto, sin embargo, que el Espíritu debe ser exaltado por Su esencia, pero El va a exaltar a Cristo.

El problema con este peligro es que roban la gloria que debe ser para Jesús. Siempre el resultado de un mal enfoque es extremismo, fanatismo y prácticas que desobedecen la Palabra. Cuando se canta y ora exclusivamente al Espíritu, cuando se siguen los impulsos propios como si fueran la voz del Espíritu, cuando se piensa casi exclusivamente en el Espíritu, el enfoque está mal orientado.

DOS DEFENSAS CONTRA EL MOVIMIENTO CARISMÁTICO

La mayoría de las personas son atraídas a los carismáticos porque no ven algo genuino en el cristianismo de los fundamentalistas. Es una lástima tener una buena doctrina y una vida que es fría, inconstante o aún hipócrita. Los que salen de los evangélicos, tal vez tengan un entendimiento bíblico superior al de los carismáticos como para no aceptar todas sus doctrinas, pero la ilusión de una vida de poder, victoria y ánimo en las cosas del Señor les motiva a ignorar los excesos y aceptar lo que piensan que es real. Es indispensable que los fundamentalistas tengamos dos características en nuestras vidas:

(1) Entendimiento de nuestra gloriosa salvación

Es interesante que cuando las iglesias entiendan la sencillez gloriosa del evangelio, las consecuencias de una salvación suficiente y todo lo que se recibe en el momento de confiar en Cristo, la atracción a los carismáticos se eliminará. Si el creyente está seguro de que su salvación es completa, que en Cristo ya tiene todo, no hay más para buscar. Sería una búsqueda de algo que ya tiene.

Pero cuando el creyente no entiende su posición en Cristo y pierde el sentido adecuado de los recursos de tal posición, el pentecostalismo sí tiene algo que ofrecerle. Pablo tuvo que aprender el concepto: "Mi gracia te basta", "Mi gracia te es suficiente" (2 Co. 12:9). Hay suficiente satisfacción en la gracia de Dios como para gozarse para siempre.

(2) Experimentar crecimiento perpetuo en el poder y conocimiento de Cristo que le satisface.

La segunda defensa es la experiencia de crecer personalmente en el poder y conocimiento de Cristo. El creyente maduro puede participar en experiencias preciosas sin fin, creciendo en el poder y conocimiento de Cristo, más íntimo cada día, mientras descansa en la posición que disfruta por fe en El. Si el creyente practica la Hora Silenciosa diariamente, se goza en su relación con Cristo a través de la Palabra, aprende cómo testificar a otros y practica sus dones del Espíritu en servicio a los demás, habrá experiencias para satisfacer a cualquiera.

Cuando el creyente no practica las cuatro áreas de la disciplina cristiana va a sentir una falta en su vida cristiana. Para algunos, la opción de una experiencia emocional les llena. El substituto siempre promete satisfacción instantánea, pero la genuina es más profunda; aunque nos cueste más disciplina, nos transforma más a la imagen y vida de Jesús.

Nuestra vida debe ser una atracción. Pedro dijo que tenemos que estar preparados para defender nuestra doctrina cuando alguien "nos demande razón de la esperanza que hay en nosotros" (1 P. 3:15). Nuestra esperanza debe ser tan obvia que otros quieran saber el por qué. Desafortunadamente muchos creyentes son mala propaganda para el evangelio. Pablo estaba satisfecho en conocer a Cristo y el poder de Su resurrección y el gozo de sufrir con los demás creyentes (Fil. 3:10). El contentamiento real con lo que tenemos en Cristo tiene que ser nuestro testimonio y mensaje.

CAPITULO
— 21 —
Los Dones Espirituales

En esta última sección veremos una breve descripción de los dones vigentes. En otro estudio del autor, Los Dones del Espíritu, podrá Ud. tener muchos más detalles sobre los dones y cómo descubrirlos y desarrollarlos.

Cuatro principios para tener en cuenta con respecto a los dones

Primeramente, agradezca a Dios por tratarle particular e individualmente. No es coincidencia que tengamos el don que tenemos. En 1 Corintios 12:11-18 Pablo declara la importancia de cada función de los dones. Dios se ha involucrado en nuestras vidas en una forma muy particular a fin de prepararnos para cumplir Su propósito para nuestras vidas. Es parte de lo que El preparó de antemano para nosotros (Ef. 2:10).

En segundo lugar, no tenga orgullo ni jactancia de sus dones. En 1 Corintios 4:7 Pablo dijo, "¿o qué tienes que no hayas recibido? Y si lo recibiste, ¿por qué te glorías como si no lo hubieras recibido?" Los dones no vinieron porque los merecíamos. De acuerdo a Romanos 12:6 la razón por la cual tenemos nuestros dones es "según la gracia", no por méritos personales, ni por nuestra fe.

En tercer lugar, no idolatre a un líder humano por la admiración de sus dones. En 1 Corintios 3:3-7, 21-23, la iglesia se dividió siguiendo a diferentes líderes muy destacados: Pablo, Apolos y Cefas (Pedro). Ninguno de los tres estaba presente en la iglesia cuando las divisiones ocurrieron y ciertamente no tenían nada que ver con aquellas divisiones, pero las personas quisieron que su líder o ídolo fuese la última palabra. Exageraron las diferencias, comparando sus dones y capacidades haciendo uno superior al otro en vez de apreciar la contribución de cada uno a la unidad de la Iglesia. Así son las reacciones carnales cuando uno quiere parecer más importante que los demás.

En cuarto lugar, no envidie los dones de otros. Hay que estar contentos con la selección de dones que Dios nos ha dado. Recuerde que el descontento, en realidad, es una crítica a la manera en que Cristo distribuye los dones y a cómo gobierna y maneja Su Iglesia. Su satisfacción verdadera viene del ministerio de los dones que tiene. No necesita más para estar contento. En la lista del fruto de la carne (Gá. 5:19-21) aparece la manifestación de "envidia."

Dos preguntas claves

¿Es completa la lista de los dones? Es difícil contestar esta pregunta porque no hay un acuerdo entre los eruditos bíblicos. Algunos creen que las listas son completas; otros dicen que son ejemplares de los dones posibles. A veces los que quieren añadir a la lista de los dones, agregan talentos

naturales como si fueran dones espirituales: música, arte, deportes, etc. Es mejor ver los dones como una lista completa dada en la Biblia. Cada persona dotada se puede explicar por una combinación de dones o variación de cada don. No hay un estereotipo de los dones, cada uno se manifiesta en una forma distinta. El don no es algo cerrado en una sola función, sino amplio para cubrir cualquier ministerio.

¿Hay más dones mencionados en la Biblia? Hay dos dones más, mencionados en las Escrituras:

(1) Celibato (1 Corintios 7:7). Aunque el texto llama al celibato un don, implica que también ser casado es un don, porque dice, "uno ... de un modo (continencia) y otro de otro" (casado). Así que todos tienen el don de celibato o el don de casado. A pesar de ser un "don", no es un don espiritual en el sentido de ser una capacidad de servir a los demás en la Iglesia.

(2) Hospitalidad (1 Pedro 4:9-10). Este don es muy parecido al don de servicio y así lo consideran la mayoría de los eruditos bíblicos. Es un requisito de un anciano (Tito 1:8) y sería raro que éste fuera el único don obligatorio para ser anciano.

Dos observaciones importantes

En primer lugar, ningún don es exclusivo de uno u otro sexo, aunque ciertos oficios son limitados por él. La Biblia pone ciertas restricciones para tomar posiciones de liderazgo que aplica tanto a hombres como mujeres. Las restricciones no son para discriminar, sino para poner la responsabilidad de las iglesias sobre los hombros de hombres piadosos. En 1 Timoteo 2:12 la Biblia limita el ministerio de la mujer en el área de ejercer dominio sobre el hombre y de enseñarle públicamente en la iglesia. Los requisitos para ser pastor, todos son para hombres (marido de una mujer, que gobierne bien su casa, etc.).

Solamente el hecho de ser un hombre no significa que el creyente pueda ser un pastor. Hay diecinueve requisitos entre 1 Timoteo 3:2-8 y Tito 1:5-9 que limitan a los hombres que quieren ser pastores. Así pues, vemos que las limitaciones no son solamente para las mujeres.

Aunque haya una restricción en cuanto al liderazgo en la iglesia, esto no indica que el persona no pueda recibir ciertos dones. Puesto que los ministerios de evangelismo, aconsejar, ayudas, misericordia, exhortación, repartir, o fe no tienen que ser ejercitados únicamente en la congregación delante de hombres, sino que pueden ser usados con mujeres o niños, es muy amplio el campo de las posibilidades de ministerios vitales en la iglesia.

En segundo lugar, si alguien no tiene determinado don, no tiene

excusa para desobedecer los mandatos relacionados con él. Un don es una capacidad extraordinaria para un propósito especial. Es interesante que hay mandamientos con respecto a todos los dones, que deben ser obedecidos por todos los creyentes, pero no hay ningún mandato que obligue a la función de los dones milagrosos. Si la Biblia nos manda a repartir (1 Co. 16:1-2), pero no pensamos que tenemos el don de repartir (Ro. 12:8), tenemos que repartir de todos modos. Otros mandamientos que nos obligan a practicar los diferentes dones son: evangelizar (Hc. 1:8); repartir (1 Co. 16:1-2); exhortar (1 Ts. 5:14; Col. 3:16); servir o ayudar a otros (Gá. 5:13); discernir los espíritus (I Ts. 5:21; 1 Jn. 4:1); y enseñar (Col. 3:16).

Puesto que hay mandamientos para casi todos los dones vigentes, es posible que el Espíritu nos capacitará para cumplir con ellos lo suficiente como para lograr la edificación de la Iglesia y su crecimiento. El don especial que cada uno tiene, es algo extraordinario para servir en una forma excepcional, o ser ejemplo en cierta área de servicio. El poder del Espíritu y el ejemplo y exhortación de las personas dotadas en nuestra iglesia, nos capacitarán para cumplir el plan de Dios para nosotros en Su obra, en el área de nuestro don y fuera de ella.

UNA DESCRIPCIÓN DE LOS DONES DE LIDERAZGO

Los Apóstoles y profetas eran el fundamento de la Iglesia (Ef. 2:20-21), así que cesaron en el primer siglo, cuando murieron. Nadie más puede ser parte del fundamento. Aquellos dones han sido tratados anteriormente en este estudio. Los hombres dados a la Iglesia que cumplieron esta función fueron reemplazados por otros hombres que servían como evangelistas, pastores y maestros.

Estos hombres dotados para el liderazgo continúan en la Iglesia con el fin, no de poner más fundamento, sino de ir edificando sobre el fundamento de los apóstoles y profetas del primer siglo (Ef. 2:22; 4:12-16).

Las tres áreas de liderazgo en la Iglesia son Evangelista, Pastor y Maestro. El único conflicto sería en la interpretación del pasaje en Efesios 4, si Pablo está hablando de hombres dotados dados a la Iglesia o dones dados a la Iglesia. Primero, veremos una descripción bíblica de los dones y luego el análisis. La mayoría del estudio será con estas tres porque hay más información con respecto a ellos, pero también porque hay dos opiniones distintas al respecto.

Evangelista

Al contrario de los dones o posiciones de apóstol y profeta, la Iglesia ha reconocido desde el principio hasta hoy la presencia de evangelistas o los que practican el evangelismo. Todo el mundo reconoce que el don está vigente hoy.

No existe ninguna declaración en las Escrituras en el sentido de que el don de evangelismo haya terminado. Esto nos da el derecho de presumir su existencia en la actualidad.

Los Términos

El verbo, euangelizo, "evangelizar", y los sustantivos, euangelion, "evangelio", y euangelistes, "evangelista", prácticamente son transliteraciones del griego. El título, "evangelista", ocurre solamente tres veces en el N.T. (Hch. 21:8, Ef. 4:11 y 2 Ti. 4:5) El verbo euangelizo significa "llevar o anunciar buenas nuevas." En la LXX la idea de "buena" no es el caso, sino el anuncio de noticias o saludos. Anterior al N.T. la idea era más del anunciador de algo importante, pero en el N.T. el término es asociado con el anunciador del mensaje de la salvación.

El Uso en el Nuevo Testamento

Felipe es el ejemplo más claro de un evangelista que no era uno de los apóstoles. Sin embargo, de las tres referencias de un evangelista, ninguna revela lo que en sí consistía su ministerio. Hechos 21:8 dice que Felipe era un evangelista; Efesios 4:11-12 declara que la responsabilidad del evangelista es entrenar a otros; y 2 Timoteo 4:5 ordena a Timoteo a cumplir el ministerio de evangelista.

Mirando el ejemplo de Felipe en Hechos 8 se puede deducir lo que era la obra del evangelista. En Samaria, él predicó (kerusso) a Cristo (8:5); en esta ocasión hizo ciertos milagros (8:7, 13; no hay indicación de que los haya hecho en otras ocasiones), predicó del "reino de Dios" y de Jesús (8:12), les bautizó (8:12), pero los convertidos no recibieron el Espíritu hasta que llegaron los apóstoles.

En medio del avivamiento Dios le guió a salir para otro encuentro (8:26). En el desierto el Espíritu le guió a un hombre específico (8:29), a quien Felipe predicó el evangelio (8:35), y le bautizó (8:38).

En seguida, el Espíritu le llevó a otro lugar (8:39), y Felipe comenzó a viajar y predicar en diferentes ciudades (8:40).

Podemos llegar a varias conclusiones acerca del ministerio de Felipe:
(1) Es un ministerio itinerante (viajando).
(2) Su ministerio fue principalmente predicar el evangelio a incrédulos y en dos ocasiones bautizarles.

Algunos aspectos del ministerio de Felipe no ocurrieron en toda ocasión, así que no deben ser considerados como requisitos del evangelista. Por ejemplo, los milagros que hizo en Samaria, no los hizo con el eunuco. El ángel le envió al eunuco, pero no a Samaria. El Espíritu le arrebató después de bautizar al eunuco, pero no se lo llevó después de bautizar a los samaritanos. Dado que estas son experiencias inusuales, es decir que no ocurrieron constantemente, no deben ser consideradas características inseparables del ministerio de un evangelista, sino algo especial relacionado con la época.

Debemos considerar ahora la cuestión del poder de hacer milagros. No existe una declaración en el N.T. en la que el evangelista deba hacer milagros, como hay tal requisito para un apóstol (2 Co. 12:12). Ya que sólo existe una enseñanza específica que el apóstol tenía que hacer señales y no hay algo similar para el evangelista, sino en una sola ocasión, se debe suponer que no era indispensable que hiciera milagros. ¿Pero era indispensable que el apóstol los hiciera?

El ministerio de Felipe en Samaria fue inusual, en vez de la norma, por varias razones: (1) los que creyeron no recibieron el Espíritu, como los del día de Pentecostés, a pesar de creer y ser bautizados. Se necesitó la imposición de las manos de los apóstoles. Esto no es la norma para salvación. Sería ridículo insistir en que la obra de un evangelista sea confirmada por apóstoles y los convertidos reciban la imposición de sus manos. Esto jamás volvió a ocurrir. (2) En Hechos 8 encontramos la primera vez que el evangelio fue predicado a no judíos, sino a los samaritanos. La segunda vez ocurrió en Hechos 10, a los gentiles. En las dos ocasiones, ocurrieron algunos aspectos inusuales que jamás volvieron a suceder.

Si se insiste en que el evangelista haga milagros, también se debe insistir en que otros aspectos de la historia ocurran constantemente: (1) un ángel tiene que hablarle directamente diciéndole cada proyecto o tarea, (2) después de bautizar a los convertidos el Espíritu debe transportarle a otro lugar, (3) es necesario que un apóstol venga para confirmar su obra de evangelismo y completar su trabajo antes que los convertidos reciban la morada del Espíritu.

En Marcos 16:17-20 y Hebreos 2:3-4 se indica que la predicación del evangelio inicialmente tendría señales milagrosos, pero que no iban a continuar. Tendríamos que negar el testimonio de la historia de la Iglesia y la presencia de miles de evangelistas contemporáneos que no hacen milagros, para insistir en la necesidad de que un evangelista haga milagros.

El Uso Actual

El ministerio del "evangelista" es parecido, en general, a la obra de misioneros y evangelistas actuales. Aunque muchos evangelistas predican en iglesias establecidas, ahora, el propósito es llenar las reuniones con incrédulos para escuchar el evangelio. Muy pocos evangelistas de hoy bautizan a sus convertidos, dejando esta responsabilidad a las iglesias locales. Sin embargo, el don y los hombres dotados existen en la actualidad. Lo que falta ahora es la sabiduría en las iglesias locales a fin de aprovechar efectivamente a los hombres que Dios está levantando con este don para el crecimiento numérico de la Iglesia.

Las personas que manifiestan este don deben ser motivadas y ayudadas para compartir el evangelio al mayor número posible de inconversos. El don se reconoce por su pasión por las almas perdidas y la capacidad de comunicar con claridad y efectividad el mensaje de la salvación. Hechos 14:1 dice, "hablaron de tal manera que creyó una gran multitud de judíos y asimismo de griegos." Su forma de hablar llega a la gente, les convence y produce decisiones. La pasión del apóstol Pablo, el gran evangelista, era "siendo libre de todos, me he hecho siervo de todos para ganar a mayor número" (1 Co. 9:19).

Como Timoteo estamos todos bajo la orden: "Haz obra de evangelista" (2 Ti. 4:5).

Pastor

Los términos

El sustantivo "pastor" (poimen) es la palabra para un pastor de ovejas. Es usada 18 veces en el N.T., seis veces con referencia a Cristo. Solamente en Efesios 4:11 es usado como el líder de una iglesia, pero sin descripción de lo que es. Un estudio de lo que hace un pastor de ovejas sería ilustrativo de lo que hace un pastor.

(1) "Estaban desamparadas y dispersas como ovejas que no tienen pastor". Los pastores guían el rebaño y mantienen la unidad (Mt. 9:36; Mr. 6:34). Esto produce un sentido de seguridad y unidad en el rebaño.

(2) "Apartará los unos de los otros, como aparta el pastor las ovejas de los cabritos" (Mt. 25:32). El pastor reconoce a sus ovejas y las mantiene separadas de las que no son suyas.

(3) "Escrito está: Heriré al pastor y las ovejas del rebaño serán dispersadas" (Mt. 26:31; Mr. 14:27). El pastor es la clave para la unidad de la grey.

(4) "Había pastores en la misma región, que velaban y guardaban las vigilias de la noche sobre su rebaño" (Lc. 2:8). El pastor guarda y protege a sus ovejas.

(5) Juan 10 es una larga descripción de un buen pastor que está dispuesto a sacrificarse por sus ovejas, que las conoce y ellas le conocen, que vive protegiéndolas de enemigos.

En todo, el ejemplo perfecto del pastor es Jesús Mismo, el "Gran Pastor de las ovejas" (He. 13:20), y el "Pastor y Obispo de vuestras almas" (1 P. 2:25).

El concepto de pastor-anciano

Hay tres términos que son intercambiados y usados igualmente: anciano, obispo y pastor. En Hechos 20:17 Pablo llamó a los ancianos (presbyteros) de la iglesia de Éfeso. Los ancianos eran los líderes de las iglesias primitivas. Sin embargo, en Hechos 20:28 Pablo les llamó "obispos" (episkopos) y les encargó el ministerio de pastorear (poimainein, "apacentar") la iglesia.

En Tito tenemos un intercambio de términos similares. El "anciano" en 1:5 es el mismo "obispo" en 1:7. El "porque" ata los dos versículos con el mismo tema de los ancianos. En 1 Pedro 5:1-2 los "ancianos" tienen la orden de "apacentar" (poimanate, "pastorear") la grey de Dios.

En 1 Pedro 2:25 tenemos una aplicación de la Regla de Granville Sharp. La regla es, cuando un solo artículo introduce dos sustantivos, los dos sustantivos pueden ser considerados relacionados íntimamente o como una unidad. En la frase "al Pastor y Obispo" del texto el "Pastor" es también el "Obispo".

¿El don de pastor?

Los tres términos (pastor, anciano, obispo) son descripciones de personas en liderazgo o que gobiernan en las iglesias. El problema se encuentra en el texto cuando se intenta decir que el don de pastor es también el don de anciano o don de obispo. No hay tales conceptos, ni usos de los términos. Si hubiera el don de pastor que no funcionó como anciano u obispo, no serían sinónimos, ni habría requisitos para pastores y menos sería posible desearlo. Para funcionar como pastor, es necesario cumplir con muchos requisitos (1 Ti. 3:2-7; Tit. 1:5-9) y ser aprobado por la congregación. Un apóstol era apóstol ya fuera que la iglesia lo reconociera o no. Pero no es así con el pastor.

Técnicamente, el pasaje en Efesios 4:11 no hace referencia a dones espirituales, sino a hombres dotados que Cristo da a las iglesias. En otras listas de los dones, hay dones que corresponden a tres de las cinco funciones en la Iglesia mencionadas en Efesios 4: apóstol, profeta y maestro. Ninguno de ellos tienen requisitos para que sean aprobados por las iglesias.

Cristo confirmó a los apóstoles y profetas (al darles revelaciones y señales milagrosas), pero los pastores tienen que ser confirmados por las iglesias cuando presentan evidencias de su madurez: irreprensibles, prudentes, decorosos, aptos para enseñar, si gobiernan bien su casa, etc. Por falta de información la función de evangelista no tiene requisitos, ni exigencia de la aprobación de las iglesias. Como la función del evangelista es principalmente con incrédulos, en vez de una función dentro de la iglesia, tal vez por eso no hizo falta el reconocimiento de ellos. Si el evangelista tampoco es un don, sería una persona que manifiesta los dones de enseñanza y exhortación enfocados a explicar y motivar a incrédulos a aceptar el evangelio. Este concepto encajaría en el contexto.

Lo que es notorio en la lista de requisitos para funcionar como pastor, en 1Timoteo y Tito, es la ausencia del requisito de tener el don de pastor. Si existiera el don de pastor, tendría que ser requerido para que el creyente funcione como tal, pero no hay tal requisito. Inclusive, ningún don está en la lista de requisitos para pastorear. Es como si una persona pudiera pastorear con una variedad de dones y estilos de liderazgo.

Dado que el pastoreado es igual al obispado, como hemos visto, si éste fuera un don, habría una contradicción en relación a los demás dones. El obispado puede alcanzarse si uno lo "anhela" o "desea" (1 Ti. 3:1). Las palabras indican que la pasión o corazón de una persona tiene que querer fuertemente esta función. El deseo por el pastoreado es animado con la anticipación de lograrlo. Ningún don tiene esto como requisito. Dios coloca los dones como El quiere, no como el hombre desea o anhela. El requisito es un deseo por el ministerio de obispado o pastoreado. No es un deseo por el don de pastorear, porque el contexto está hablando de la posición de un pastor, no del don de pastor.

Cristo "constituyó" o "dio" ciertos hombres a la Iglesia. En Hechos 20:28 está expresado como "el Espíritu Santo os ha puesto por obispos". No es referencia a un don, sino a la obra del Espíritu en la madurez, el deseo de ministrar en otras vidas y ser aprobados por ellos como sus pastores.

El don de presidir o administrar son los dones que más corresponden al oficio de pastor-anciano, pero alguien puede tener estos dones sin contar con las calificaciones del pastor y no ser aceptado como tal. Así que el pastor no es un don tal como los demás dones, sino un oficio o posición en una iglesia. Un creyente no tiene el don de pastor, sino que puede funcionar en la posición de pastor con diferentes dones, si califica y es aprobado.

El Pastor-Maestro

El pasaje en Efesios 4:11 parecería contener otra aplicación de la Regla de Granville Sharp (un artículo que introduce dos sustantivos). Algunos aplican la Regla para decir que el Pastor y Maestro es la misma persona, o sea Pastor-Maestro. Granville Sharp admitió que hay varias excepciones a su regla en el N.T..[45] Las excepciones aparecen principalmente en el plural, como en Efesios 4:11, "los pastores y maestros". Un ejemplo sería la misma construcción de un artículo con dos sustantivos plurales en Efesios 2:20, "el fundamento de los apóstoles y profetas". Así, gramaticalmente no se puede aplicar la Regla de Sharp en el plural para decir que la posición del pastor es también, por obligación, la del maestro. Los dos grupos, pastores y maestros, funcionan íntimamente, pero no necesariamente son la misma persona.

Pastorear no es lo mismo que enseñar. El pastor guía, protege y está dispuesto a sacrificarse por la grey, pero el maestro instruye a los demás, aclarando el texto bíblico, buscando aplicaciones de los principios bíblicos. A pesar de que el pastor tiene que enseñar para cumplir su ministerio, el maestro no necesariamente tiene que pastorear. El enseñar no es la función principal del pastor. El pastor está orientado hacia las personas, mientras que el enfoque del maestro es el texto y su entendimiento.

Si hubiera querido decir que el pastor y el maestro son idénticos, podría haber dicho "los pastores que enseñan" o "que son aptos para enseñar". Estos términos fueron usados por Pablo en otros contextos (1 Ti. 3:2; 2 Ti. 2:24).

Podría decirse que la construcción Pastor-Maestro implica que uno de los dos es un adjetivo, que califica al otro: "el pastor que enseña" o "el maestro que pastorea". En el contexto, ninguna de las otras personas dotadas son calificadas o limitadas.

En 1 Timoteo 5:17 es evidente que algunos pastores o ancianos gobiernan, pero no necesariamente enseñan. La idea principal del pastor es liderazgo o supervigilancia de otros. Esto puede realizarse en el ministerio público, grupos pequeños, o con individuos.

El requisito "apto para enseñar" (1 Ti. 3:2) es uno de los muchos requisitos para funcionar como pastor. Ninguno de los demás requisitos hace referencia a ningún don. En la lista "apto para enseñar" no tiene ningún énfasis especial. La lista en 1 Timoteo contiene principalmente cualidades, no dones especiales. La idea de "apto para enseñar" se refiere a sus calificaciones, es decir que tenga la personalidad y reputación de que enseña y la preparación necesaria para que "pueda exhortar con sana enseñanza y convencer a los que contradicen" (Tit. 1:9). Es calificado para enseñar.

Sería redundante decir que el "Pastor-Maestro" tiene que ser "apto para enseñar". Sería un mal concepto del pastoreado el pensar que la función de pastor se cumple solamente por enseñar. Es cierto que el pastor debe tener mucha sabiduría para guiar y proteger a la grey (como Salomón oraba 1 R. 3:9-10), y que la enseñanza es una manera de cumplir con sus responsabilidades, pero no la única.

Dios da a ciertos individuos dones para cumplir con la función de pastor. Dios pone en el corazón el deseo de servir al Señor como pastor (Fil. 3:12) y los dones para cumplirlo.

Maestro

El término usado

La palabra "maestro" es didaskalos, es un "técnico, o entrenador" [46]. La clásica ilustración de un maestro es Esdras en la reconstrucción de la nación de Israel, "leían en el libro de la ley de Dios claramente y ponían el sentido, de modo que entendiesen la lectura" (Neh. 8:8).

La función del Maestro

Si el evangelista gana al incrédulo y el pastor lo incorpora en el cuerpo de la iglesia protegiéndolo: el maestro le da a entender las verdades bíblicas y le muestra cómo aplicarlas a su vida a fin de hacerlo maduro.

Un maestro a menudo tiene un grupo de discípulos o estudiantes voluntarios que están dispuestos a aprender de él (Mt. 8:10; 9:11; 10:24-25; 2 Ti. 4:3).

Si sostenemos que el contexto de Efesios 4 se refiere a funciones en la iglesia y no a dones, entonces la función de maestro no es necesariamente un don aquí. Obviamente también es un don, porque está en la lista de los dones en 1 Corintios 12:28 y 29. Los que son maestros deben ser muchos aunque no necesariamente tengan el don de enseñanza. En Hebreos 5:12 el autor exhorta a todos los creyentes, diciéndoles que deben y pueden funcionar como maestros después de cierto entrenamiento si están dispuestos a hacerlo: "Porque debiendo ser ya maestros, después de tanto tiempo, tenéis necesidad de que se os vuelva a enseñar cuáles son los primeros rudimentos de las palabras de Dios." La capacidad de enseñar depende más de la madurez espiritual y el conocimiento bíblico que de un don especial. Tal conocimiento no viene con un don del Espíritu. Tiene que aprenderse y todos están obligados a aprenderlo y practicar la enseñanza.

En Santiago 3:1, tenemos la indicación de que hay un aspecto de la enseñanza que es voluntario, pues tenemos: "No os hagáis maestros (en el sentido de oficio) muchos de vosotros, sabiendo que recibiremos mayor condenación". No se puede resistir un don del Espíritu, pero se puede rehusar asumir la responsabilidad de una posición u oficio en una iglesia, sabiendo la responsabilidad que está implícita.

Por esto el Maestro de Efesios 4 no es un don, sino una posicion o función dentro la iglesia local. Obviamente ciertos dones serían convenientes en el cumplimiento de las tareas de tal oficio, pero aparentemente no son requisitos. La función de maestro requiere cierta preparación y la voluntad de asumir la responsabilidad de tal posición. El don no tiene tales requisitos.

Ocupa la tercer categoría en prioridad dentro de la iglesia, después del apóstol y el profeta (1 Co. 12:28).

El Don de Enseñanza

Los dones son distribuidos según la voluntad del Espíritu (1 Co. 12:11) y como Dios quiere (12:18). Cada don tiene diferentes "ministerios" (diakonia) y cada diferente ministerio tiene diferentes "operaciones" (energematon) es decir ,una diferente motivación o energía. El que tiene el don de enseñanza puede o no puede tener el oficio o posición de maestro en una iglesia.

El don de enseñanza asegura un cierto nivel de motivación o energía para prepararse y ejercer la actividad de la posición de maestro. El don, sin embargo, no garantiza la infalibilidad del resultado de su enseñanza, sino la gracia o poder para prepararse y comunicar la Palabra a otros.

El aspecto sobrenatural del don de enseñanza será la motivación de disciplinarse en el aprendizaje y preparación, el deseo y la capacidad de clarificar a otros las verdades bíblicas que transforman una vida y resulta en obediencia a la Palabra.

La mejor ilustración del don con los resultados espirituales está en Hechos 19:9-10:
… Se apartó Pablo de ellos y separó a los discípulos, discutiendo cada día en la escuela de uno llamado Tiranno. Así continuó por espacio de dos años, **de manera que** todos los que habitaban en Asia, judíos y griegos, oyeron la palabra del Señor Jesús.

El resultado del don de enseñanza es vidas transformadas y entregadas al propósito de Dios en la "obra del ministerio." Su entrenamiento por enseñanza está en doctrina (entendimiento del texto) y vida cristiana (la aplicación bíblica).

Una descripción de los dones de <u>hablar</u>

Algunas distinciones de las clasificaciones de los dones son arbitrarias o convenientes, más no necesariamente bíblicas. En 1 Pedro 4:11 Pedro dividió los dones en dos categorías: los de hablar y los de servir. La división de los líderes mencionada arriba es por las posiciones halladas en Efesios 4. Algunas de las posiciones coinciden con las listas de los dones en Romanos 12 y 1 Corintios 12.

Los dones de hablar que no están mencionados en el liderazgo son los dones de exhortación, palabra de ciencia y palabra de sabiduría. Estos dones pueden o no ser parte del liderazgo de una iglesia.

Sin embargo, tenemos cierta dificultad con el estudio de estos dones, pues tenemos muy poca información con respecto a ellos. El otro problema es que algunos guardan mucha semejanza a otros: presidir y administrar; servicio y ayudas. Puesto que aparecen en diferentes listas es posible que sean el mismo don con diferentes títulos o énfasis.

Exhortación

La palabra "exhortación" corresponde a la palabra griega paraklesis. La Palabra consta de una preposición, para =" al lado de", más el verbo kaleö = "llamar". La definición probable en el contexto de los dones es la idea de motivar, rogar, consolar, exhortar o animar. A veces tiene la idea de llamar al lado por ayuda. Es usado con incrédulos en una ocasión (Hch. 2:40), pero principalmente para motivar a creyentes a una acción específica.

Es un aspecto vital para cumplir "la obra del ministerio". La iglesia debe ser enseñada por aquellos que tienen el don de exhortación a cómo exhortarse el uno al otro. Si este ministerio no existe en la práctica de la iglesia es imposible el resultado de Hebreos 3:13, "Antes **exhortaos** los unos a los otros cada día, entre tanto que se dice: Hoy; para que ninguno de vosotros se endurezca por el **engaño** del pecado."

Palabra de sabiduría

La palabra "sabiduría" es la traducción de sophia que significa "juicio, astucia, discernimiento, entendimiento de circunstancias ", especialmente en áreas prácticas en vez de teóricas. Es la idea de un buen juicio, o la expresión de la reacción correcta en una situación dada.

Aunque en el N.T. no hay una referencia específica al don de palabra de sabiduría, hay muchas exhortaciones para buscar la sabiduría de Dios (Stg. 1:5) y actuar con sabiduría (Ef. 1:8; Col. 1:9). En este sentido, en Proverbios 2, la sabiduría puede ser adquirida por el que recibe y guarda la Palabra (2:1) haciendo estar atento su oído e inclinando su corazón (2:2), la desea hasta clamar por ella y pedirla (2:3),la busca y escudriña (2:4).

El que tiene este don discierne la sabiduría con facilidad para compartirla con otros.

Algunos opinan que este don tiene un aspecto de revelación, como la palabra de ciencia, pero es mejor verlo como un don vigente. Es la capacidad especial, dada a ciertas personas, para aplicar la Palabra a las situaciones actuales como en 1 Corintios 6:5.

Palabra de ciencia

La palabra "ciencia" es la traducción de gnosis que significa "comprensión, información, conocimiento" de conceptos o estudios. El don es un poco complicado, porque no tenemos muchas referencias al don en el N.T. Si el don de palabra de ciencia es lo que está mencionado en 1 Corintios 13:8 (el texto dice que "la ciencia acabará"), la implicación sería que el don tiene un aspecto revelatorio. Parece muy similar al don de profecía en este aspecto. Tal vez el don de profecía tenía que ver con cosas del porvenir y la palabra de ciencia se relacionó con las doctrinas reveladas. No sabemos como funcionó el don de palabra de ciencia, porque no tenemos un ejemplo de su aplicación.

En un sentido todos hemos recibido un conocimiento especial de parte de Dios. En 2 Corintios 4:6 Pablo dijo, "Dios, que mandó que de las tinieblas resplandeciese la luz, es el que resplandeció en nuestros corazones, para **iluminación del conocimiento** de la gloria de Dios en la faz de Jesucristo". Este "conocimiento" (gnosis) llegó a nosotros por la iluminación de la Palabra ya escrita. Nuestra madurez depende de nuestro crecimiento en el conocimiento de Dios. El Espíritu ilumina en nuestras mentes (nos hace entender) lo que estudiamos de la ciencia ya revelada y escrita en la Palabra. Jesús dijo de este conocimiento: "El que quiera hacer la voluntad de Dios, conocerá si la doctrina es de Dios, o si hablo por mi propia cuenta" (Jn. 7:17). No solamente tenemos que estudiar, sino también comprometernos a hacer lo que la Palabra revela acerca de Su voluntad, para conocer lo que dice.

El uso del término "ciencia" en el contexto de 1 Co. 12-13 está relacionado con la profecía (13:8-12), que se acabó cuando quedó revelada toda la Palabra de Dios.

Una descripción de los dones de <u>servir</u>

Servicio
La palabra "servicio" (Ro. 12:7) es la traducción de la palabra griega diakonia (de donde tenemos nuestra palabra "diácono") y significa ayuda o servicio. No tenemos una definición bíblica de este don. El término diakonia es usado para muchas cosas, desde la predicación hasta la" distribución diaria" de provisiones. Es la capacidad de servir en función espiritual o física.

El don de servicio no es lo mismo que el don de presidir, porque son distintos en Romanos 12:7, 8. La lista de los dones en Romanos 12 describe los dones desde el punto de vista de su función, en vez de la capacidad sobrenatural que involucran, como en 1 Corintios 12.

Repartir
La palabra "repartir" (Ro.12:8) es la traducción de la palabra griega metadidomi que significa "dar, presentar, compartir con otros para suplir necesidades" es la capacidad y energía de dar de sus posesiones (sean muchas o pocas) constante y libremente en forma de sacrificio con alegría. El Nuevo Testamento tiene muchos principios de cómo debemos pensar acerca de nuestras posesiones.

El que posee este don tiene la capacidad de sacrificarse para beneficiar a otros. Su ministerio a los demás no es solamente lo que da, sino su ejemplo de no ser materialista, sino un generoso mayordomo de la cosas que el Señor le permite tener.

Administrar
La palabra "administrar" es la palabra griega kyberneö. El timón en el griego es kybernëtës. Ocurre solamente en 1 Corintios 12:28 en el N.T. La palabra significa "administrar, gobernar o ser mayordomo".

Es muy similar al don de presidir, pero con más énfasis en la capacidad de controlar la dirección y organización de un grupo. Es posible que sea otro aspecto del mismo don con el de presidir. Es un don que puede ser abusado por enseñorearse sobre los demás, pero ésto está prohibido entre creyentes (Mr. 10:42-43).

Presidir
La palabra "presidir" es la traducción de la palabra griega proistemi que significa "gobernar, dirigir, administrar, o controlar". El anciano está descrito en 1 Timoteo 5:17 como uno que "gobierna": "Los ancianos que gobiernan bien, sean tenidos por dignos de doble honor ..."

El significado es alguien que preside o que es la cabeza, o tiene la dirección de algo. Esta característica es un requisito para ser anciano, o por lo menos, el candidato debe manifestar esta cualidad en su hogar (1 Ti. 3:4,5). La restricción de este don es la prohibición de enseñorearse sobre personas (1 P.5:3), sino gobernarles por su ejemplo.

Ayuda
La palabra "ayudas" traduce la palabra griega antilëmpsis que significa "soportar, asistir o servir". Es la capacidad de servir en cualquier necesidad tal vez no en público y en maneras prácticas, asistiendo en la obra del Señor. Es mencionado una sola vez, sin ninguna descripción. La palabra es la unión de una preposición anti- ("en lugar de") más el verbo lambanö ("tomar, soportar"), así queda la idea de tomar el lugar de otro ayudándole a llevar su carga.

Misericordia
La palabra "misericordia" es la traducción de la palabra griega eleos que significa "compasión o lástima". Tampoco tenemos una descripción del don de misericordia.

Es cierto que todos los creyentes tienen que mostrar compasión como actos del amor de Cristo, pero algunas personas se destacan por el poder del don del Espíritu para demostrar esta cualidad en una forma ejemplar.

Fe

La palabra "fe" es la traducción de la palabra griega pistis que significa "confianza". Como el don de misericordia, la fe es algo que todos los creyentes tienen que practicar, pero algunos, por una capacidad sobrenatural, pueden ser muy destacados y ejemplares en la manifestación de la fe. Tienen un entendimiento extraordinario de la voluntad de Dios y la capacidad de confiar en Dios para lo imposible.

Discernimiento de Espíritus

La palabra "discernimiento" es la traducción de la palabra diakrisis que significa "juzgar, distinguir", o marcar la diferencia entre cosas. En el Nuevo Testamento encontramos la orden de practicar el discernimiento de espíritus (1 Jn. 4:1), la advertencia de la actividad renovada de los demonios en el fin de la Iglesia (1 Ti. 4:1), y el ministerio de juzgar entre los hermanos cuando haya pleitos (1 Co. 6:5).

Algunos quieren atribuir este don únicamente al período de la Iglesia Primitiva por la asociación con el don de profecía en 1 Corintios 14:29, donde alguien tenía que juzgar los mensajes de los profetas. Sin embargo, había muchas más funciones del don en la Iglesia Primitiva, que son igualmente necesarias para el día de hoy. No tenemos ninguna instrucción de su terminación, ni indicación de que fuera un don apostólico.

CAPITULO
— 22 —
Conclusión

En la conclusión debemos dar a ciertos conceptos una perspectiva clara, pues un énfasis exagerado sobre los dones llega a constituir para muchos una panacea o solución mágica para la vida cristiana.

Los dones no hacen espiritual a la persona

A la iglesia en Corinto no le faltó ningún don, pero no tenía mucha espiritualidad. Eran muy carnales en sus vidas. Aún con los dones milagrosos no hay una garantía de espiritualidad. Parece que enfatizaron tanto los dones del Espíritu que ignoraron los problemas de su vida espiritual. Es cierto que cada creyente tenía un don espiritual, sin embargo es obvio que no por eso eran espirituales. Algunos creyentes pueden estar dotados en formas extraordinarias, pero faltarles muchas cualidades de espiritualidad. Lo que es absurdo es que la persona pueda engañarse a sí misma pensando que, por medio de su don, su servicio al Señor sigue aparentemente efectivo.

Los dones del Espíritu no son dados para hacerse espiritual, sino para capacitar a cada individuo en el Cuerpo de Cristo con un ministerio a los demás. La efectividad de este ministerio depende de la motivación de amor que impulse al dotado a servir a otros. La espiritualidad de un creyente está relacionada con su conocimiento bíblico y la disposición de obedecer lo que entiende de la Palabra. En realidad, necesitamos a los demás para ministrarnos a fin de que sigamos madurando en la fe y la vida cristiana. Mientras ministramos a otros, ellos nos ministran a nosotros y así el Cuerpo de Cristo va "edificándose" debido a que sus miembros se edifican el uno al otro.

El reconocimiento de su don no es vital para su servicio a Cristo

Es cierto que cada creyente tiene un don espiritual que Dios le ha dado como El quiso en Su voluntad soberana. En 1 Corintios 12 aparentemente no todos los creyentes tenían el don que ellos hubieran preferido. Esta circunstancia era dada por el hecho de que el individuo no tenía la elección de sus dones. Es claro que cada creyente puede saber que tiene un don y debe tratar de identificarlo. Sin embargo, el don funcionará ya sea que el creyente lo reconozca o no. Por eso, mucha veces otras personas reconocen el don antes que la persona misma lo identifique.

Si la persona es sensible a la voluntad de Dios, su don llegará a ser evidente. Casi todos los dones vigentes tienen mandamientos relacionados (repartir, evangelizar, enseñar, exhortar, mostrar misericordia, tener fe, etc.). Si estamos practicando estos mandamientos algunos van a destacarse en ciertas áreas por el poder de su don. Aún el apóstol Pablo no fue reconocido como un apóstol hasta después de un largo tiempo de funcionar como apóstol (Gá. 2).

Es evidente que para el creyente el reconocimiento de su don no tiene prioridad, porque no hay ninguna orden que obligue el creyente a descubrirlo.

Muy pocos dones son descritos en detalle. De todos los mandamientos de la vida cristiana, ninguno se relaciona con una obligación de descubrir los dones. Inclusive, si no fuera por el problema de las lenguas en Corinto sabríamos muy poco de los dones espirituales.

Los dones hacen ciertos ministerios más fáciles, pero no limitan las demás responsabilidades en la obra del ministerio. Es mucho más importante seguir los mandamientos de la Palabra que conocer cuáles son nuestros dones. El peligro de descubrir el don es que la persona lo use como pretexto para ignorar o desobedecer otras responsabilidades bíblicas.

Sin embargo, si uno tiene el conocimiento de su don y debe tomar una decisión en cuanto a la elección de un ministerio, se puede elegir aquel que más concuerde con el área para el cual Dios le capacitó. Es posible que su don pueda ser una indicación de la dirección de Dios para su vida.

Los dones son un Medio, no un Fin

Los dones son un medio para edificar o servir al Cuerpo de Cristo. Tener un don no es el propósito o meta de la vida cristiana. Algunos han hecho del descubrimiento y la manifestación de su don la meta de su vida cristiana. Este concepto no es bíblico. Los dones no son para ser codiciados, ni para ser usados egoístamente, sino para servir a los demás (1 Co. 13).

Si comparamos el descubrimiento de nuestros dones con otros principios del N.T. es evidente que la manifestación del fruto del Espíritu (Gá. 5:22-23) es más importante que la manifestación de los dones del Espíritu. El conocimiento bíblico y el pensar bíblicamente son más importantes que el reconocimiento de los dones. Es posible que el énfasis en ciertos dones pueda causar tremenda negligencia a otras verdades vitales de la vida cristiana. Por tanto, el enfoque debe estar más bien en el conocimiento de Su voluntad revelada y cómo practicarla diariamente. Los dones son dados para ministrarse el uno al otro. Cuando el Espíritu utiliza a otros para hablar a su vida por la Palabra, se la debe recibir con todo el corazón.

Los dones no son secretos místicos que solamente los iniciados pueden conocer, sino capacidades dadas por Dios para suplir necesidades prácticas y para ser de bendición a otros. El conocimiento de su don no garantiza un poder mágico, ni un éxito asegurado. La persona que posee un don no es infalible, ni más excelente que otros, sino alguien que tiene una motivación (energía) y deseo especiales para servir a otros en su área. La búsqueda de poder puede ser una motivación pagana y egoísta. Los brujos como Simón el mago (Hc. 8), buscan más poderes tal como algunos en la actualidad.

Solamente los dones de señales fueron otorgados completamente desarrollados desde el comienzo de su manifestación. Sería difícil sanar a una persona parcialmente, o hacer medio milagro. Los demás dones deben ser desarrollados por el ejercicio y las instrucciones o correcciones de los demás, para ir perfeccionándose en "la obra del ministerio" (Ef.4:12).

Ningún creyente debe vivir bajo la tensión o ansiedad de descubrir sus dones. Es muy posible que pasarán años de servicio para el Señor hasta que su verdadero don se manifieste. Cuanto más estemos comprometidos en servir a Su Iglesia con nuestras vidas, más eficaces querrá Dios que seamos. El va a encargarse de iluminarnos en cuanto a nuestros dones, cuando sea importante desde Su punto de vista. Mientras tanto tenemos mucho por hacer en la obra de Dios, lo cual es necesario hacer hoy ya sea que tengamos el don o no.

Los dones milagrosos marcaron el comienzo de la Iglesia y la <u>confirmación</u> del Nuevo Testamento

El propósito de este estudio ha sido el análisis de los dones no vigentes, con atención especial al énfasis excesivo que en nuestros días se coloca sobre los dones milagrosos. Los abusos que evidentemente son producto de una desviación de la enseñanza bíblica no son insignificantes ni se los puede ignorar. Lo que hoy es una desviación menor, mañana es una herejía. Cuando algo no está conforme a la Palabra de Dios, eventualmente resultará en un peligro serio para la Iglesia. Espero que el estudio haya clarificado ciertas verdades:

Primeramente, que no hay ninguna similitud entre los dones carismáticos actuales de profecía, milagros, sanidades y lenguas y los dones genuinos mencionados en el texto del Nuevo Testamento. La evidencia bíblica que comprueba que tales dones fueron temporarios es abundante, además de la comprobación de la evidencia histórica. Por tanto los fenómenos que se ven hoy en día no provienen del Espíritu.

En segundo lugar, la descripción de los dones en los evangelios y en Hechos indican una calidad de carácter indudablemente divino. Es imposible explicar lo que sucedió como algo psicológico o fingido. Los innumerables milagros que Jesús (Jn. 21:25) y también sus apóstoles realizaron, muestran que la única fuente fue el poder del Dios vivo. Los substitutos e imitaciones de hoy son, en comparación, pálidas falsificaciones de los hechos reales.

Finalmente, Dios dio estos dones milagrosos para establecer Su Iglesia. Este testimonio no ha sido visto antes, ni después de aquel tiempo. La confianza que tenemos de la validez de nuestra fe es la confirmación que Dios dio a aquellos hombres. Si la locura que hoy se observa es la misma cosa, ¿¡sobre qué estamos parados!? No, los dones milagrosos de los apóstoles obraron resultados idénticos a los milagros de Jesús y confirman que lo que ellos comunicaron a la Iglesia, especialmente por escrito, tiene la autoridad de Jesús mismo.

Endnotes

Chapter 1
1 Larry Christenson, Speaking in Tongues , Bethany Fellowship, 1968, p. 26.

Chapter 3
2 Basham, Don. A Handbook on Holy Spirit, (Monroeville: Whitaker Books, 1969, p. 10.)
3 Dalton, Robert Chandler. Tongues Like As of Fire, (Springfield: Gospel Publishing House, 1945, pp. 56-57.
4 Dalton, p.81.

Chapter 5
5 Pillars , p. 96
6 Dennis Bennett, The Holy Spirit and You, p. 23.
7 Joseph Dillow, Speaking in Tongues , (Grand Rapids: Zondervan Publishing House, 1975),p. 79.
8 Bennett ,p. 33.
8 Bennett, p. 70-71.

Chapter 7
9 Johannes Behm, "Glossa", Theological Dictionary of the New Testament ,Vol. 1, pp. 719-726.
10 Behm, p. 720.
11 Aristóteles, Poéticos. 21, 145b Loeb Classical Library ,
12 Thomas Edgar ,Miraculous Gifts, p. 116-117.
13 Moulton y Milligan, Vocabulary of the Greek Testament , por , p. 128.
14 Gundry, "Ecstatic Utterance", Journal of Theological Studies, Vol. XVII, Part 2, October 1966, pp. 304. p. 304.

Chapter 9
15 Johannes Behm, "Kainos," The Theological Dictionary of the New Testament , Vol 3, p. 447.
16 Behm, "Kainos", p. 448.

Chapter 14
17 Estos argumentos aparecieron en Joseph Dillow, Speaking in Tongues , (Grand Rapids: Zondervan Publishing House, 1975), pp. 88-164.
18 G. Abbott-Smith, A Manual Greek Lexicon of the New Testament, (New York: Charles Scribner's, Inc., 1921), p. 238

Chapter 15
19 Ibid.
20 George Tavard , Holy Writ and Holy Church, (New York: Harper and Brothers, 1959), p. 246
21 Tavard, p. 202.
22 Anne Fremantle, The Papal Encyclicals in the Historical Context, exp. ed.

(New York: New American Library, 1963), p. 136.
23 Fremantle, p. 299.
24 John F. MacArthur, Jr., Los Carismáticos (Editorial Bíblico Dominicano, 1984), p. 38.

Chapter 16
25 B.B. Warfield, Counterfeit Miracles, Carlisle, Pa.: Banner of Truth Trust, 1918), pp. 25,26.
26 Joseph Dillow, Speaking in Tongues, p. 146.

Chapter 17
24 Charles y Frances Hunter, Why Should I Speak in Tongues, (Houston: Hunter Ministries Publishing Co., 1976), p. 74.
25 Russell Bixler, It Can Happen to Anybody, (Monroeville, Pa.: Whitaker Books, 1970), p. 59.
26 Raphael Gasson, The Challenging Counterfeit, (Plainfield, NJ: Logos International, 1966), p. 109.
27 Cleon L. Rogers, Jr., "The Gift of Tongues in the Post Apostolic Church", p. 232
28 Philip Schaff, History of the Christian Church, 8 vols., Reprint ed., (Grand Rapids: Wm.
29 Eusebio, Ecclesiastical History], The Nicene and Post-Nicene Fathers, 2d series. 14 vols. (Grand Rapids: Wm. B. Eerdmans Publishing Co., 1952), Vol. VII, p. 486.
30 Augustine, The Epistle of St. John, VI, 10, in Nicene and Post-Nicene Fathers , vol. VII, pp. 497-498.
31 Thomas Edgar, Miraculous Gifts: Are They for Today?, (Neptune, N.J.: Loizeaux Brothers, 1983), p. 253.
32 Felicitas D. Goodman, Speaking in Tongues, (Chicago: University of Chicago Press, 1972), p. 121-123.
33 Robert Glenn Gromacki, The Modern Tongues Movement, (Philadelphia: Presbyterian and Reformed Publishing Co., 1967), pp. 5-22.
34 John Wesley, The Journal of John Wesley, (Chicago: Moody Press, n.d.),p. 239.
35 George W. Dollar, "Church History and the Tongues Movement," Bibliotheca Sacra, October 1963, p. 320
36 Arndt y Gingrich, Lexicon, p. 137.
37 William J. Samarin, Tongues of Men and Angels, (New York: MacMillan Co. 1972),, p. 53.
38 John Kildahl, The Psychology of Speaking in Tongues , (New York: Harper and Row, 1972), p. 74.
39 MacArthur, Los Carismáticos, p. 176.
40 MacArthur, p. 177.
41 Kildhal, p. 54.
42 MacArthur, p. 178.

43 Charles R. Smith, Tongues in Biblical Perspectiva, (Winona Lake, IN: BMH Books, 1972). p. 97.

44 Melvin Hodges, Spiritual Gifts, (Springfield, Mo.: Gospel Publishing House, 1964), p. 16.

45 Granville Sharp, Remarks on the Uses of the Definitive Article in the Greek Text of the New Testament, 3rd. ed., p. 6.

46 Liddell y Scott, Lexicon, p. 421.

Bibliografía

Abbot-Smith, G. *A Manual Greek Lexicon of the New Testament.* New York: Charles Scribner's Sons, 1905.

Aristotle. *Poetics.* Loeb Classical Library.

Arndt, William F. and Gingrich, F. Wilbur. *A Greek-English Lexicon of the New Testament.* Chicago: University of Chicago Press, 1947.

Babcox, Neil. *A Search for Charismatic Reality.* Portland, Ore.: Multnomah, 1985.

Bales, James D. *Pat Boone and the Gift of Tongues.* Searcy, Arkansas: published by the author, 1970.

Behm, Johannes. "Glössa" *Theological Dictionary of the New Testament.* Edited by Gerhard Kittel and Gerhard Friedrich, translated and edited by Geoffrey W. Bromiley. 10 vols. Grand Rapids: Wm. B. Eerdmans Publishing Co., 1964=1974, 1:719-26.

_____."Kainos" *Theological Dictionary of the New Testament.* Edited by Gerhard Kittel and Gerhard Friedrich, translated and edited by Geoffrey W. Bromiley. 10 vols. Grand Rapids: Wm. B. Eerdmans Publishing Co., 1964=1974, 3:447-450.

Bennett, Dennis and Rita. *The Holy Spirit and You* [El Espíritu Santo y Tú]. Plainfield, New Jersey: Logos International, 1971.

Brown, Francis; Driver, S.R.; and Briggs, Charles A. *A Hebrew and English Lexicon of the Old Testament.* Oxford: Clarendon Press, 1962.

Bruce, F. F. *The Acts of the Apostles.* London: Tyndale Press, 1951.

Bruner, Frederick Dale. *A Theology of the Holy Spirit.* Grand Rapids: Wm. B. Eerdmans Publishing Co., 1970.

Cate, B. F. *The Nine Gifts of the Spirit.* Des Plaines, Illinois: Regular Baptist Press, 1965.

Clapp, Rodney. "Faith Healing: A Look at What's Happening." *Christianity Today,* 16 December 1983.

Delitzsch, Franz, *Biblical Commentary on the Prophecies of Isaiah in Biblical Commentary on the Old Testament,* by C. F. Keil and F. Delitzxch. Reprint ed. Grand Rapids: Wm. B. Eerdmans Publishing Co., 1967.

Delling, Gerhard, "Battalogeö." *Theological Dictionary of the New Testament.* Edited by Gerhard Kittel and Gerhard Friedrich, translated and edited by Geoffry W. Bromiley. 10 vols. Grand Rapids: Wm. B. Eerdmans Publishing Co., 1964=1974, 1:597.

Dillow, Joseph. *A Biblical Evaluation of the Twentieth Century Tounges Movement.* Garland, Texas: published by the author, 1972.

_____. *Speaking in Tongues.* Grand Rapids: Zondervan Publishing Co., 1975.

Dollar, George W. "Church History and the Tongues Movement." *Bibliotheca Sacra* 120 (October 1963): 316-21.

Eadie, John. *Commentary on the Epistles to the Ephesians.* Reprint ed. Minneapolis, Minnesota: James and Kloch Christian Publishing Co., 1977.

Edgar, Thomas. *Miraculous Gifts: Are They for Today?* Neptune, N. J. : Loizeaux, 1983.

Ervin, Howard M. *These Are Not Drunken, As Ye Suppose.* Plainfield, New Jersey: Logos, International, 1968.

Gromacki, Robert Glenn. *The Modern Tongues Movement.* Philadelphia: Presbyterian and REformed Publishing Co., 1967.

Hoekema, Anthony. *What About Tongues Speaking?* Grand Rapids: Wm. B. Eerdmans Publishing Co., 1966.

Kole, Andre, and Janssen, Al . *Miracles or Magic?* Eugene, Ore. : Harvest House, 1984.

Liddell, Henry George and Scott, Robert. *A Greek-English Lexicon.* Revised by Henry Stuart Jones. Oxford: Clarendon Press, 1968.

MacArthur, Jr., John F. *Los Carismáticos.* Editorial Bíblico Dominicano,1984

Mackie, Alexander. *The Gift of Tongues.* New York: George H. Doran Co., 1921.

Michel, Otto. "Oikodomeö" *Theological Dictionary of the New Testament.* Edited by Gerhard Kittel and Gerhard Friedrich, translated and edited by Geoffrey W. Bromiley. 10 vols. Grand Rapids: Wm. B. Eerdmans Publishing Co., 1964=1974, 5:136-144.

Moulton, James Hpe and Milligan, George. *The Vocabulary of the Greek New Testament.* London: Hodder and Stoughton, 1930.

Moulton, W. F. and Geden, A. S. *A Concordance to the Greek Testament.* Edinburgh: T. & T. Clark, 1963.

Nichol, John Thomas. *Pentecostalism.* New York: Harper and Row Publishers, 1966.

North, Gary. *None Dare Call It Witchcraft.* New Rochelle, N.Y.: Arlington House, 1976.

Rengstorf, K. H. "Didaktikos." *Theological Dictionary of the New Testament.* Edited by Gerhard Kittel and Gerhard Friedrich, translated and edited by Geoffrey W. Bromiley. 10 vols. Grand Rapids: Wm. B. Eerdmans Publishing Co., 1964=1974, 2:165.

Samarin, William J. *Tongues of Men and Angels.* New York: The Macmillan Co., 1970.

Schaff, Philip. *History of the Christian Church.* 8 vols. Reprint ed., Grand Rapids: Wm. B. Eerdmans Publish Co., 1952.

Sarles, Ken L. "An Appraisal of the Signs and Wonders Movement." *Bibliotheca Sacra* (January-March 1986): 145:577:80.

Sharp, Granville. *Remparks on the Uses of the Definitive Article in the Greek Texts of the New Testament,* 3d. ed. Philadelphia: B. B. Hopkins and Co., 1807.

Smith, Charles R. *Tongues in Biblical Perspective.* Winona Lake, Indiana: BMH Books, 1972.

Stagg, Frank; Hinson, E. Glenn; and Oates, Wayne E. *Glossolalia.* Nashville: Abingdon Press, 1967.

Strong, James. *The Exhaustive Concordance of the Bible.* Nashville: Abingdon Press. 1890.

Thayer, Joseph Henry. *Greek-English Lexicon of the New Testament.* Grand Rapids: Zondervan Publishing House, 1962.

Turner, Nigel. Syntax. Vol. 3. *A Grammar of New Testament Greek.* James H. Moulton. 4 vols. Edinburg: T. & T. Clark, 1963.

Warfield, B. C. *Counterfeit Miracles.* 1918. Reprint ed. London: Banner of Truth Trust, 1972.

Wesley, John. *The Journal of John Wesley.* Chicago: Moody Press, n.d.

Windisch, Hans. "Barbaros," *Theological Dictionary of the New Testament.* Edited by Gerhard Kittel and Gerhard Friedrich, translated and edited by Geoffrey W. Bromiley. 10 vols. Grand Rapids: Wm. B. Eerdmans Publishing Co., 1964=1974, 1:546-553.

www.ingramcontent.com/pod-product-compliance
Lightning Source LLC
LaVergne TN
LVHW051622080426
835511LV00016B/2131